全国高等职业教育旅游管理专业精品系列教材

旅游公关服务礼仪

LUYOU GONGGUAN FUWU LIYI

陈 艳◎主 编

北京师范大学出版集团
BEIJING NORMAL UNIVERSITY PUBLISHING GROUP
北京师范大学出版社

图书在版编目（CIP）数据

旅游公关服务礼仪／陈艳主编．—北京：北京师范大学出版社，2011.11

（全国高等职业教育旅游管理专业精品系列教材）

ISBN 978-7-303-13215-7

Ⅰ．①旅…　Ⅱ．①陈…　Ⅲ．①旅游服务－礼仪
Ⅳ．①F590.63

中国版本图书馆CIP数据核字（2011）第154234号

出版发行：北京师范大学出版社 www.bnup.com.cn
北京新街口外大街19号
邮政编码：100875
印　　刷：保定市中画美凯印刷有限公司
经　　销：全国新华书店
开　　本：184 mm × 260 mm
印　　张：12.25
字　　数：230千字
版　　次：2011年11月第1版
印　　次：2011年11月第1次印刷
定　　价：25.80元

策划编辑：沈　炜　　　责任编辑：沈　炜
美术编辑：高　霞　　　装帧设计：高　霞
责任校对：李　菡　　　责任印制：孙文凯

前 言

当今世界范围内，旅游业被认为是最具有发展前景和潜力的“绿色朝阳产业”，在全球经济发展中发挥着重要的作用。经过20多年的发展，我国旅游业产业规模不断壮大，据世界旅游组织预测，到2015年，中国将成为世界上第一大旅游接待国、第四大旅游客源国和世界上最大的国内旅游市场。

随着旅游业的飞速发展，对旅游服务内容与服务质量也提出了新的更高要求。作为服务的执行者，旅游从业人员人格修养、职业素养以及服务礼仪的意识和水平，不仅是旅游企业提升企业竞争力的重要手段，也反映了一个国家和民族的文明程度。为了提高大学生和旅游从业者的专业素质，突出旅游服务技能人才的培养，我们组织多年在一线从事旅游礼仪教学和实践活动的专家和教师，编写了《旅游公关服务礼仪》教材。全书共八章，系统介绍了礼仪概述、个人形象礼仪、日常交际礼仪、酒店接待与服务礼仪、旅行社接待与服务礼仪、涉外服务礼仪、我国部分民族及港澳台地区礼仪、国外主要客源国礼仪等基本理论知识。

本书在吸收国内外旅游界权威专家学者最新科研成果的基础上，按照旅游管理专业应用型人才的培养目标，融入了旅游礼仪最新的教学理念，编写过程中注重教学内容和教材结构的创新，使得本书具有如下特点：

1. 实践性

根据旅游企业服务礼仪规范的实际要求，注重强化服务实训，训练并培养学习者协同合作和解决实际问题的能力。有助于学习者更好地掌握旅游服务礼仪的基本理论知识与学科体系。

2. 全面性

在编写本书时，我们参考借鉴了国内外大量有关旅游服务礼仪等方面的最新书刊资料，在保证学科体系完整的基础上，注重知识的系统性。内附有若干教学图片，生动形象。

《旅游公关服务礼仪》由安徽中澳科技职业学院陈艳担任主编。安徽工商职业学院王西涛，安徽中澳科技职业学院桂佳，安徽绿海商务职业学院赵英子，安徽工业经济职业技术学院何章磊，安徽中澳科技职业学院董蕾参与了部分章节的编写工作。具体分工如下：第一章和第五章由赵英子编写；第二章由董蕾编写；第三章由陈艳编写；第四章由陈艳、何章磊编写；第六章由王西涛编写；第七章和第八章由桂佳编写。

由于编者水平有限，书中不妥之处，恳请广大读者批评指正。

编　者
2011年6月

内容提要

本教材结合国际旅游业发展的新形势和新特点，按照高职高专类院校旅游管理专业应用型人才的培养目标，系统介绍礼仪概述；个人形象礼仪；日常交际礼仪；酒店接待与服务礼仪；旅行社接待与服务礼仪；涉外服务礼仪；我国部分民族及港澳台地区礼仪；国外主要客源国礼仪等基本理论知识，并注重教学内容的创新。

本教材结构新颖、案例生动、突出实用性。强调理论性和操作性相结合，体现一般原理和典型案例相结合的特色。本教材可作为高职高专院校旅游管理专业的教材，还适用于旅游企业从业者的职业教育与岗位培训。

目 录

第一章

礼仪概述

学习目标

知识目标：

了解礼仪的起源和发展；理解礼仪的含义，礼仪的重要性，礼貌礼节仪式的含义；掌握服务礼仪的特点

能力目标：

深刻认识到旅游公关服务礼仪的重要性，树立服务意识

本章知识体系

第一节　礼仪的起源和发展

一、关于礼仪的起源

(一)天神生礼说

(二)天地人的统一体说

(三)礼起源于人性说

(四)礼是人性和环境矛盾的产物说

(五)礼生于理，起于俗说

二、中国礼仪的发展

(一)礼仪形成阶段

(六)自律原则

三、旅游工作者礼仪修养的意义及培养途径

(一)提高旅游公关服务礼仪修养的重要性

(二)提高礼仪修养的途径

(三)养成良好的行为习惯

中国是四大文明古国之一，自古就以“礼仪之邦”著称于世，在其五千年的历史进程中，已经形成了一套完整的礼仪思想，而且也被人们广为接受，形成了我们中华民族的文化特征，自中国加入WTO以来，对外交往日益频繁，我们的礼仪已经从古代的“三纲五常”发展到当今的“女士优先”，如今一个人和一个组织要想在这个社会上塑造更好的形象，创造更多的利益，遵守礼仪是非常必要的，礼仪已经成为人们和组织步入文明社会的通行证。

第一节 礼仪的起源和发展

礼仪文化源远流长，在借鉴前人研究的基础上，我们从礼的起源和发展方面来阐述礼仪的起源与演变。

一、关于礼仪的起源

中国礼仪的形成和发展，经历了一个从无到有，从低级到高级，从零散到完整的发展过程。关于礼仪是如何产生的，人们做过种种探讨，大体五种礼仪起源说：一是天神生礼，二是天地人的统一体，三是礼起源于人性，四是礼是人性和环境矛盾的产物，五是礼生于理，起于俗。

(一)天神生礼说

这是人们还没有真正认识到礼仪起源的一种迷信说法，代表了人类图腾崇拜时期对原始礼仪的一种认识。尽管这种说法经不起推敲，但是也不是没有证据的，在《左传》上有这么一句话：“礼以顺天，天之道也。”意思是只有顺乎天意才是知礼。

(二)天地人的统一体说

这种观点是从春秋以后兴起的，这一说法比天神生礼说进了一大步。在这个时期一个叫子产的人，他把礼具体的描述了出来：“夫礼，天之经也，地之义也，民之行也，天地之经，而民实则之。”尽管比较具体但是也没摆脱迷信色彩。这个时代的《礼记·乐记》上又说：“礼者，天地之序也，群物皆有别，天地尊卑，君臣定已。”

(三)礼起源于人性说

这是儒家的创见，孔子认为，礼起源于人的天性。孔子以仁释礼，一方面把礼当做处理人际关系的总则，另一方面把仁当做礼的心理依据。能够用仁爱之心正确而恰当的处理好人际关系，就是“礼”。

(四)礼是人性和环境矛盾的产物说

这一学说的目的在于解决人与环境的矛盾。人都是有欲望的，但是不能为了满足自己的欲望而损害他人或者是集体的利益，而孔子“克己复礼”的观点，就是看到了人和环境的矛盾，要解决这种矛盾就必须要“克己”也就是要我们通过礼来克制自己的欲望，达到人与环境的和谐。

(五)礼生于理，起于俗说

理，指的是事物的必然性道理。人们为了正常生存和发展，根据所处的生存条件，制定出合乎人们生存发展必然性和道理的行为规范，就是“礼”。这里的“礼”是理性认识的结果，我们将理性认识落到实处，就会使礼与事物习俗相关，所以又有了礼起源于俗的说法。礼生于理，起于俗说，是对礼仪起源的更深入的探讨。

课堂小案例

小王精神饱满地奔赴酒店，准备当天的旅游接待工作。小王笑容可掬地站在车门旁边迎候游客们上车，接着小王按惯例开始清点人数，“1、2、3、4……”小王轻轻地念着，同时用手指点游客。游客很准时，没有迟到的。在旅游过程中，小王的旅游知识尽管很丰富，服务也很周到，但是他发现游客们还是有点不对劲。小王百思不得其解。随后，小王向经验老到的导游员进行请教，才茅塞顿开。

【分析】在导游讲解服务过程中，最忌讳导游员用手指点游客，这是对游客的极大不尊敬。在清点人数时，可以采用默数的形式，即用目光进行清点，心里默记。

二、中国礼仪的发展

礼仪在其传承沿袭的过程中不断发生着变革，大体可以分为四个阶段。

(一)礼仪形成阶段(约公元前21世纪至公元前771年)

这一阶段主要是指夏商周时期。从史料上看，夏代已开始制礼，商代礼仪已渗透到社会生活中的各个方面。记载周代礼仪的书籍“三礼”的出现，标志着(周礼)已经达到了系统完备阶段。在这一时期，礼仪的特征已从单纯祭祀天地、鬼神、祖先的形式，跨入了全面制约人们行为的领域。在这一阶段中，礼的内容主要体现在(周礼)中的“五礼”部分。所谓“五礼”，就是分别用于祭祀、冠婚、宾客、军旅和丧葬的“吉礼”、“嘉礼”、“宾礼”、“军礼”和“凶礼”。这是对我国古代礼仪的总结汇编。这些礼仪内容，对后世人们的行为规范、人际交往以及社会公德的形成，都产生了极大的影响。

(二)封建礼仪阶段(公元前771年至1911年)

这一阶段主要是指从儒学的产生，到以儒学为基础的封建礼仪形成、强化和衰落时期。以孔子为祖师的儒家学派逐步形成。这一时期，礼仪成为儒家学派的核心——“礼教”。在这一时期，礼仪的明显特征，就是把人们的行为纳入封建道德的轨道，把人们教化成“非礼勿视，非礼勿听，非礼勿言，非礼勿动”的精神奴隶。礼教文化是这个时期“礼”的核心和基本内容。

(三)近代礼仪阶段(1911年至1948年)

辛亥革命的胜利，结束了统治中国两千多年的封建专制制度。新的礼仪礼俗也就随之出现。这一时期的礼仪，体现了近代自由、平等的原则，因此，资产阶级的平等思想、文化习俗和审美观点开始渗透到社会生活中的各个方面，冲击了森严的封建意识和等级观念，对当今中国社交礼仪产生了重大影响。

(四)当代礼仪阶段(1949年以来)

新中国成立后，新型的社会关系和人际关系的确立，标志着我国礼仪进入了一个新的历史时期。这一时期，确立了同志式的合作互助关系和男女平等的新型社会关系，而尊老爱幼、讲究信义、以诚待人、先人后己、礼尚往来等中国传统礼仪中的精华则得到继承和发扬。

改革开放以来，随着国际交往日益频繁，我国又吸取了世界上一些先进的文明礼仪，融入我国当代礼仪部分。借鉴国际上一些通行的礼仪规则和惯例，为我国的社会主义现代化建设服务。

二、东西方礼仪的差异

东方礼仪主要指中国、日本、朝鲜、泰国、新加坡等亚洲国家所代表的具有东方民族特点的礼仪文化。西方礼仪主要指流传于欧洲、北美各国的礼仪文化。

(一)在对待血缘亲情方面

东方人非常重视家族和血缘关系，“血浓于水”的传统观念根深蒂固，人际关系中最稳定的是血缘关系。

西方人独立意识强，相比较而言，不很重视家庭血缘关系，而更看重利益关系。他们将责任、义务分得很清楚，责任必须尽到，义务则完全取决于实际能力，绝不勉为其难。处处强调个人拥有的自由，追求个人利益。

(二)在表达形式方面

西方礼仪强调实用，表达率直，坦诚。东方人以“让”为礼，凡事都要礼让三分，与西方人相比，常显得谦逊和含蓄。

在面对他人夸奖所采取的态度方面，东方人与西方人不相同。面对他人的夸奖，东方人常常会说“过奖了”、“惭愧”、“我还差得很远”等字眼，表示自己的谦虚；而西方人面对别人真诚的赞美或赞扬，往往会用“谢谢”来表示接受对方的美意。

(三)在礼品馈赠方面

在中国，人际交往特别讲究礼数，重视礼尚往来，往往将礼作为人际交往的媒介和桥梁。东方人送礼的名目繁多，除了重要节日互相拜访需要送礼外，平时的婚、丧、嫁、娶、生日、提职、加薪都可以作为送礼的理由。

西方礼仪强调交际务实，在讲究礼貌的基础上力求简洁便利，反对繁文缛节，过分客套造作。西方人一般不轻易送礼给别人，除非相互之间建立了较为稳固的人际关系。在送礼形式上也比东方人简单得多。一般情况下，他们既不送过于贵重的礼品，也不送廉价的物品，但却非常重视礼品的包装，特别讲究礼品的文化格调与艺术品位。

同时在送礼和接受礼品时，东西方也存在着差异。西方人送礼时，总是向受礼人直截了当地说明：“这是我精心为你挑选的礼物，希望你喜欢”，或者说“这是最好的礼物”之类的话；西方人一般不推辞别人的礼物，接受礼物时先对送礼者表示感谢，接过礼物后总是当面拆看礼物，并对礼物赞扬一番。而东方人则不同，中国人及日本人在送礼时也费尽心思，精心挑选，但在受礼人面前却总是谦虚而恭敬地说“微薄之礼不成敬意，请笑纳”之类的话。东方人在受礼时，通常会客气地推辞一番。接过礼品后，一般不当面拆看礼物，唯恐对方因礼物过轻或不尽如人意而难堪，或显得自己重利轻义，有失礼貌。

(四)在对待“老”的态度方面

东西方礼仪在对待人的身份地位和年龄上也有许多观念和表达上的差异。东方礼仪一般是老者，尊者优先，凡事讲究论资排辈。

西方礼仪崇尚自由平等，在礼仪中，等级的强调没有东方礼仪那么突出，而且西方人独立意识强，不愿老，不服老，特别忌讳“老”。

(五)在时间观念方面

西方人时间观念强，做事讲究效率。出门常带记事本，记录日程和安排，有约必须提前到达，至少要准时，且不应随意改动。西方人不仅惜时如金，而且常将交往方是否遵守时间当做判断其工作是否负责，是否值得与其合作的重要依据，在他们看来这直接反映了一个人的形象和素质。

遵守时间秩序，养成了西方人严谨的工作作风，办起事来井井有条。西方人工作时间和业余时间区别分明，休假时间不打电话谈论工作，甚至在休假期间断绝非生活范畴的交往。相对来讲，中国人使用时间比较随意，时间观念比较淡漠。包括改变原定的时间和先后顺序，中国人开会迟到，老师上课拖堂，开会作报告任意延长时间是经常的事。这在西方人看来是不可思议的，他们认为不尊重别人拥有的时间是最大的不敬。

(六)在对待隐私权方面

西方礼仪处处强调个人拥有的自由(在不违反法律的前提下)，将个人的尊严看得神圣不可侵犯。在西方，冒犯对方“私人的”所有权利，是非常失礼的行为。因为西方人尊重别人的隐私权，同样也要求别人尊重他们的隐私权。

东方人非常注重共性拥有，强调群体，强调人际关系的和谐，邻里间的相互关心，嘘寒问暖，是一种富于人情味的表现。

课堂小案例

现在大家经常乘坐公交车，曾经在某地的公交车上发生了一起乘客与乘务员之间的争吵。乘务员：“往里走，都堵在门口干嘛？”乘客：“师傅，态度好一点，可好？”乘务员：“态度？态度值几毛钱？”乘客“刚才我给你说了啊，我下一站就下车。”乘务员：“我不也跟你说什么？你一块钱，想买什么样的态度？”

【分析】中国素有“礼仪之邦”的美称。在工作生活中，我们时时倡导文明礼貌，因为文明礼貌可以悦己也可以取悦他人，但很多人还是认为运用礼仪有点费事，有点形式主义，其实我们知道二十一天可以形成一种习惯，如果我们将运用礼仪的行为看成是一种习惯，礼仪就是自然而然的事情。

第二节　礼仪的含义

一、礼仪的概念

礼仪，包含了“礼”和“仪”两个部分。古人是这样来看待“礼”字的，“礼”主要有三层意思：其一，认为是政治制度，是治国的大纲和根本，是天地统一的规律和秩序；其二，认为是理，道理、事理。其三，认为是礼物，“礼尚往来”、“无礼不相见”中的礼指的是礼物。

“仪”也有三层意思：一是指仪容仪表，体态风度；二是指仪式、礼节、仪典、仪礼；三是指准则和法度。《国语·周语下》中云：“度之于轨仪。”《淮南子·修务训》中云：“设仪立度，可以为法则 。”中国古代的“礼仪”从本质上更偏重于政治体制上的道德教化。

在西方，“礼仪”同样有三层含义：一是指谦恭有礼的言谈举止；二是指教养和规矩，也就是礼节；三是指仪式、典礼、习俗等。

“礼仪”一词出自《诗经》：“献酬交错，礼仪卒度。”今天我们所说的礼主要是指礼仪。凡是把人内心待人接物的尊敬之情，通过美好的仪表、仪式表达出来，就是礼仪。

今天我们也可以将“礼仪”解释成礼貌、礼节和仪式三者的统称。这三者既有区别又有联系。

(一)礼貌

礼貌是指人们在交往过程中相互表示敬意、友好的表现和精神风貌，它是通过语言和行为来表示对交往对象的尊重。它反映了时代的风尚与道德品质，体现了人们的文化层次和文明程度。例如学生看到老师尊敬的问候：“老师好”，我们会说这学生很有礼貌。他用语言和行为表现了他的礼貌。

(二)礼节

礼节是指人们在日常生活中，特别是在交际场合中，相互表示问候、致意、祝愿、慰问等的惯用形式，礼节是礼貌的表现形式，具有形式化的特点，主要指日常生活中的个体礼貌行为。如中国古代的跪拜，当今社会通行的点头、握手，欧美国家的拥抱、接吻等都是礼节的具体表现。礼节多处于表层，学习起来比较容易，也有很多都是标准化的动作。

(三)仪式

仪式相对于礼节来讲就比较正式严格，它是在一定场合举行的，具有专门程序的活动，比方说迎送仪式、签字仪式、升旗仪式、奥运会的开幕式、大型工程的奠基礼等，都属于仪式的范畴。

“礼貌”、“礼节”、“仪式”都是人们在相互交往中表示尊敬，友好的行为，其本质都是尊重人，关心人。三者相辅相成，密不可分。礼貌是礼的行为规范，礼节是礼的惯用形式，仪式是礼的较隆重的秩序形式，它们是相互联系的。要做到遵守礼仪，就应该认识到它们的关联性。

课堂小案例

1998 年 8 月 8 日，是北方某市新建云海大酒店隆重开业的日子。这一天，酒店上空彩球高悬，四周彩旗飘扬，身着鲜艳旗袍的礼仪小姐站立在店门两侧，她们的身后是摆放整齐的鲜花、花篮，所有员工服饰一新，面目清洁，精神焕发，整个酒店沉浸在喜庆的气氛中。开业典礼在店前广场举行。

上午 11 时许，应邀前来参加庆典的有关领导、各界友人、新闻记者陆续到齐。正在举行剪彩之际，天空突然下起了倾盆大雨，典礼只好移至厅内，一时间，大厅内聚满了参加庆典人员和避雨的行人。典礼仪式在音乐和雨声中隆重举行，整个大厅内灯光齐亮，使得庆典别具一番特色。

典礼完毕，雨仍在下，厅内避雨的行人，短时间内根本无法离去，许多人焦急地盯着厅外。于是，酒店经理当众宣布：“今天能聚集到我们酒店的都是我们的嘉宾，这是天意，希望大家能同敝店共享今天的喜庆，我代表酒店真诚邀请诸位到餐厅共进午餐，当然一切全部免费。”霎时间，大厅内响起雷鸣般的掌声。

虽然，酒店开业额外多花了一笔午餐费，但酒店的名字在新闻媒体及众多顾客的渲染下却迅速传播开来，接下来酒店的生意格外红火。

【分析】开业典礼是企业的大喜日子，是气氛热烈而又隆重的庆祝仪式，既表明企业对此项活动庄重、严谨的态度，又可借此扩大企业的社会影响，提高企业的知名度和美誉度。该酒店的经理借开业典礼之机请进避雨的行人，共享开业的喜庆，借此树立企业形象，收到了意想不到的效果。这一举动很好地体现了该酒店经理的组织能力、社交水平及文化素养，是企业发展的一个里程碑。

二、礼仪的特点

(一)普遍性

现在我国的高校基本上都开设了礼仪这门课程，这是因为礼仪从古至今，无处不在。凡是有人类生活的地方，就存在着各种各样的礼仪规范。现代礼仪的内容已渗透到社会的方方面面，从政治、经济、文化领域，到人们的日常生活方面，礼仪活动普遍存在。比如，大到2008年奥运会的开幕仪式，小到一个企业的开张典礼，再到人们日常生活中的接待、见面谈话、宴请等，均需要讲究礼仪规范，遵守一定礼仪行为准则。礼仪的遵守具有绝对的普遍性。

(二)继承性

在礼仪发展的源流中，礼仪文化的发展是一个剔除糟粕、继承精华的过程。那些反映劳动人民的精神风貌、代表劳动人民道德水平和气质修养的健康高尚的礼仪得到了肯定和发扬，而那些代表剥削阶级帝王将相封建迷信的繁文缛节将被抛弃。比如古代的磕头跪拜早已被现代的握手敬礼所替代，至于古代朝见天子所需的三跪九叩，更早已被摈弃。而那些“温良恭俭让”、“尊老爱幼”的行为规范则得到了弘扬。礼仪的继承性不仅体现在同一个民族中，例如“女士优先”就是我们从西方继承过来的礼仪规范，我们认为只要是有利于基于道德之上，有利于人们友好交往，促进社会进步的礼仪规范我们都可以拿来遵守。可见，礼仪变化的继承性必将随着人类历史的不断进步而发展。

(三)差异性

“十里不同风，百里不同俗”，不同的文化背景，产生不同的礼仪文化，不同的地域文化决定着礼仪的内容和形式。我国疆土辽阔，是一个多民族大家庭，不同的民族，其风俗习惯、礼仪文化各有千秋。就说见面问候致意的形式就大不一样，有脱帽点头致意的，有拥抱的，有双手合十的，有手抚胸口的，有口碰脸颊的，更多的还是握手致意。这些礼仪形式的差异均是由不同地方风俗文化决定的，具有约定俗成的影响力。

礼仪的差异性除了地域性的差异外，还表现在礼仪的等级差别上，对不同身份地位的对象施以不同的礼仪。同样是宴会就会因招等对象的身份地位高低的差别而有所不同，身份和地位高的，可能就会受到更高级的款待，身份低的相对就低一等。

(四)时代性

礼仪作为一种文化范畴，必然具有浓厚的时代特色。任何时代的礼仪由于其时代的特性和内容，往往就决定了它的表现。比如，礼仪本起源于原始的祭神，因而人类最初的礼仪是从祭神开始的，例如，古代把裸体怀孕的妇女陶塑像作为生育女神来祭拜，这正是基于人类在蒙昧时期无法更好地保护自己而产生的强烈的对生殖崇拜的一种礼仪表现。

时代的特色对文化冲击的烙印是巨大的，可以说，每个时代的文化正是时代变迁的缩影，而礼仪文化也如此。如辛亥革命的爆发，猛烈地撞击了封建社会的上层建筑及其意识形态，也影响到了人们日常生活的方方面面，于是就造就了一代新风尚。

可见礼仪文化总是一个时代的写照。文化大革命时期，清一色的服饰文化正是当时人们思想行为统一到一个文化模式中的反映。而现在丰富多彩的服饰文化也正是现代人丰富的内心世界的反映，也是社会改革开放的投影。

（五）发展性

我们说，时代总在不断地前进。礼仪文化也不是一成不变的，而是随着社会的进步而不断发展。一方面，礼仪文化随时代的不断进步而时刻发生着变化。如现代人所拍发的礼仪电报、电视点歌祝寿贺喜等礼仪形式就是时代进步而产生的新生事物。另一方面，随着国家对外交往的不断扩大，各国的政治、经济、思想、文化等诸种因素的互相渗透，我国的传统礼仪自然也被赋予了许多新鲜的内容。礼仪规范更加国际化，礼仪变革向符合国际惯例的方面发展。如何形成一整套既富有我们国家自己的传统特色，同时又符合国际惯例的礼仪规范已成为必需。这种礼仪文化的培养和形成有助于我们的国家走向世界，更好地与国际接轨，成为地球村上一个真正的礼仪之邦。

礼仪规范的这种发展性总是与时代精神密切地结合在一起。礼仪文化的发展总是受时代发展变化的推动，时代不前进，礼仪文化的内容自然也不会得到很好的发展。时代性与发展性和继承性都是相辅相成的。总而言之，随着时代的不断进步，人类的礼仪规范必将更为文明、优雅、实用。

课堂小案例

一家酒店入住了一少数民族团体，团体中美丽的少女们都各戴着一个很漂亮的鸡冠帽。酒店男员工与之混熟了一点后，出于好奇，用手摸了一下一位少女的帽子，结果弄到族长那里去，族长以为男员工爱上了那位少女，向她求婚。后经酒店领导出面调解，二者以兄妹相称。

【分析】在历史上这个少数民族曾在一夜里受到外族的入侵，恰巧一公鸡鸣叫，唤醒了人们，才免去了一次灭族之灾。以后，为了纪念这只公鸡，村里美丽的少女都戴上鸡冠帽，男子一触摸就表示求婚。因此在与少数民族的交际中，应了解并尊重少数民族的风俗习惯，不做他们忌讳的事，这样才有利于各民族之间平等友好的交往。

三、礼仪的功能

（一）教育功能

学习礼仪，遵守礼仪规范可以从整体上提高我们的国民素质。礼仪是人类社会进步的产物，是传统文化的重要组成部分。礼仪蕴涵着丰富的文化内涵，体现着社会的要求与时代精神。礼仪通过评价、劝阻、示范等教育形式指导人们按礼仪规范的要求去协调人际关系，维护社会正常生活。

（二）沟通功能

亲切的笑容，友好的问候，文雅的谈吐，得体的举止能够唤起人们的沟通欲望，彼此之间建立起好感、信任，进而建立起很好的人际关系，也能够促使一个人在事业上更快更好的发展。因为现代社会，人与人之间的沟通非常重要，一个人要想成功，不仅要依靠自己手中的社会资源，更需要社会其他人员的社会资源，如果能够以礼仪行为很好地表达自己，无疑会促使双方更好的沟通，进而可以有效地整合其他的社会资源，为自己、为社会创造更好的条件、更多的利益。

(三)协调功能

在人际交往中，不论彼此是何种关系，维系人际之间沟通与交往的礼仪，都承担着十分重要的“润滑剂”作用。礼仪的原则和规范，约束着人们的动机，指导着人们立身处世的行为方式。如果交往的双方都能够按照礼仪的规范指导自己的言行，不仅可以避免某些不必要的感情对立与矛盾冲突，还有助于建立和加强人与人之间相互尊重，友好合作的新型关系，使人际关系更加和谐，社会秩序更加有序。

(四)塑造功能

礼仪可以指导个人从仪容、仪表、仪态方面塑造自己的外在形象，也可以从如何问候人，如何与人握手，如何馈赠礼品，如何接打电话等方面塑造一个人的内在形象。对于一个组织来讲同样的可以通过礼仪行为塑造自身的外在形象和内在形象。礼仪讲究和谐，重视内在美和外在美的统一。最终达到悦己悦人。

(五)维护功能

礼仪作为社会行为规范，对人们的行为有很强的约束力。在维护社会秩序方面，礼仪起着法律所起不到的作用。我们讲道德是礼仪的最低要求，社会的发展，家庭邻里的和谐，同事之间的信任与合作，都依赖于人们共同遵守礼仪的规范与要求。如果社会上人人都讲礼，社会将会更加和谐和稳定。

第三节　旅游公关服务礼仪

旅游公关服务礼仪是在旅游接待服务过程中，旅游服务人员对旅游者表示尊重和友好的一系列行为规范，是礼仪在旅游接待服务过程中的具体运用。旅游公关服务礼仪以礼仪为基础和内容，它与礼仪有着共同的基本原则：尊重、友好、真诚。

一、旅游公关服务礼仪的特征

(一)广泛性

现代旅游包含行、吃、住、游、购、娱六大环节，是综合性强，跨度大的服务性行业，其接待与服务工作涵盖面广。旅游的六大环节都需要按照一定的礼仪规范做好服务与接待工作，旅游公关服务礼仪贯穿整个旅游活动的全过程，任何一个环节工作出现差错，都会影响旅游业的整体形象。因此只有提高全行业的礼仪素养，每个环节都严格按照旅游公关服务礼仪的各种规范接待宾客，并注意各行业(部门)间的协调与衔接，才能适应旅游者的消费需求。

(二)直接性

旅游公关服务礼仪直接服务于旅游行业，不管是酒店前厅的入住登记手续的办理还是旅行社导游人员的导游服务，还是景区人员的景点讲解服务，都是直接展现在旅游者面前的，旅游公关服务礼仪具有直接性的特点，这就要求相关服务人员一定要提前做好功课，要求管理人员提前做好培训工作，让我们的服务非常完美得像现场直播般的展现在旅游者面前。

（三）规范性

旅游公关服务礼仪的规范性是指它的一些规范要求，是人们在旅游接待过程中应该共同遵守的。尽管旅游业涉及的“六大要素”有接待程序和接待规范上的差异，但都是在旅游接待活动中调节客人与业者相互之间最一般关系的行为规范，礼仪基本内涵是一致的。“客人永远是对的”、“客人永远都不会错”应该是旅游行业各个部门共同的行为准则，是旅游行业全体成员应该共同遵守的人际和社交的准则。

（四）灵活性

不管是酒店服务礼仪还是旅行社服务礼仪都是标准的服务，只有依照标准就可以满足旅游者对服务的基本要求，但优质的服务光靠标准化远远不够，不同地区，不同职业，不同年龄，不同性格的人对服务的要求是有差异的，因此我们应该根据不同客人的特点，给其提供个性化的服务或者是超值服务，让我们的服务达到意想不到的效果。

二、旅游公关服务礼仪的基本原则

（一）尊重原则

尊重包含了自尊和尊重客人，作为旅游服务人员首先应该从仪容仪表仪态和言谈举止方面做到自尊，然后在对客服务的过程中尊重顾客。尊重客人的隐私，尊重客人的风俗习惯等。

小故事

公元前592年，当时的齐国国君齐顷公在朝堂接见来自晋国、鲁国、卫国和曹国的使臣，各国使臣都带来了墨玉、币帛等贵重礼品献给齐顷公。献礼的时候，齐顷公向下一看，只见晋国的亚卿郤克是个独眼，鲁国的上卿是个秃头，卫国的上卿孙良夫是个跛脚，而曹国的大夫公子首则是个驼背，不禁暗自发笑：怎么四国使臣都是有毛病的。

当晚，齐顷公见到自己的母亲萧夫人，便把白天看到的四个人当笑话说给萧夫人听。萧夫人一听便乐了，执意要亲眼见识一下。正好第二天是齐顷公设宴招待各国使臣的日子，于是便答应了，让萧夫人届时躲在帷帐的后面观看。第二天，当四国使臣的车子一起到达，众人依次入厅时，萧夫人掀开帷帐向外望，一看到四个使臣便忍不住大笑了起来，她的随从也个个笑得前仰后合。笑声惊动了众使者，当他们弄明白原来是齐顷公为了让母亲寻开心，特意做了这样的安排时，个个怒不可遏，不辞而别。四国使臣约定各自回国请兵伐齐，血洗在齐国所受的耻辱。四年后，四国联合起来讨伐齐国，齐国不敌，大败，齐顷公只得讲和，这便是春秋时著名的“鞍之战”。

（二）公平对待原则

人无贵贱之分，服务工作中所有的客人都应该受到尊重，在这一点上绝不能厚此薄彼。具体运用礼仪时，可以因人而异，根据不同的交往对象，采取不同的礼仪形式，但是在对客人表示尊重和态度上一定要公平对待。

（三）热情原则

要做到热情，首先应该保持好的心态，热爱自己的工作，发自内心的积极主动的问候客人，微笑服务，帮助客人，做到热情服务。

（四）合宜原则

在尊重别人和热情服务时都要把握好度，注意社交距离，控制感情尺度，应牢记过犹不及的道理。因此礼仪行为要特别注意在不同情况下，礼仪程度，礼仪方式的区别，坚持因时、因地、因人的合宜原则。

(五)宽容原则

有时候顾客的职责或者投诉是无理的，这个时候我们应该严于律己，宽以待人，要多理解他人，体谅他人，多从顾客的角度出发想问题，有时候适当的可以有阿Q精神，当我们用宽容的心态对待宾客，往往成为我们最廉价的让步，为我们赢得宾客。

课堂小案例

G先生入住一家五星级酒店，头天晚上11时左右曾委托总台李小姐叫醒，但李小姐未能准时叫醒客人，从而耽误了航班，引起了客人的投诉。下面是大堂副理(A)与客人(G)的一段话：

A：G先生，您好！我是大堂副理(A)，请告诉我发生了什么事？

G：什么事你还不知道？我耽误了飞机，你们要赔偿我的损失。

A：你不要着急，请坐下来慢慢说。

G：你别站着说话不腰疼，换你试试。

A：如果这件事发生在我身上，我肯定会冷静的，所以我希望你也冷静。

G：我没你修养好，你也不用教训我。我们没什么好讲的，去叫你们经理来。

A：叫经理来可以，但你对我应有起码的尊重，我是来解决问题的，可不是来受你气的。

G：你不受气，难道让我这花钱的客人受气，真是岂有此理。

A：……

【分析】酒店给予客人的服务应该是有效的，案例当中的叫醒服务不是有效的。而且当客人投诉的时候我们尽量不要辩解，更不应该指责客人，应该换位思考理解客人的心情，尽快解决投诉。

(六)自律原则

礼仪的最高境界是自律，即在没有任何监督的情况下，仍能自觉地按照礼仪规范约束自己的行为。这同样需要旅游工作者热爱自己的工作，热爱自己的岗位，从内心树立起一种道德信念和行为修养，获得内在的力量。做到有没有上级主管在场一个样，客前客后一个样，把礼仪的规范变成自觉的行为，内在的素质。

三、旅游工作者礼仪修养的意义及培养途径

不管是酒店还是旅行社都是以盈利为目的的旅游企业，有时候我们招聘的服务人员自身的修养或者素质并不高，这就需要我们通过培训教育提高他们的素质，但有些人可能就会问了，现在的培训费如此之高，为什么我们还要花费资金去给员工培训礼仪知识呢？旅游公关服务礼仪的重要性又是怎样体现的呢？

(一)提高旅游公关服务礼仪修养的重要性

1. 礼仪修养反映了一个国家、一个企业的形象

我们接待的宾客早已不仅仅是国内的宾客，来自五湖四海的旅游者没有较长时间来了解某一地区或者国家，他们往往通过与其接触的旅游工作者来判断，评价一个国家或一个地区的文明程度和精神风貌。旅游工作者良好的礼仪修养会产生积极的宣传效果，能为其

所在的企业、城市、国家树立良好的形象，赢得荣誉。

2. 礼仪修养是旅游优质服务的关键

在旅游活动中旅游者除了物质需求外，更重要的是精神上的满足。研究表明，在旅游企业硬件设施相同的情况下，影响旅游服务质量的主要因素是服务意识和服务态度。旅游工作者“宾客至上”的服务意识，热情友好，真诚和蔼的服务态度，优雅的举止，得体的言谈，会对旅游者的心理满意程度产生十分积极的效果，直接使客人在感官上，精神上产生尊重感和亲切感，给客人留下美好的印象。

3. 礼仪修养是解决旅游服务纠纷的良药

旅游服务接待工作接触面广，发生纠纷是不可避免的。要处理好纠纷，需要旅游工作人员有较高的礼仪修养水平。无论是什么样的纠纷，无论是因为谁的原因导致的纠纷，处理的第一原则是有理有节，不管发生什么情况，都要发扬“礼让”的精神，先平息宾客的情绪，快速高效的处理好纠纷。

4. 礼仪修养可以改善企业内部的经营环境

一个旅游企业往往由多个分工不同的部门组成，每个部门之间都存在着相互协作，相互支持的关系。要想建立良好的内部和外部环境，提高自身的知名度和美誉度，就需要企业人员之间，部门与部门之间都能够相互支援，相互体谅，遇事能够从对方的角度着想，在沟通方面注意礼仪和分寸。这样不仅可以调节旅游职工之间，部门之间的关系，形成相互尊重，团结协作的风气，而且可以减少工作内耗，提高工作效率。

5. 礼仪修养利于员工的个人发展

礼仪修养反映出一个人的学识，修养，品格，风度，是一个人人格的外在体现。人格是人类社会地位和作用的统一，是一个人做人的价值和品格的总和，因而礼仪修养是个体人生发展的重要内容，不仅能够促进个体人生的发展，而且能够提升个体的人生价值。

礼仪也是现代社会的通行证。我们要顺利地步入社会，走向世界，求得个人发展，就必须有良好的礼仪修养，做一个有教养，有礼貌，受欢迎的现代人。

(二)提高礼仪修养的途径

1. 保持良好的心态

良好的心态有六种，即保持积极的心态，对生活乐观向上，对工作充满热爱；主动的心态，在客人要求之前主动服务，想客人之所想，急客人之所急；海纳百川的心态，心胸一定要宽广，对客人保持一颗宽容的心；互利双赢的心态，当你尊重客人，让客人感受到尊重和品质服务的同时客人也会带给你快乐和收益；奉献的心态，客人需要帮忙时我们一定要竭尽全力给予奉献；感恩的心态，感谢宾客，感谢老板给予我们这份工作。

2. 提高文化素质，培养学习的能力

一名优秀的服务人员不仅仅是给客人提供标准化的服务，当客人有问题时需要帮助时我们也应该尽全力去解决，入住酒店的客人可能会问当地有哪些旅游景点有哪些特色小吃，旅游团中的客人也可能会提出形形色色的问题，这就需要我们要提高自己的文化素养，培养自己的学习能力，让自己成为一个博学的人，而不是一个一问三不知只知道“服务”的人。

3. 自觉学习礼仪知识，积极参加礼仪实践

我国的各个民族礼节习俗各不相同，世界各个国家的礼仪风俗更是各不相同，礼仪规

范也是随着社会的发展不断向前发展的，如果我们在服务中只是凭以往的经验办事，轻则闹笑话，重则影响工作效果，甚至造成误解。这就需要我们不断地学习礼仪知识，而礼仪不是一个形式的东西，我们需要将所学的理论运用于社会实践的各个方面。积极投身到实践之中，在文明气氛较浓的环境里去接受熏陶，对增强自己的文明意识，培养礼貌的行为，提高礼仪修养水平。在旅游职业岗位上，时时处处自觉从大处着眼，小处着手，以礼仪的规范来要求自己的言行举止，在社交场所多听，多看，多学，不断提高自己的礼仪修养。

课堂小案例

上午，某公司在一家五星级酒店的多功能会议厅召开会议。其间，该公司职员李小姐来到商务中心发传真，发完后李小姐要求借打一个电话给总公司，询问传真稿件是否清晰。

“这里没有外线电话”。商务中心的服务员说。

“没有外线电话稿件怎么传真出去的呢?”李小姐不悦地反问。

服务员：“我们的外线电话不免费服务。”

“我已预付了20元传真费了。”李小姐生气地说。

服务员：“我收了你的传真费，并没有收你的电话费啊？更何况你的传真费也不够。”

李小姐说：“啊，还不够？到底你要收多少呢？开个收据我看一看。”

“我们传真收费的标准是：市内港币10元/页；服务费港币5元；3分钟通话费港币2元。您传真了两页应收港币27元，再以1：1.08的比价折合成人民币，我们要实收人民币29.16元。”服务员立即开具了传真和电话的收据。

李小姐问：“传真收费还是电话收费是根据什么规定的?”

“这是我们酒店的规定。”服务员出口便说。李小姐：“请您出示书面规定。”

“这不就是价目表嘛。”服务员不耐烦地回答说。李小姐：“你的态度怎么这样?”

“您的态度也不见得比我好呀。”服务员反唇相讥。

李小姐气得付完钱就走了。心想：五星级服务，难道就是这样的吗?

【分析】案例中的服务员不具备一名合格商务人员的基本素质。接待服务工作是一门综合艺术，是非常讲究接待服务的方法、技巧的。要提高服务质量，就要求服务人员必须接受专业的训练，才能使他们无愧于五星级的标志。

(三)养成良好的行为习惯

礼仪是人们交际活动中的一种行为模式。这种行为模式刚开始时可能会让人感觉到约束，束缚，但通过长期的自觉练习，时间长了变成自身一种自动的动作，形成习惯，就能在交际活动中更好地发挥作用。礼仪修养实际上就是人自觉运用正确的思想战胜不正确的思想，用良好的行为习惯纠正不良行为习惯的过程。检验一个人的礼仪修养如何，很重要的一条标准就是看他是否已把交际礼仪规范变成自身个性中的稳定成分，是否能在各种交际场合自然而然地遵循交际礼仪要求。

实训项目

旅游服务人员服务意识树立的实训

【实训目的】 培养服务人员的服务意识

【实训内容】 给学生提供几个"彬彬有礼"、"言行得体"、"沉得住气"等词语让学生通过模拟情景的形式进行自我完善。

【实训步骤】

1. 学生每4～10人进行自由组合，每小组确定相应的模拟主题；课后进行节目编排准备。

2. 每组根据自己准备的内容进行模拟表演，力求表演到位，主题突出，切实能够将课堂所学理论知识在表演中反映出来。

3. 教师及台下同学对表演者的表演情况进行点评。

同步测试

一、单项选择题

1. 人际交往的通行证是(　　)。

A. 礼节　　B. 仪式　　C. 礼仪　　D. 礼貌

2. 人与人之间交往的最重要、最高级的手段是(　　)。

A. 握手　　B. 拥抱　　C. 语言　　D. 名片

3. 握手有伸手先后的规矩(　　)。

A. 晚辈与长辈握手，晚辈应先伸手

B. 男女同事之间握手，男士应先伸手

C. 主人与客人握手，一般是客人先伸手

D. 电视节目主持人邀请专家，学者进行访谈时握手，主持人应先伸手

4. 介绍两人相识的顺序一般是(　　)。

A. 先把上级介绍给下级

B. 先把晚辈介绍给长辈

C. 先把客人介绍给家人

D. 先把早到的客人介绍给晚到的客人

5. 使用手机的不正确做法是(　　)。

A. 在会议或影院等场合，应关机或将铃声设置于静音状态

B. 手机不宜握在手里或挂在腰带上，应放在公文包中

C. 手机不适合传递重要商业信息

D. 女士将手机挂在脖子上

二、判断题

1. 与他人交谈完毕就可以立即转身离开。(　　)

2. 接打电话时不能吃东西喝水等。(　　)

3. 陪同客人乘无人管理的电梯，由客人先进入并摁住开关。(　　)

4. 乘公交车时要注意礼让，按顺序上下车，不要拥挤。(　　)

5. 看文艺演出或体育比赛时，为表热情，掌声越多越好。(　　)

6. 无论什么场合，当升各国的国旗奏国歌时，都应肃立站好，双手不可插兜接打电话吃食物等。(　　)

7. 坐电梯时，一般应先出后进。(　　)

8. 出门上下车时男生不必谦让女生。 ( )

9. 你正在和一个重要的客户谈一笔业务，这时电话铃响了，而又没有代接电话的人，为了体现对客户的尊重，可对电话置之不理。 ( )

10. 当客人告辞时，作为主人，为了表示对客人的欢送，主人应主动伸手，同客人告别。 ( )

三、简答题

1. 简述礼仪的起源。
2. 东方、西方礼仪有什么差异？
3. 礼仪有哪些功能？
4. 礼貌、礼节、礼仪的含义是什么？它们之间的关系是怎样的？
5. 简述旅游公关服务礼仪的原则、特征。
6. 旅游工作者礼仪修养的意义是什么？
7. 什么是修养？养成良好礼仪修养有哪些途径？
8. 礼仪修养要遵循的原则是什么？

四、案例分析

一位英国老妇到中国游览观光，对接待她的导游小姐评价颇高，认为她服务态度好，语言水平也很高，便夸奖导游小姐说："你的英语讲得好极了！"小姐马上回应说："我的英语讲得不好。"英国老妇一听生气了，"英语是我的母语，难道我不知道英语该怎么说？"老妇生气的原因无疑是导游小姐忽视东西方礼仪的差异所致。西方人讲究一是一，二是二，而东方人讲究的是谦虚，凡事不张扬。

问题：你觉得导游小姐有错吗？错在哪？

第二章
个人形象礼仪

学习目标

知识目标：

熟悉仪表礼仪、仪容礼仪、仪态礼仪和言谈礼仪的具体内容；掌握在不同场合和环境中服饰的选择和具体的着装规范；掌握言谈礼仪的应用方法

能力目标：

能在实际工作中做到熟练、得体地穿戴和搭配服装配饰；能按照仪容美的要求对自己进行合理修饰；能在服务工作中遵守仪态礼仪的各项要求；能正确使用旅游服务语言

本章知识体系

第一节　仪表礼仪

一、仪表与风度

(一)仪表美

(二)风度美

(三)注重仪表美的重要意义

二、着装礼仪

(一)西装礼仪

(二)套裙礼仪

三、服装配饰礼仪
(一)眼镜
(二)领带
(三)丝巾
(四)饰品
第二节 仪容礼仪
一、面部修饰
(一)眼部的修饰
(二)眉毛的修饰
(三)鼻子的修饰
(四)口部的修饰
(五)耳朵的修饰
(六)颈部的修饰
二、发部修饰
(一)发部的清洁
(二)发部的造型
(三)发部的美化
三、肢体修饰
(一)手部的修饰
(二)腿部的修饰
(三)脚部的修饰
四、美容与化妆
(一)皮肤的日常保养
(二)面部化妆
第三节 仪态礼仪
一、站姿
(一)站姿的基本要求
(二)站姿的不同形式
(三)不良的站姿
二、坐姿
(一)坐姿的基本要求
(二)坐姿的不同形式
(三)不良的坐姿
三、走姿
(一)走姿的基本要求
(二)特定情况下的走姿
(三)不良的走姿
四、蹲姿
(一)蹲姿的基本要求

(二)蹲姿的不同形式
(三)蹲姿的禁忌
五、手势
(一)手势的基本要求
(二)常用的手势
(三)手势的禁忌
六、表情
(一)眼神
(二)微笑
第四节　言谈礼仪
一、言谈礼仪的原则与要求
(一)旅游服务人员言谈礼仪的原则
(二)旅游服务人员言谈礼仪的要求
二、言谈礼仪的应用技巧
(一)正确的称谓
(二)准确的应答
(三)适当的提问
(四)由衷的赞美
(五)巧妙的拒绝
(六)诚恳的道歉
三、言谈的禁忌
(一)忌谈的话题
(二)忌用的方式
(三)禁忌的称谓

【引例】

某企业考察团李先生一行五人下榻于合肥某饭店。经过数日的访问考察，圆满完成了考察任务，考察团决定到饭店的餐厅召开一个小型的庆祝会。当他们来到餐厅，接待他们的是一名女服务员。这名服务员没有化妆，脸色苍白，看上去病态十足，李先生等人的好心情损失大半。开始上菜时，李先生发现传菜员的手很脏，指甲里满是污垢，令其十分反感，顿时没有了胃口。草草吃完饭，考察团立即结账离开了饭店。

【引例分析】仪表仪容不仅对旅游服务人员本身有着重要的意义，对企业来说同样如此。旅游服务人员的仪表美是尊重服务对象的需要，反映着旅游企业的管理水平和服务质量。引例中的服务人员因为个人形象中存在的问题，影响了饭店的形象，给服务对象留下了糟糕的印象。

第一节 仪表礼仪

一、仪表与风度

仪表是指人的外表，它包括人的形体、容貌、姿态、举止、服饰等方面，是一个人精神面貌和内在素质的外在表现。风度本意是指人的举止姿态，它是一个人内在实力的自然流露，是一个人的个性、品质、修养、德才、情趣、学识等的外在表现。良好的风度是仪表美的重要因素。

(一)仪表美

仪表对一个人来说非常重要，它反映出一个人精神状态和礼仪素养，是人与人交往中的"第一印象"。心理学家研究表明，人们都喜欢与外貌靓丽、英俊潇洒、气质不凡的人交往，并渴望与其成为朋友。天生丽质、风度翩翩的人毕竟是少数，然而我们可以通过适当的修饰以弥补和掩饰容貌与形体等方面的不足，使个人的形象得到美化。成功的仪表修饰应遵循以下原则：

1. 整体性原则

仪表修饰要讲究整体协调，使各个局部的修饰与人的自然条件协调一致、浑然一体，展现出整体风采。

2. 适体性原则

仪表修饰要与个体自身的性别、年龄、容貌、肤色、身材、气质、职业等相适宜。

3. 适度性原则

仪表修饰的修饰程度、修饰技巧和饰品数量要把握分寸、自然适度，力求虽经雕琢却不露痕迹的效果。

4. T. P. O 原则

即时间(Time)、地点(Place)、场合(Occasion)原则，仪表修饰要根据时间、地点和场合的变化而变化，使仪表与时间、环境氛围、特定场合相协调。

仪表美的内涵非常丰富，不仅包括容貌美、形体美、服饰美，而且包括气质美、心灵美、智慧美。只有内在美与外在美和谐统一，才能称得上是真正的仪表美。优雅的仪表能给人以心理上的愉悦和美的享受，讲究仪表美是服务行业的职业要求。

(二)风度美

一个人的风度，是在其成长的特定社会文化氛围中，经过一定时间的社会生活实践而逐渐形成的。对风度美的追求是人的一种美德。生活中的风度美可以说形形色色，有的人潇洒，有的人稳重，有的人文静，有的人敏捷，有的人诙谐幽默，有的人优雅持重……高雅的风度之美，是人内心美的自然流露。美好的风度不是天生的，而是后天训练、培养的。

1. 人格

人格是指人的性格、气质、能力等特征的总和，人的道德品质，是一个人在社会中的地位和作用的统一。优秀的人格包含诚实、正直、自尊、乐于助人、积极进取等。优雅的风度是人格的魅力所在。

2. 气质

气质是指人的心理、生理等素质，是相对稳定的个性特点。气质是风度的灵魂。气质的特点一般是通过人们处理问题、人与人之间的交往表现出来的，形式多种多样。大体上，人的气质分为四种类型：胆汁质(兴奋型)、多血质(活泼型)、黏液质(安静型)、抑郁质(抑制型)。气质决定风度的表现形式，影响一个人的行为甚至容貌，也是一个人是否具有魅力的重要因素。

3. 修养

个人修养是个人认识、情感、意志、信念、言行、习惯的修炼和涵养。风度是以个人良好的修养、渊博的学识、精深的思辨能力为基础的。良好的修养是构成高雅风度的内在要素，往往通过一个人的谈吐、举止、服饰等表现出来。

旅游服务人员的风度美体现在其所提供的优质服务上，主要表现在以下方面：爱国爱岗、诚实正直、落落大方、不卑不亢、与人为善、助人为乐，不做有辱国格、人格的事，不损人利己，不弄虚作假等。

(三)注重仪表美的重要意义

旅游服务人员作为旅游企业被审视的最初对象，不仅是良好的第一印象的来源，而且会影响服务对象对所接受服务的评价，因此，旅游服务人员注重仪表美具有重要的意义。

1. 旅游服务人员仪表美是企业树立良好形象的手段

员工的形象是企业形象的重要组成部分。在员工形象中，仪表美是最直观的表现，它在一定程度上体现了企业的服务形象。"第一印象"是至关重要的，您永远无法获得第二次机会，以赢得一个良好的第一印象。对于旅游服务人员来说，"第一印象"首先来自于一个人的仪表，仪表美会让人产生美好的第一印象，从而为企业树立良好的形象。

2. 旅游服务人员仪表美是尊重服务对象的需要

在旅游服务过程中，服务对象是在追求一种比日常生活更高标准的享受，其中包括视觉、听觉、嗅觉、味觉等感官的美好享受。旅游服务人员的仪表是服务对象视觉享受的重要内容之一。当服务对象接受的服务来自于外表整洁、端庄、得体的服务人员时，他们的求尊心理会得到满足，他们对服务的满意程度也会提高。注重仪表是旅游服务人员尊重服务对象的需要，是讲究礼节礼貌的表现。

3. 旅游服务人员仪表美反映了旅游企业的管理水平和服务质量

在当今激烈的市场竞争的背景下，旅游企业的设施、设备等硬件已经日臻完善。旅游企业之间的竞争，更突出地表现在作为软件的服务水平的比拼上，服务人员的仪表在一定程度上反映了服务人员的素质，体现出企业的服务水平。一个管理良好的企业，必然在其员工的仪表和精神风貌上有所体现。著名的希尔顿酒店的价值观是"一流设备加一流服务的微笑"、"微笑服务，宾至如归"，这是酒店管理的法宝。

二、着装礼仪

服饰是一种文化，是一种无声的语言，在一定程度上反映出一个人的文化品位、审美情趣、社会地位。服饰是人体的外延，包括衣、帽、鞋以及手表、戒指、项链、耳环等饰物。如何着装，可以从一个侧面真实地传递出一个人的修养、性格、气质、爱好和追求。旅游服务人员的着装应该符合其职业特点，展现出良好的职业形象。

(一)西装礼仪

西装又称西服，是服饰中的舶来品，作为一种国际性服装，穿着起来给人以彬彬有礼、潇洒大方的印象，因而越来越多地被应用于正式场合。现在各星级饭店多以西装为职业制服。

1. 西装的板型

板型指西装的外观轮廓。目前，西装有欧式、英式、美式、日式四大基本板型。

(1)欧式西装

上衣呈倒梯形，也就是肩宽收腰，多为双排扣，衣领较宽，垫肩与袖笼较高，后摆无开衩。欧式西装与欧洲男士高大的魁梧的身材相吻合，中国人对这种西装的选择要三思而后行。

(2)英式西装

上衣基本轮廓也是倒梯形，但不刻意强调肩宽，而讲究穿在身上自然贴身。它多为单排扣，衣领为“V”形且比较狭长，腰部略收，垫肩较薄，后摆两侧开衩。

(3)美式西装

上衣基本轮廓为“O”形，宽松肥大，强调舒适、随意。它较欧式西装稍短一些，肩部不加衬垫，腰部宽大，多为单排扣，后摆中间开衩。美式西装以单件居多，适合休闲场合穿着。

(4)日式西装

上衣基本轮廓呈现“H”形，不过分强调肩部和腰部，垫肩不高，领子较短而窄，不过分收腰，多为单排扣，后摆不开衩。

以上四种板型的西装，各有特点：欧式西装洒脱大气，英式西装剪裁得体，美式西装宽大舒适，日式西装贴身凝重。比较而言，英式和日式西装更适合中国人穿着。

2. 西装的穿着

穿着西装要正确得体，这样才能展现出良好的个人修养和精神风貌。旅游服务人员在穿着西装的时候，要注意以下问题：

(1)拆除衣袖上的商标

在西装上衣袖的袖口处，通常会缝有一块商标，有时还缝有一块组物成分标志。在穿着西装之前，一定要将他们拆除。

(2)保持西装平整

穿着西装要保证其干净整洁、平整挺括，因此，每次穿着西装之前应进行熨烫。熨烫西装时应根据其面料的具体熨烫要求进行操作，防止西装表面出现亮面，影响美观。

(3)色彩搭配和谐

要穿出西装的品位，必须注意色彩搭配，讲究三色原则和三一定律。三色原则，指男士在正式场合穿着西装时，全身颜色要限制在三种之内，否则会有失庄重。三一定律，指男士在正式场合穿着西装时，鞋子、腰带、公文包的色彩必须统一。最理想的选择是三者皆为黑色。

(4)衬衫搭配得体

穿着西装时应搭配正装衬衫，具体从以下几方面入手：

首先，衬衫的质地有软硬之分，搭配西装应选择硬质衬衫，特别是衬衫的领部要挺括。以条绒布、水洗布、真丝、纯麻做成的衬衫不宜用来搭配西装。

其次，选择单一色彩的衬衫来搭配西装，根据西装的颜色来确定衬衫的颜色。一般来说，白色衬衫是服务人员穿着西装时最好的选择。

再次，衬衫的下摆不宜过长，而且衬衫的下摆应塞进裤子里面去。衬衫的袖口一般以露出西装袖口以外1.5厘米为宜，过长或过短都不好。

最后，衬衫的第一粒纽扣在穿西装、打领带时一定要扣好；不打领带时，一定要解开。衬衫袖口的扣子，在打领带时也一定要扣好，而且不能把袖口挽起来。

西装的标准穿法是内穿衬衫，衬衫内不穿背心、内衣。如果确实需要在衬衫内穿其他衣物时，以一件为限，色彩要和衬衫的色彩相仿且浅于衬衫的色彩，领口和袖口要比衬衫低。

(5)鞋袜搭配合理

穿着整套西装一定要搭配皮鞋，不能穿凉鞋、布鞋、运动鞋。皮鞋的颜色根据西装的颜色来定，深色的西装搭配黑色、棕色皮鞋，夏天穿浅色西装可以搭配白色的皮鞋。需要注意的是，黑色的皮鞋可以搭配各种颜色的深色系西装，而棕色的皮鞋只能搭配棕色的西装。搭配西装的皮鞋应做到：鞋面无尘、鞋底无泥、尺码恰当。

在袜子的选择上，一般应以深色袜子来搭配西装，如黑色、灰色、棕色等。不要穿白袜子、彩色袜子、花袜子，袜口不要露出来。

另外，西装上衣的口袋和西装裤兜不宜装物品，以保持西装的挺括美观；正式场合，西装的扣子应全部扣好，非正式场合或坐下时才可以解开。

3. 西装的保养

西装的日常保养非常重要，如果不注意日常保养，品质再好的西装，也会变形，从而影响穿着效果。保养西装，一是要定期干洗，保持西装的清洁；二是要及时挂好，最好选择木制且两边略向前弯的厚衣架，这样可以防止西装的肩部下垂变形；三是注意将西装衣袋内的物品拿出来、裤子上的皮带取下来再挂进衣柜，因为它们的重量可能造成西装的变形。

(二)套裙礼仪

套裙即西装套裙的简称，是职业女性在正式场合穿着的正装。西装套裙能够将女性端庄、典雅的气质表现出来，因而越来越多的女性选择套裙作为自己的工作装。星级酒店的女员工制服一般都采用西装套裙。

1. 套裙的穿着

套裙的穿着一定要得体，才能将女性的优雅、端庄的气质展现出来，下面介绍几个在穿着套裙时需要注意的问题：

(1)尺寸要合适

套裙尺寸与穿着者的身材要合适，不能过大或过小。通常来说，套裙的上衣最短可以齐腰，裙子最长可以达到小腿中部，上衣的袖子以正好盖住着装者的手腕为宜。

(2)穿着要到位

套裙的穿着要做到处处到位，即上衣的领子要翻好，衣袋的盖子要拉出来盖住衣袋；上衣要穿在身上，而不能披在身上；裙子要穿着端正，不能歪歪斜斜；所有的衣扣要扣好，拉链要拉到位。

(3)色彩要协调

在穿着套裙时，上衣和裙子要采用同一质地、同一色彩的素色面料。具体颜色的选择可以根据穿着者身材的特点来决定。一般来说，身材较丰满的女性适合穿着深色的套裙，身材较苗条的女性适合浅色的套裙。酒店女性员工的套裙秋冬季多为深色，如黑色；春夏季多为浅色，如灰色。

(4)搭配要恰当

穿着套裙时，对衬衫、皮鞋、袜子、饰品都有一定的要求。具体来说，衬衫面料要轻薄，色彩要雅致端庄，不能过于鲜艳，常见的是白色丝质衬衫；皮鞋的色彩要与套裙色彩一致，样式可选择高跟或半高跟的船式皮鞋，鞋跟不宜过高或过细；袜子可以选择丝袜或羊毛袜，颜色要浅于皮鞋和套裙的颜色，肉色为最佳，忌网眼袜、镂空或印有图案的袜子，忌红、黄、绿等鲜艳的颜色，忌袜口外露。

(5)举止要得体

穿着套裙时举止一定要得体，否则不但不能展现女性端庄的气质，而且会给他人留下不雅的印象。女性穿着套裙之后，要做到站立直，落座稳，走路步幅适中。不可以双腿叉开站立，不可以倚墙靠壁而立，不可以将双腿分开而坐，不可以跷腿而坐，不可以当众脱鞋。

2. 套裙的选择

购买套裙或是量体裁衣制作套裙都要首先了解自己的身材，根据自身身材的特点来选择合适的套裙，从而达到最优的穿着效果。下面就一些女性身材的特点来介绍具体的选择方法：

(1)梨型身材

这类身材的女性一般窄胸阔臀，上身比下身窄，应选择能使上、下半身看起来较协调的套裙。颜色较深、面料柔软、上衣较宽松、剪裁较直身的筒式裙会适合这一身型的女性，避免穿着A字裙。

(2)浑圆型身材

这类身材的女性不是肥胖，而是腰部线条不明显，应选择剪裁适体又不完全紧贴身体的上衣，如单襟西装上衣搭配直身裙。

(3)短上身型

这类身材的女性多因上身短而显得腰较粗，应选择较长的上衣以达到在视觉上拉长上半身的效果，不宜穿短小收身的上衣。

(4)短腿型

这类身材的女性要以掩饰腿部较短作为着装的首要目标，应选择款式简单的套裙，裙子不宜过长，皮鞋、丝袜的颜色应与套裙一致，从而使整个人看来比较修长。

三、服装配饰礼仪

在穿着西装、套裙等正装时，往往会搭配一些饰品，比如眼镜、领带、丝巾、耳环、胸针等。饰品的选择、搭配细节，能反映出一个人的品位与素养，因而有一系列需要遵循的礼仪规范。

(一)眼镜

眼镜佩戴的好坏会直接影响到整个面部形象，佩戴得好会为佩戴者增添风采，佩戴不好则会让佩戴者的形象大打折扣。眼镜分为近视镜、远视镜、平光镜和墨镜，此外，还有无色和有色隐形眼镜，还有些人会佩戴没有镜片的眼镜框。眼镜的佩戴需要注意以下几个方面：

(1)星级饭店一般要求“一线”工作人员不允许佩戴眼镜，或者只能佩戴无色透明的眼镜。具体包括：前厅部经理、总台领班、总台接待、礼宾员、行李员、大堂副理、商务中心接待员、房务总监、客房部经理、副经理等。

(2)旅游服务人员在室内工作时不要佩戴墨镜。导游等旅游服务人员在室外工作时可以佩戴墨镜，但与服务对象交谈时必须摘掉墨镜。

(3)旅游服务人员在工作中不宜佩戴有色隐形眼镜，特别是蓝色、灰色、红色等色彩较明显的隐形眼镜。

(二)领带

领带是西装的重要组成部分，更是必不可少的西装配饰，对西装有着画龙点睛的作用。选择领带时，领带的面料最好是真丝或羊毛质地的，领带的颜色和图案应与衬衫和西服搭配协调，一般应选用衬衫和西服的中间过渡色，领带的宽度应与西服翻领的宽度相协调。

1. 领带的结法

(1)平结

平结又称单结或普通结，领带结的古典形式，是最常用的一种结法。如图 2-1 所示：

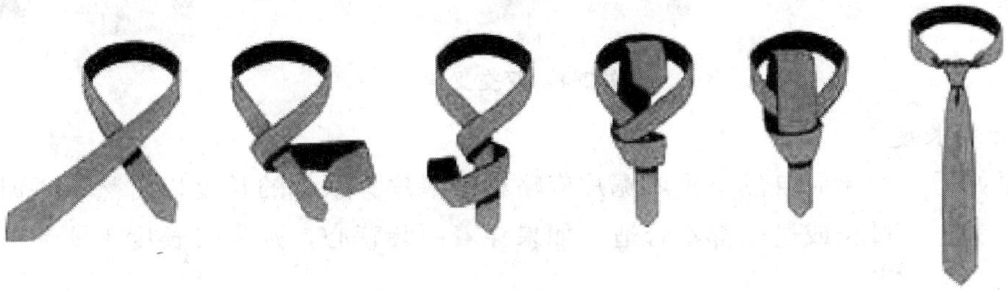

图 2-1　平结

(2)双环结

双环结的特点是第一圈会稍露出于第二圈之外，这种结法适合年轻男士。如图 2-2 所示：

图 2-2　双环结

(3)交叉结

交叉结适用于单色素雅且质地较薄的领带。如图 2-3 所示：

图 2-3　交叉结

(4)双交叉结

双交叉结多用于在素色丝质领带上，给人一种高雅且隆重的感觉，适合正式场合使用。如图 2-4 所示：

图 2-4　双交叉结

2. 领带的长度

领带系好后，两端应自然下垂，宽片应略长于窄片。领带的长度以自然下垂时最下端到皮带扣处为宜，过长或过短都不合适。如果穿着西装背心，则领带长度不能使领带的下端露出背心。

3. 领带的保养

(1)使用后请及时解下领带，应轻轻从结口解开，避免用力拉扯领带而造成永久性褶皱。

(2)领带应对折平放或悬挂放置，避免其他物品刮伤领带。

(3)领带沾上污渍时要及时洗涤，并熨烫平整。

(三)丝巾

丝巾是女性着装中重要的配饰之一，特别是对从事服务工作的女性来说，丝巾对提高整体着装质量有神奇的作用。丝巾有很多类型，大小、质地、色彩、图案各不相同，系法也多种多样。通常情况下，搭配套裙应选择小方巾，颜色要与套裙的颜色相协调。下面介绍几种丝巾的系法：

1. 凤蝶结

凤蝶结柔美端庄，在女性服务人员着装中较常用。主要步骤如图 2-5 所示：

(1)丝巾对折成斜角长条状，将 a 端拉长套在颈上，打结；

(2)拉住 a 端打个圈，将 b 端绕过圈，打一个单边蝴蝶结；

(3)将单边蝴蝶结略拉紧，并移到颈部的一侧，调整好蝴蝶结的形状。

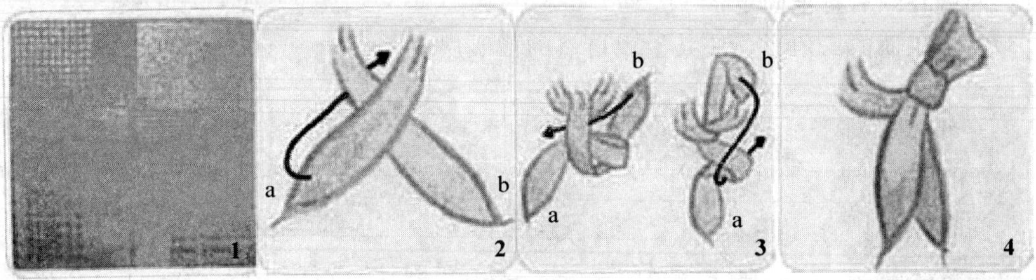

图 2-5 凤蝶结

2. 海芋结

海芋结款式简洁，具有时尚感，且有一定的保暖性。主要步骤如图 2-6 所示：

(1)丝巾重复对折成长条状，轻轻扭转几下后绕过颈部；

(2)重复打两个平结，注意保持两端长度一致；

(3)将丝巾的两端置于颈部的一侧。

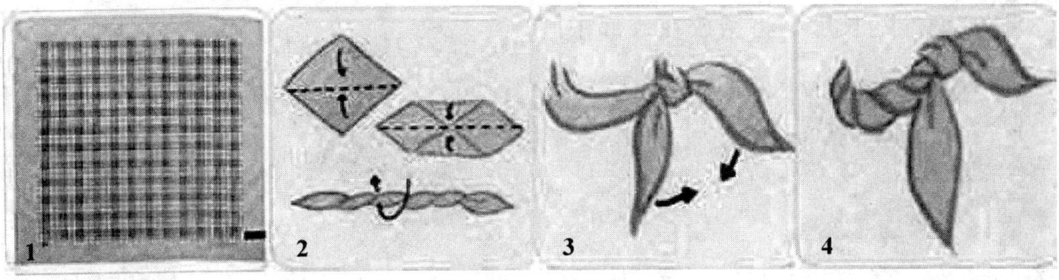

图 2-6 海芋结

3. 竹叶结

竹叶结操作简单，款式大方。主要步骤如图 2-7 所示：

(1)丝巾重复对折成长条状，绕过颈部；

(2)将较长的 a 端绕过 b 端，从颈部内侧穿过，由结眼拉出；

(3)把 a 端拉紧固定，调整好结的位置，将两端整理成长度一致。

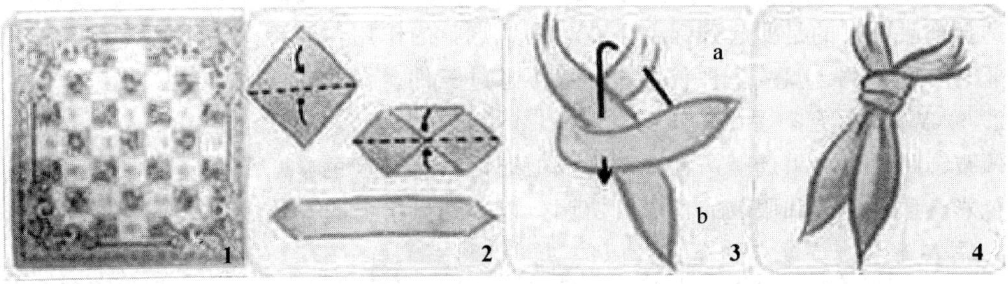

图 2-7 竹叶结

4. 西班牙结

西班牙结宽松帅气，较适合搭配衬衫，给人以干练的感觉。主要步骤如图 2-8 所示：

(1)丝巾对折成三角形，两端在后，三角形在前围在颈部；

(2)两端在颈后打结固定；

(3)整理正面的三角形，使其呈现自然的褶皱层次。

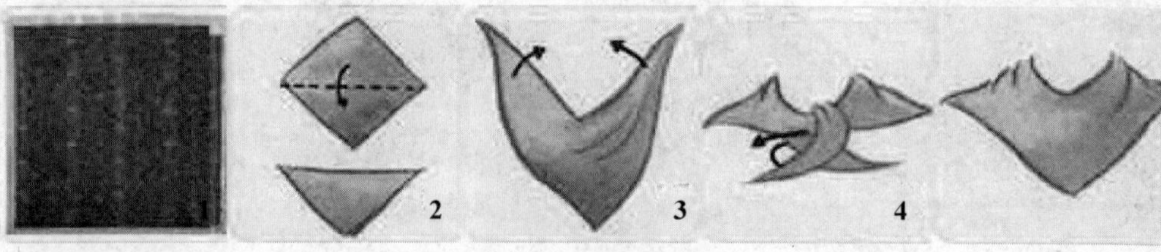

图 2-8　西班牙结

5. 领带结

领带结具有中性之美，适合搭配衬衫，衬托出女性优雅的气质。主要步骤如图 2-9 所示：

(1)丝巾重复对折成长条状；

(2)将较长的 a 端绕过较短的 b 端，穿过丝巾内侧向上从结眼拉出；

(3)调整两端的长度，将结放在颈部中间。

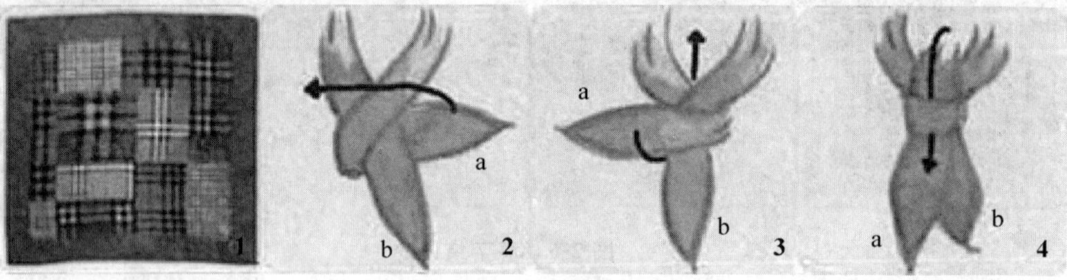

图 2-9　领带结

(四)饰品

饰品指那些具有一定装饰点缀作用的物件，如戒指、耳环、项链、胸针等。饰品在一个人的穿着中应该合理搭配使用，并且要遵守相关的礼仪规范。

1. 饰品数量宜少不宜多，不佩戴宜可

选择饰品的目的是要起到锦上添花、画龙点睛的作用，而不是为了炫耀。因此，在穿着职业装时，不适合佩戴多种首饰，一般不超过三件。

2. 饰品质地、色彩要统一

佩戴饰品时，如果选择两件或两件以上的饰品，要求色彩一致、质地一致。同时，饰品的色彩、质地还应和服装的色彩相协调，以达到风格上的一致。

3. 饰品形状不宜复杂、夸张

饰品佩戴应与自身条件相协调，如脸形、发型、肤色、年龄、体形等。在工作场合，要避免佩戴复杂、夸张的饰品。如女性佩戴耳环应选择耳钉，而不要选择长形、圆形等形状的耳坠。

4. 饰品不能影响工作

有些饰品质量重，构造复杂，还会发出声响，这样的饰品不要在工作中佩戴，否则会影响到工作。特别是旅游服务人员一定要避免选择这一类的饰品。

第二节　仪容礼仪

仪容指个人的容貌，由发式和面容构成，是一个人仪表的最重要内容。美丽的容貌令人赏心悦目，端庄秀丽、俊朗整洁的员工形象是企业形象最好的代表。旅游服务人员要以仪容美的标准要求自己，保持良好的形象。

一、面部修饰

在旅游服务工作中，面部是最容易受到别人注意的地方。旅游服务人员必须对自己面部的修饰给予足够的重视。面部修饰的重点在眼睛、眉毛、鼻子、口和耳，通过修饰，应使其整洁、美观。

(一)眼部的修饰

眼睛是心灵的窗户。旅游服务人员在对眼部进行修饰时，要达到洁净、美观的标准。具体包括以下方面：

(1)保持眼睛的清洁，注意及时擦去眼角出现的分泌物，使眼睛看起来干净清爽。因近视而佩戴隐形眼镜的情况下，要注意用眼卫生，防止眼睛出现红血丝。

(2)注意眼睛的健康，出现传染性眼疾要及时就医。平时保证充足的睡眠，让眼睛得到休息，保持眼睛的神采。

(3)佩戴眼镜时，要选择与个人脸形适合的镜框形状，如圆脸形宜选择方形、椭圆形镜框，不宜选择圆形镜框。

(二)眉毛的修饰

(1)眉毛的形状要自然、美观。一般来说，男士的眉毛天然形状就是又黑又浓的，不用进行修饰；女性会遇到眉毛过淡、过稀、形状不美观等问题，可以通过修饰进行美化，但要注意不宜修饰过度。

(2)保持眉毛的清洁、平顺，防止在眉部出现灰尘、皮屑或脱落的眉毛等。

(3)通过描画眉毛来对其美化的女性要注意，眉毛的颜色不要深于头发的颜色，长度不要超过眼睛的长度。

(三)鼻子的修饰

(1)保持鼻子的清洁，及时清理污垢，男士还要定期修剪鼻毛。清理污垢时，应该在没有人的场合用纸巾轻轻处理，忌当众做出挖鼻孔等不雅的举动。

(2)对鼻子自身皮肤代谢而产生的脏东西及时处理，如有“黑头”问题的人要在洗脸时着重清洗鼻子，夏天有皮肤出油的情况时及时用纸巾吸拭干净。

(3)忌佩戴鼻环等装饰物。

(四)口部的修饰

(1)每天早晚认真刷牙，清洁口腔，防止出现牙病、口腔异味等问题。

(2)旅游服务人员在工作时间里，禁止食用会产生口腔异味的食物，如葱、蒜、韭菜、腐乳等，避免吸烟和饮酒。

(3)保持嘴唇的健康状态，避免出现唇部干裂或生疮。饭后及时清洁，避免嘴边、牙缝残留食物。

(4)男士要按时刮胡须，保持面部状态干净整洁。

(五)耳朵的修饰

(1)保持耳部的清洁，及时清理耳孔的分泌物和污垢。需要注意的是，对耳朵进行清洁时，不宜在工作场合进行。

(2)有些人因生理原因，耳毛生长得较长较浓密，一旦发现要及时进行修剪。

(3)女性旅游服务人员在工作时可以酌情佩戴耳钉，但忌在一个耳朵上佩戴两个或两个以上的耳饰。男性旅游服务人员则不宜佩戴任何耳饰。

(六)颈部的修饰

颈部是一个人面部的延伸，对颈部的修饰和面部修饰同样重要。

(1)保持颈部皮肤的清洁，并注意日常护理，使颈部皮肤健康光滑。

(2)旅游服务人员不宜在工作时佩戴造型夸张的颈圈、项链等饰品。

二、发部修饰

发部修饰的重要性不亚于面部修饰，发部是一个人仪态的重要组成部分。发部修饰是一个人对自己的头发所进行的清洁、修剪、保养和美化。旅游服务人员在进行发部修饰时，一方面要遵循发部修饰的一般性要求；另一方面要按照旅游行业、企业的特殊要求来处理。

(一)发部的清洁

旅游服务人员必须保持自己头发的整洁，对头发要经常进行清洗、修剪和梳理。通常情况下，旅游服务人员的头发每周至少清洗三次，每天至少梳理一次。男士的头发和短发女士的头发每月至少修剪一次，长发女士根据需要进行修剪。

(二)发部的造型

在发部的造型上，对旅游服务人员来说，要做到以下几个方面：

(1)女士短发造型者，不宜挡住眼睛，不宜长于肩部；长发造型者要将头发扎好盘起来，不要披头散发。

(2)男士头发不能过长，前面头发不宜盖住额头，侧面头发不宜掩住耳朵，后面头发不宜长于衣领，不要留大鬓角，不要剃光头，不要留长发。

(3)整理发型或梳理头发不要当众进行，应避开外人。无论男女，都不要在工作时使用有较强香气的头发护理品和保养品。

(4)切忌将头发染成艳丽的色彩，比如红色、黄色、绿色等。切忌将头发做成夸张的造型，比如烫大而蓬松的卷发、在头部剃出图案或文字等。

(三)发部的美化

发部的美化是为了保持头发的健康状态，使其有光泽、有美感。

(1)养成良好的护发习惯，及时清洗、修剪、护理头发，会使头发长久保持良好的状态，从而为个人的整体形象加分。

(2)因掉发、秃顶问题可以选择佩戴假发或帽子，但没有这方面问题的情况下，旅游服务人员不宜在工作中戴假发。在工作中，只有佩戴工作帽才是被允许的，注意不要在戴工作帽时将头发散露在外。

(3)旅游服务人员在工作中最好不要佩戴任何发饰。长发女士需要将头发用发饰盘住时，要选择黑色、藏蓝色等深色无镶嵌饰物的发卡、发网、发带。

三、肢体修饰

(一)手部的修饰

在旅游服务工作中，手是服务人员的第二张脸，是仪容的一部分。一双干净整洁、保养良好的手，会给服务对象留下良好的印象。手部的修饰具体包括以下几个方面：

1. 手部的清洁

使用香皂、洗手液等清洗手部，使手部没有污垢，指甲里没有泥垢，保持清洁。旅游服务人员在工作中应时时保持手部的清洁，沾上污渍要及时清洗。

2. 手部的保养

旅游服务人员在工作中用手较多，有些特殊的工作岗位还有可能对手部造成某种伤害，所以一定要重视保养自己的双手。洗手后养成使用护手霜的习惯，有助于保持手部皮肤的健康状态，特别是在干燥寒冷的冬季，这一点尤为重要。

3. 手部的修饰

手部的修饰不宜过度。旅游服务人员要勤剪指甲，不要涂颜色鲜艳的指甲油，不要留长指甲，不要在指甲上做彩绘、贴钻等造型。手部佩戴饰品仅限于款式简洁的戒指一枚。

(二)腿部的修饰

旅游服务人员中，男士的着装一般是不露腿的，而女士则在穿着套裙时会遇到腿部修饰的问题。

(1)在工作场合，女士必须穿着丝袜，丝袜的选择要与套裙的颜色、质地相协调，忌颜色鲜艳的丝袜，最好穿着肉色长筒丝袜或连裤袜，袜口不要外露。

(2)冬季可以选择肉色或深色羊毛袜，但不要穿着两双或两双以上的袜子，否则袜子太厚会影响腿部的美感。

(3)切忌穿网眼袜、提花袜、镶钻袜等有装饰色彩的袜子，切忌佩戴脚链。

(4)要养成随身准备一双备用丝袜的习惯，这样可以在袜子被刮破时及时进行更换。

(三)脚部的修饰

旅游服务人员要根据工作岗位的要求和着装来搭配合适的鞋子。一般来说，男士在穿着西装时要搭配皮鞋，女士在穿着套裙时要搭配船形高跟鞋。需要注意的是：

(1)男士的皮鞋要保持清洁、光泽，鞋跟不宜太高，鞋头不宜太尖。

(2)女士的皮鞋鞋跟不宜过高过细，应该是单色且无刻花、无镶嵌的款式。

(3)星级饭店服务人员不能穿凉鞋、拖鞋、布鞋等进入工作场合。

四、美容与化妆

爱美之心人皆有之。对于旅游服务人员来说，对自己容貌的美化，是服务工作的需要，也是仪容礼仪的一个重要部分。美容是指人们通过各种手段对自己的面容进行的修饰与养护，其中包括皮肤的日常保养和面部化妆两部分内容。

(一)皮肤的日常保养

1. 皮肤的类型

面部皮肤的状态会直接影响到一个人的形象。容光焕发的是一个人身体健康的标志，也是一个人仪容美的重要指标。保持面部皮肤的健康与光泽是美容的基础。由于环境的污染、年龄的增长、风吹日晒等因素影响，人的皮肤会逐步失去弹性与光泽、产生皱纹、出现色斑，所以日常对皮肤的保养非常重要。保养皮肤首先要认清自己的皮肤类型，从而有针对性地进行保护。

(1)干性皮肤

此类皮肤的毛孔细小，表面几乎没有油光，容易产生细纹。遇到干燥寒冷的天气，容易出现皮肤粗糙、干裂甚至脱皮。干性皮肤的人要注意给皮肤补充水分并进行保湿，应选择一些保湿效果较好的霜状护肤产品，早晚洁肤后使用。

(2)中性皮肤

这一类皮肤看上去比较健康，皮肤光滑细致，无明显的油光或干纹。中性皮肤的保养就是要保持好皮肤的健康状态，养成洁面后及时使用护肤品的习惯。

(3)混合性皮肤

混合性皮肤一般是指两颊皮肤健康，而 T 区(额头、鼻子、下巴的区域)较易出油的皮肤，有时两颊的皮肤会比较干。这一类型皮肤的护理要分区进行，在两颊使用保湿补水的霜状保养品，在 T 区使用清爽控油的护肤品。

(4)油性皮肤

此类皮肤的油脂分泌旺盛，毛孔粗大，易产生面疱，表皮较厚。对于油性皮肤的人来说，应选择啫喱状或乳液状清爽型的保养品，忌使用营养成分过高的保养品。

(5)敏感性皮肤

这一类型的皮肤表皮较薄，毛细血管明显，常会有季节性过敏，出现发红、斑疹、瘙痒等症状。对敏感性皮肤的护理，最好先咨询皮肤科医生，根据具体的情况进行有针对性的保养。忌随意选择护理品，否则可能会造成皮肤的不良症状集中发作。

2. 皮肤保养的方法

保养皮肤是一个健康工程，其中不仅包括每天的洗脸、护肤程序，还包括健康的心态、均衡的营养、良好的生活习惯和充足的睡眠。

(1)认真对待洁面

皮肤的清洁是皮肤健康的第一步。无论哪一种皮肤类型，都可以找到适合自己的洁面产品，如洗面乳、洁肤油、卸妆液、洁面啫喱、洁面摩丝等。洗脸要彻底清除皮肤上的污垢，使皮肤的毛孔清透、呼吸自由。化妆的女士要在卸除彩妆后再进行洁面步骤，因为彩妆残留物会严重影响皮肤的健康，导致肤色晦暗、面疱等状况的发生。

(2)及时使用保养品

在洁面后要及时涂抹保养品。现在的皮肤保养品种类繁多、功效各异，要选择适合自己的皮肤的保养品来使用，每天早晚两次洁面后进行皮肤保养。有些保养品需要配合特殊的按摩手法，以最大限度地发挥保养品的功效。一般来说，白天需使用爽肤水、眼霜、日霜、防晒霜等护肤品；晚上需使用柔肤水、眼霜、晚霜等护肤品。

(3)合理的饮食搭配

皮肤的健康与身体的整体健康紧密相关，因此要想拥有光滑细致的皮肤，就要保证身体均衡摄取各类营养成分。通过饮食，吸收足够的蛋白质、碳水化合物，适量的脂肪和丰富的维生素、矿物质，可以使皮肤滋润光洁。另外，多喝水也会有助于皮肤的健康。

(4)保证充足的睡眠

在睡眠状态下，皮肤会得到充分的休整，细胞更新加速，有效地吸收保养品的营养成分。可以说，睡眠的质量直接影响皮肤的健康状态。保证充足的睡眠，养成早睡早起的好习惯，将有助于皮肤保养。

(二)面部化妆

1. 化妆应遵循的原则

女性旅游服务人员在化妆时，要遵循以下原则，达到以良好的精神面貌接待服务对象，提高服务工作的质量和效率的目的。

(1)自然真实，不露痕迹

旅游服务人员的工作妆要给人以自然、大方、悦目的感觉，追求化妆后不露痕迹的效果。这就要求妆面清新适度、修饰适度，忌厚重的粉底、漆黑的眼线、夸张的眼影和鲜艳的唇色。

(2)扬长避短，不拘一格

化妆时根据个人的年龄、肤色、脸形、五官的特点来设计妆容，不拘泥于一种格调或一种类型的化妆，不盲目跟随潮流。

(3)整体配合

面部化妆要因人、因时、因地制宜，要与着装、工作岗位、工作环境相配合。一般来说，星级饭店女服务员的化妆在色彩上要与套裙颜色、工作场合的灯光协调，强调整体效果。

2. 化妆的步骤

(1)清洁皮肤

用洁面乳等清洁产品洗去脸上的污垢与油脂，拍上化妆水，涂抹乳液、润肤霜等保养品，有需要的还可以涂一层隔离霜。

(2)打好底色

选择与个人肤色符合的粉底液(霜)，用海绵或粉底均匀地涂抹全脸，一直抹到鬓边和颚下，注意肤色的自然过渡。粉底不要厚，否则会像戴上了一个面具。涂抹粉底是为了调整肤色，使皮肤看上去细腻、有弹性、有光泽。

(3)眉毛化妆

用眉刷自下而上将眉毛梳理整齐，用眉笔顺眉毛生长的方向描画，在眉峰处以自然弧度描至眉尾，眉尾处渐淡，用眉刷顺眉毛生长方向刷几次。如图 2-10 所示：

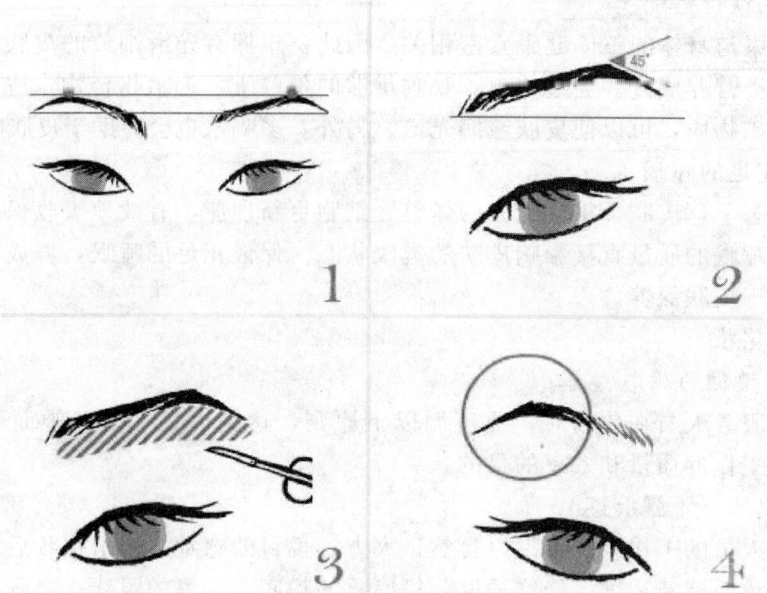

图 2-10　眉毛化妆

(4)眼部化妆

眼部的化妆要因人而异，一般来说包括以下步骤：用眼影刷沾取适量眼影粉由眼头向眼尾方向描画；用眼影棒沾取眼影粉，从眼头到眼尾的 1/3 处开始，沿睫毛根部描画。如图 2-11 所示：

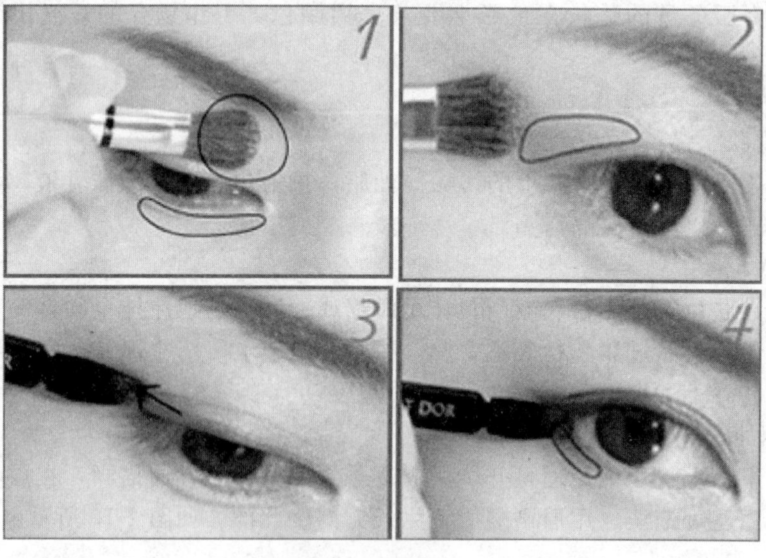

图 2-11　眼部化妆

(5)睫毛化妆

将睫毛用睫毛夹由内向外夹卷翘，眼尾的睫毛可以单独多夹几次；用睫毛膏由睫毛根部向外刷，使睫毛膏均匀地涂在睫毛上，可以反复涂几次，但要注意不要把睫毛涂得太黑太粗；用睫毛夹稍稍推一推上、下睫毛，以使其定型。如图 2-12 所示：

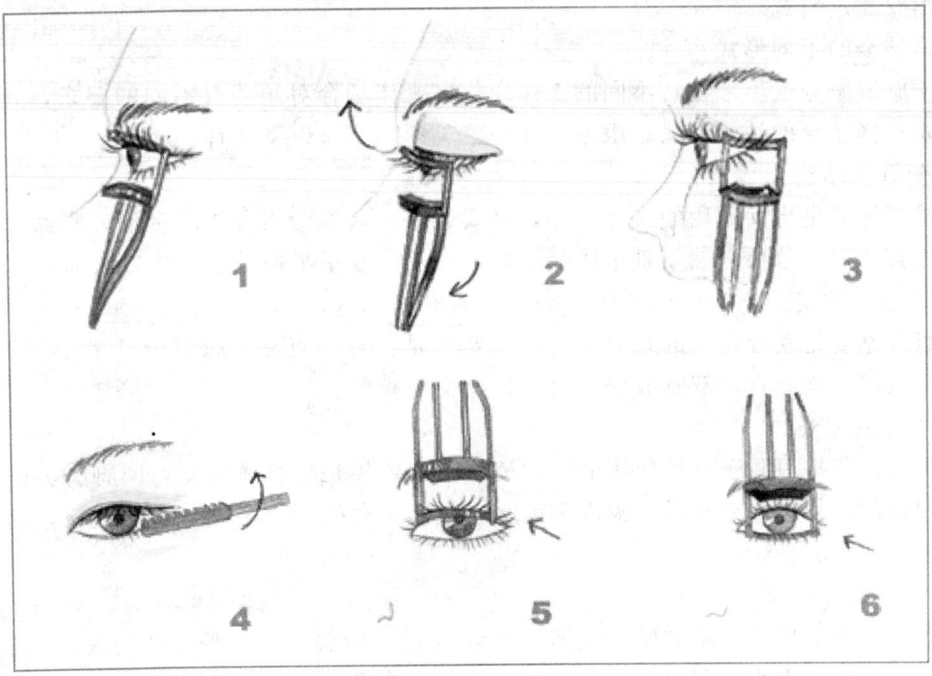

图 2-12 睫毛化妆

(6)唇部化妆

选择与个人的肤色、套裙颜色相协调的唇部彩妆品，如唇膏、唇彩等，涂在唇廓内。可以使用唇线笔先勾画唇部的轮廓，再涂唇膏，但这样的唇妆会比较成熟，所以要根据个人的情况而定。

另外，腮红的选用不是工作妆必需的步骤，如果是皮肤特别白而且不够红润的女士，可以选择与整个妆面色彩相协调的腮红，轻涂于面部笑肌处。

第三节 仪态礼仪

仪态指人的姿势、举止和动作，是通常人的身体呈现出来的各种姿态，包括站、坐、走、蹲、手势、表情等。仪态是另一种语言。在一个人的举手投足、一颦一笑之间，自然地流露出其气质、风度、修养。仪态之美无法通过对外表的修饰打扮得到，而是有赖于内在素质的提高，修养的加强和学识的充实。旅游服务人员应该注意自身的仪态之美。

一、站姿

站姿，即站立姿势，是人最基本的姿势。站姿是一种静态的身体造型，是其他动态身体造型的基础和起点。优美的站姿是一个人仪态美的基础。

(一)站姿的基本要求

站姿，要端正、自然、稳重。正确的站姿应做到“五点一线”，即脚跟、小腿、臀部、肩部、头部在一条线上。人在站立时，头部抬起，下颚微收，双目平视，双肩水平，脊背挺直，挺胸收腹，臀部上提，双臂自然下垂，双腿并拢直立。女士脚跟并拢，男士双脚微分，但不要超过肩宽。

(二)站姿的不同形式

对于旅游服务人员来说，不同的工作岗位、工作场合对站姿有不同的要求，在实际工作中，要选择适合的站姿形式。服务工作中常见的站姿有以下几种：

1. 侧放式站姿

侧放式站姿是男女通用的站立姿势，其要领是：脚掌分开呈“V”字形，脚跟靠拢，两腿并拢立直，双臂放松自然下垂于体侧，双手自然弯曲呈半握拳状，虎口向前。

2. 前腹式站姿

前腹式站姿是女性常用的站立姿势，其要领是：身体直立，脚掌分开呈“V”字形，脚跟靠拢，双腿并拢立直，双臂放松，两手握指交于腹前。

3. 丁字式站姿

丁字式站姿是只限于女性使用的站立姿势，其要领是：身体直立，两脚脚尖向外略展开，一脚在前，将脚跟靠与另一脚内侧前端，形成斜写的“丁”字形，双臂放松，两手握指交于腹前。

4. 后背式站姿

后背式站姿是男士常用的站立姿势，其要领是：两脚分开，略窄于肩宽，两脚平行，身体立直，身体的重心放在双脚上，两臂肘关节自然内收，两手相握于后背腰处。

5. 单臂式站姿

单臂式站姿是男女通用的站立姿势，其要领是：身体立直，两脚分开或呈“丁”字步，左手单臂背后，右手完成斟酒等服务工作。

6. 调节式站姿

调节式站姿是男女通用的站立姿势，其要领是：身体立直，双腿微分，身体重心偏移到左脚或右脚上，另一条腿微向前屈，脚部放松。

(三)不良的站姿

旅游服务人员在工作中要尽量注意自己的站姿，避免一些不良的站姿出现，影响服务形象。比如：身体歪斜、弯腰驼背、趴伏倚靠、双腿叉开过大、双腿不停抖动、手位不当、脚位不当、半坐半立、左顾右盼等。

二、坐姿

坐姿是一种静态的身体造型，是旅游服务工作中常用的姿势之一。在不同的工作岗位、工作环境中，坐姿的具体要求不同。端正得体的坐姿可以展现一个人良好的精神风貌。

(一)坐姿的基本要求

坐姿虽是一种静态的身体造型，但是它包括入座和离座的动态过程。因此基本坐姿是一系列的身体姿态，需要注意以下问题：

(1)入座时，从左侧走到座位前面，轻轻转身背向椅子，向后撤半步入座。女士着套裙时，要先轻拢裙摆而后落座。

(2)坐下后，头部直立，双目平视前方或注视对方，下颚微收，双肩平正放松，挺胸收腹，腰背挺直，两臂自然弯曲，两手相交放在大腿上或两手分别放在两边腿上，双膝自然并拢，双腿正放或侧放，两脚平落地面。男士两膝分开窄于肩宽正放，女士两膝并拢侧放。

(3)坐在椅子上时，至少坐满椅子的2/3。坐在沙发或软式座椅上，应注意身体保持腰背挺直，不要陷在沙发里。除私人休息时间外，上身不宜完全倚靠在座椅的背部。与人交谈时，身体应朝向对方，双目注视对方，面带微笑。

(4)离座时，不可猛地起身，要先向周围人示意。要注意离座时的先后次序，让地位较高的人先离座，身份相当的人可以同时离座。起身动作轻缓，不要碰到周围其他人或椅子。入座、离座最好都在左侧。

(二)坐姿的不同形式

1. *正襟危坐式*

正襟危坐式是一种基本坐姿，适用于正式场合。其要求是：上身与大腿、大腿与小腿均呈直角，小腿垂直于地面。双膝并拢，双腿靠拢，双脚并放。双臂自然弯曲，双手相交放在大腿上，或双手手掌向下分别放在两腿上。

2. *双腿斜放式*

双腿斜放式坐姿适用于穿着裙装的女性，特别适合女性在较低的座椅就座时使用。其要求是：双腿并拢，双脚同时向左侧或向右侧斜放，斜放后的腿部与地面呈45度夹角。

3. *双腿叠放式*

双腿叠放式坐姿适合于穿短裙的女性，其要求是：双膝靠拢，双腿小腿前后交叉叠放在一起，两腿间没有缝隙，犹如一条直线。双脚向左或向右斜放于一侧，斜放后的腿部与地面呈45度夹角，脚尖不要跷起。

4. *双脚内收式*

双脚内收式坐姿适合在一般场合使用，男性女性都可采用。其要求是：双膝靠拢，小腿并拢，向内侧屈回，双脚脚掌着地。

5. *双脚交叉式*

双脚交叉式坐姿适用于各种场合，男性女性都可采用。其要求是：双膝并拢，双脚在踝部交叉，双脚内收或斜放，但不要向前伸出去。

(三)不良的坐姿

坐姿是人际交往中持续时间较长的一种姿态，不良的坐姿会给对方留下难以改变的不良印象。旅游服务人员在工作中要保持良好的坐姿，保证服务质量。

不良的坐姿有：身体不正、歪头含胸、弓背突腹、抖动腿脚、脚尖跷起等。

三、走姿

(一)走姿的基本要求

走姿是站姿的延续动作，是在站姿的基础上展示人的动态美。正确的走姿是：抬头挺胸，双肩放松，双臂自然下垂，掌心向内，并以身体为中心前后摆动，提臀收腹，腰背笔直，身体重心稍向前倾，步履稳健。

旅游服务人员在工作中，一般来说，男士在行走时，两脚跟保持在适当间隔的两条平行线上，脚尖可以稍微外展；女士在行走时，两脚跟要前后踏在同一条线上，脚尖略向外展，即所谓“男走平行线，女走一条线”。同时，保持步幅适中，步高合适，步态优美，步声轻微，注意身体各部位动作的协调性。

(二)特定情况下的走姿

旅游服务人员在服务工作的不同情况下，走姿有着不同的规范和标准，主要包括以下几种：

1. 陪同引导

在陪同引导服务对象时，应注意方位、步速、关照等方面，具体来说：

(1)与服务对象并排行走时，遵循“以右为尊”的原则，旅游服务人员应处在左侧；双方单行行走时，旅游服务人员要居于左前方约1米的位置。

(2)旅游服务人员在陪同引导时的行走速度要尽量与服务对象保持一致，不要走得过快或过慢，要处处以服务对象为中心。

(3)每当经过拐角、楼梯或道路坎坷、照明欠佳的地方，要提醒服务对象留意，给服务对象以关照，同时采取一些必要的特殊体位，如陪同引导服务对象上楼梯时，要先行在前。

2. 迎面遇客

当看见有客人迎面走来，旅游服务人员应放慢脚步，双目注视客人，面带微笑，轻轻点头致意，礼貌地问候客人。如果在路面较窄处或是楼梯上遇到客人，旅游服务人员应停下脚步并面向客人，请客人先行，遵循“右侧通行”的原则。

3. 搭乘电梯

(1)陪同客人搭乘电梯时，如果是无人值守的电梯，要请客人后进先出，旅游服务人员则先进先出，以便控制电梯；如果是有人值守的电梯，则请客人先进先出，旅游服务人员要后进后出。

(2)在搭乘电梯过程中遇到客人时，旅游服务人员要以礼相待，主动问好，并请对方先进先出。在客人进出电梯时，旅游服务人员要控制好电梯，防止因客人没有及时进出而被电梯门夹住。

(3) 旅游服务人员进出电梯时，要侧身而行，避免碰到其他乘客。下电梯前，要提前换到电梯门口。

4. 出入客房

旅游服务人员出入客人房间，要遵循一系列礼仪，具体包括以下几方面：

(1)进入客房时，一定要先敲门或按门铃，在得到允许后，以手轻轻开门，进入房间。

(2)开关房门时，始终面向客人，最好是反手关门、反手开门，严禁用肘部、膝盖、臀部、脚跟等身体部位关门。

(3)与客人一起出入房间时，要请客人先进先出，旅游服务人员后进后出，并且替客人开门、关门。在推门或拉门时，要使自己处于门后或门边，以方便客人的进出。

(三)不良的走姿

在服务工作中，不良走姿不仅有损旅游服务人员的个人形象，而且会给旅游企业的形象造成不良影响，所以服务人员一定要避免不良走姿的出现，比如：走路时歪头晃脑、东张西望，身体不正、耸动肩膀、双手叉腰或抱于胸前、步履蹒跚、步幅夸张等。

四、蹲姿

蹲姿是由站立姿势转变为两腿弯曲、身体高度下降的姿势。旅游服务人员在工作中常常遇到需要当众下蹲的情况，如捡起掉落地上的物品。服务工作中，一定要采用正确的蹲姿。

（一）蹲姿的基本要求

站在所取物品的侧面，自然屈膝下蹲，保持腰背挺直，将身体重心下移，由两脚全力支撑身体，双腿靠紧，臀部向下，神情自然。

（二）蹲姿的不同形式

1. 交叉式蹲姿

交叉式蹲姿仅适用于女性，尤其是穿着裙装的女性。其基本要求是：下蹲时，右脚在前，左脚在后，右小腿垂直于地面，全脚着地。左膝由后下方伸向右侧，左脚跟抬起且脚掌着地。两腿靠紧，合力支撑身体，臀部向下，上身稍前倾。

2. 高低式蹲姿

这是男女通用的蹲姿，其基本要求是：下蹲时一脚在前一脚稍后，两腿紧靠向下蹲。在前的一只脚全着地，小腿基本垂直于地面，在后的一只脚脚跟提起、脚掌着地。在前的一条腿的膝盖高于在后的一条腿的膝盖，臀部向下，形成膝部一高一低的姿态。女性应靠紧两腿，男性则可以适度分开。

3. 半蹲式蹲姿

这也是男女通用的蹲姿，多用于行进之中临时蹲下，其基本要求是：左脚在前，右脚在后，向下蹲去，左小腿垂直于地面，左脚全脚着地，以左脚为支撑身体的支点，右脚跟提起且脚掌着地，左膝高于右膝，臀部向下，上身稍向前倾。采用这一蹲姿时，身体是半立半蹲的状态，便于快速起身继续行走。

（三）蹲姿的禁忌

（1）捡拾地面上的物品时，不要采用直接弯腰、两腿叉开、臀部向后、伸手拾物的姿态，这种姿势非常不雅观。

（2）不要突然下蹲。从站姿或走姿变换为蹲姿时，要有一定的停顿，不要速度过快。

（3）不要离人太近。在下蹲时，要与周围的人保持一定的距离，或者等周围的人走远再蹲下，以防止撞到他人或妨碍他人。

（4）穿着裙装的女性蹲下时，要注意用手把裙子拢一拢，不要毫不掩饰地直接下蹲。

五、手势

手势是人们运用手臂、手掌、手指时所出现的具体动作与体态，它对口头语言有一定的辅助作用，是人际交往中富有表现力的体态语言。手势可以反映出一个人的性格、修养，旅游服务人员要注意手势的礼仪要求。

（一）手势的基本要求

在服务工作中，手势的上界一般不超过对方的视线，下界不低于自己的胸区，左右摆动的范围应在人的胸前或者身体右方。做出手势时，手掌伸直，手指并拢，拇指自然分开，腕关节伸直，手与前臂形成直线。手势要配合语言、表情和其他姿态，动作幅度不宜过大，次数不宜过多，不宜重复。

(二)常用的手势

1. 引导的手势

对客人说“您请……”时，采用引导手势，为客人指示行进方向。其具体要求是：将手臂抬到齐胸高度，手指并拢，拇指自然张开，手臂向前自然伸展，身体侧向客人，面带微笑。

2. 介绍的手势

介绍他人时，掌心向上，手掌抬至肩的高度，指向被介绍的一方；介绍自己时，右手五指并拢，掌心向内，手掌轻按自己的左胸。

3. 接送物品的手势

接递物品最好使用双手。如果递送剪刀等易伤人的物品给他人，应使剪刀的把手朝向对方，保证安全。如果递送有文字的物品给他人，要将有文字的一面正面朝向对方。

4. 鼓掌的手势

双手五指并拢，一手手掌拍另一手的手心，注意适度用力，避免时间过长。

5. 再见的手势

全身直立，面向对方，面带微笑，右手臂自下而上向侧上方伸出，手指尖向上，掌心向外，左右轻摆。

(三)手势的禁忌

(1)不尊重他人的手势。如用手指他人的脸、以拇指指示方向、向他人伸出食指等。

(2)不文明的手势。如双手抱头、双臂环抱、抚摸身体、抓头发、抠鼻孔、掏耳朵、剔牙齿等。

(3)忌手势过多，幅度过大。

另外，还要注意手势在不同国家和地区的特殊含义，避免使用容易引起误解的手势。

六、表情

人的表情有三种方式：面部表情、语言声调表情和身体姿态表情。其中面部表情是最多样、最丰富的，包括眉、眼、鼻、嘴等各个部位的变化，给人以最直观的感觉。在旅游服务工作中，表情发挥着十分重要的作用。在各种面部表情中，眼神和微笑是人们使用最频繁的表情，在旅游服务工作中，同样如此。

(一)眼神

眼睛是心灵的窗户，在人际交往中，正确使用眼神是非常重要的。

1. 目光的落点

在旅游服务工作中，一般应当将目光落在以对方双眼为底线，上到前额的三角部位内，这样会显得严肃认真又真诚友好，让对方感受到你的诚意。如果是与同事或与熟悉的客人谈话时，可以将目光落在以对方两眼为上线，唇心为下顶角的三角区内，注视这个区域可以使对方感到轻松和亲切。

2. 注视的时间

在交谈中，通常来说，倾听的一方应该多注视说的一方，但最多不能超过整个相处时间的 2/3，且不能少于 1/3。如果注视时间不到相处时间的 1/3，会让对方觉得受到了轻视；如果注意时间超过相处时间的2/3，会让对方感到敌意。

3. 注视的角度

在注视他人时，应与之正面相向，同时将上身稍向前倾，表示对对方的重视。注意在注视他人时，不要不停地眨眼或频繁转动眼睛，这是非常不礼貌的行为。

(二)微笑

笑容可以缩短人与人之间的心理距离，为沟通交流创造和谐的氛围，所以笑容是人际交往的润滑剂。康纳·希尔顿说："酒店的第一流设备重要，而第一流的微笑更为重要。如果没有服务人员的微笑，就好比花园失去了春日的阳光和春风。"

1. 微笑的标准

(1)微笑要发自内心

微笑是一种愉快心情的反映，它应该来自内心的真实感受，才会有感染力和亲和力，否则会让人觉得不舒服。

(2)微笑要舒展自然

微笑不仅是唇角上扬，而是要面部各个部位相互配合：眉头自然舒展、眉毛微微上扬、眼睛满含笑意、嘴唇放松微笑。

(3)微笑要适度

微笑的重点在于"微"，笑的幅度一定不能过大，一般是露出6～8颗牙齿，嘴角微微上翘，不要牵动鼻子。

2. 微笑的作用

对旅游服务人员来说，学会微笑是服务礼仪的必修课。真诚的微笑，有助于拉近服务人员与服务对象的距离；自信的微笑，有助于提高个人的整体形象；友善的微笑，能够化解误会并增进交流；喜悦的微笑，能够传递快乐、打动人心。

第四节　言谈礼仪

语言是人与人之间交流的工具。言谈礼仪一方面反映了旅游服务人员的文化修养和精神面貌；另一方面体现了服务人员与服务对象友好交流沟通的职业氛围。旅游服务人员要加强对言谈礼仪原则和技巧的学习，不断提高自身的职业素质。

一、言谈礼仪的原则与要求

(一)旅游服务人员言谈礼仪的原则

1. 服务性原则

旅游行业是服务行业，旅游服务人员的语言应当是服务性语言，要具有明了性、主动性、尊敬性、愉悦性、兑现性的特点，杜绝用词不当、涉及客人隐私等不正确的语言出现。

2. 真诚性原则

服务过程中的语言一定要真实、诚恳，不能欺骗愚弄服务对象，不能含糊搪塞服务对象，回答问题要给予清晰明确的答案，要讲得清楚、听得明白。

3. 委婉性原则

在旅游服务工作中，面对客人提出的不合理要求、无法满足的要求，服务人员要遵循委婉拒绝的原则，不要轻易地说“不”，更不能用生硬、粗俗的语言攻击客人。在婉转地拒绝之后，耐心向客人说明情况并请求谅解，才是正确的方法。

4. 礼貌性原则

旅游服务人员在工作过程中，必须使用文明礼貌用语，称呼对方时必须使用敬语，要将礼貌原则贯穿服务工作的始终。

5. 宾客至上原则

服务工作的宗旨就是满足服务对象的需要，其中受尊重的需要是排在第一位的。在旅游服务工作中，服务人员的语言要时时处处体现“宾客至上”的原则，对客人以礼相待。

(二)旅游服务人员言谈礼仪的要求

1. 态度诚恳

语言是交流的工具，但语言不是交流的全部。语言要和态度、表情相互配合，才能取得理想的沟通效果。诚恳的态度会给服务对象留下良好的印象，有助于交谈中各种信息的有效传达。

2. 用词恰当

旅游服务人员要学会察言观色，针对不同年龄、性别、气质的服务对象，根据场合灵活恰当地运用语言工具，有效沟通，避免争执。

3. 表情自然

交谈时，脸部表情要随着交谈内容的变化而变化，不宜面无表情，也不可表情过分夸张。旅游服务人员在与服务对象交谈时，应保持轻松自然的表情、柔和亲切的眼神，给人以亲和之感。

4. 声调沉稳

在使用相同的语言时，不同的语音语调所带来的表达效果是不同的，张弛有度、沉稳清晰的声音会为语言本身增加光彩，而漫不经心的语调则会让语言的表达效果大打折扣。旅游服务人员要注意自己的声调，在与服务对象交谈时，保持平和、沉稳的语音语调。

5. 表达流畅

语言的效率性是现代服务工作对交谈礼仪提出的新要求。旅游服务人员要加强对各项业务知识的学习，在实际工作中不断积累经验，丰富自己的信息储备，当遇到客人的提问时，能够在第一时间给予准确、流利的回答。

6. 善于倾听

交谈是一个互动的过程，不仅要善于“说”，而且要善于“听”。旅游服务人员要认真倾听客人的话语，及时捕捉其中的信息，准确判断对方的意图，以便分析和解决所遇到的问题。

二、言谈礼仪的应用技巧

在旅游服务工作中，服务人员和服务对象的接触、沟通都是通过语言表达来实现的。谈话的方式不同，对方接受的信息、做出的反应就会不同。可见，语言表达是有技巧的，表达的方式决定谈话的效果。旅游服务工作人员需要掌握语言的运用技巧。

(一)正确的称谓

称谓，即称呼，指在服务工作中对服务对象所采用的称呼。旅游服务工作中的称谓属于社交称谓，一般来说，主要有四种类型：泛尊称、职业尊称、姓氏加职务或职业尊称、辈分尊称。

(二)准确的应答

应答用语，指旅游服务人员在服务工作中，用来回应服务对象的召唤或答复其询问时所使用的语言。一个训练有素的旅游服务人员，能够在工作中准确地使用应答用语来回应服务对象，提供令人满意的服务。通常情况下，旅游服务工作中常用的应答方式有以下四种：

1. 肯定的答复

当服务对象提出某种请求或要求时，旅游服务人员应给予肯定的答复，例如“好”、“是的”、“我知道了”、“一定照办”、“随时为您效劳”、“我会尽量为您解决”等。一般不允许服务人员用“不”来回复，更不允许对服务对象的要求置之不理。

2. 明确的答复

当遇到服务对象就某一具体事情提出问题时，要给予明确的答复。例如“餐厅在三楼西侧”、“您的行李已送到房间”、“离酒店最近的地铁站在大门以东三百米处”、“据天气预报说，明天的气温是18℃～22℃”等。

3. 谦恭的答复

当服务对象对所提供的服务表示满意，或对服务人员当面进行表扬时，要给予谦恭的答复。例如“不必客气”、“这是我应该做的”、“这是我的荣幸”等。

4. 大度的答复

当服务对象就自己的问题向服务人员表达歉意时，要给予大度的答复。例如“不要紧”、“没关系”、“我不会介意”等。

(三)适当的提问

在旅游服务工作中，大多数情况下是旅游服务人员回答服务对象的询问，然而，有时候解决问题的前提就是提出问题，所以适当的提问是一项十分重要的沟通技巧。

1. 正问

开门见山地直接提出问题。例如导游人员在到达景点前，向客人提问：“下面的景点有一定的高度，有没有游客恐高？请告诉我。”需要注意的是，使用这种方式所提的问题，应该是能够简单快速得到回答的，而且不会引起不快的后果。

2. 开放式提问

开放式提问可以让对方在多项答案中进行选择。例如酒店服务人员对新入住的客人提问：“我们酒店有海景房、山景房、湖景房，请问您需要哪一种？”

3. 封闭式提问

封闭式提问也叫引导式提问，只提供给对方是或否两种答案选择。对犹豫不决的服务对象，这种提问方式可以帮助其尽快做出回答。

(四)由衷的赞美

赞美对方，能够营造出一种热情友好的气氛，使沟通朝着积极的方向发展。渴望被人赞美是人的天性，适当的赞美是一种有效的交流技巧。赞美要遵循以下原则：

1. 赞美要发自内心

赞美必须真诚，只有发自内心的赞美才会让对方感受到你对他的真诚的关怀。如果赞美不是出自真心，对方不仅不会接受，还有可能怀疑赞美的意图。

2. 赞美要适时而发

赞美一定要在适当的时候发出，要符合当时的情况和气氛。适时的赞美，恰到好处的赞美才是有利于沟通的。

3. 赞美要符合实际

恰如其分的赞美会让受到称赞的人心情愉悦，而脱离实际的赞美则会被认为是阿谀奉承。因而要使用恰当的词汇来赞美对方，不能言过其实。

(五)巧妙的拒绝

拒绝，即不接受、不答应，是对对方意愿或行为的一种否定。拒绝有直接拒绝、婉言拒绝、沉默拒绝、回避拒绝等方式。在旅游服务工作中，拒绝是要讲究方式方法的，应遵循以下原则：

1. 要选择好拒绝的时机

对于需要及时解决的问题，拒绝的时间宜早不宜迟，以免耽误对方的计划；对于不是十分迫切的问题，可以婉转地拒绝，让对方了解你的态度。

2. 要实事求是

在拒绝的过程中，要实话实说，不要闪烁其词。说出真实的情况是对对方的尊重，虽然这一次拒绝了，但双方仍能保持友好的关系。反之，用不真实的情况来搪塞对方，则会让对方反感而影响关系。

3. 要婉转

拒绝对方的时候，要用温和婉转的语言来表达，这样做更容易被对方接受，而且可以保护好对方的尊严。

(六)诚恳的道歉

在旅游服务工作中，如果服务人员有失礼或不当之处，给对方造成不快、损失甚至伤害，一定要及时向对方道歉。道歉是有技巧的，主要包括以下方面：

1. 道歉要及时

意识到自己错了，要第一时间向对方道歉，否则拖得越久，效果越差。

2. 道歉要规范

道歉时要使用文明规范用语，例如“对不起”、“非常抱歉”、“深感歉疚”、“请您原谅”、“请多包涵”等。

3. 态度要大方

向他人道歉时，要大方得体，不要遮遮掩掩；要不卑不亢，不要过分贬低自己。

三、言谈的禁忌

在旅游服务工作中，言谈礼仪的禁忌是必须注意的问题，包括哪些话不该说，哪些话不能用某种方式说，哪些话不宜在工作场合说等。

(一)忌谈的话题

1. 个人隐私

在旅游服务工作的交谈中，不宜涉及对方年龄、收入、婚恋状况、家庭、经历等涉及个人隐私的问题，更不宜就此类问题展开谈论。

2. 他人的短处

他人的短处通常也是他人的痛处，比如身体的残缺、过往的伤痛、心理的障碍等，这些内容都是谈话的禁忌。

3. 谈论他人

切忌在谈话中议论他人的是非、造谣生事、以讹传讹。这种行为是有损个人形象的恶劣行为，会严重污损自身的形象。

4. 机密话题

旅游服务人员要切记，不要谈论涉及国家秘密、企业秘密、商业秘密的话题，以免给国家和企业造成不必要的损失。

(二)忌用的方式

1. 说黑话

每个行业都有一些不为外人所熟悉的行业内专用表达方式，这是一种非正式的表达方式，通俗的说，就是“黑话”。旅游服务人员在与服务对象交谈时，不要使用“黑话”，而应该使用正常明了的语言，否则会显示自己的格调不高。

2. 交头接耳

旅游服务工作中，无论是服务人员之间的交谈，还是服务人员与服务对象之间的交谈，都忌用耳语的方式进行，如果确实有私事要谈，应当请对方和自己到安静之处去谈。交头接耳的谈话方式是不符合礼仪规范的。

3. 纠缠不休

有的人天生喜欢抬杠、高声辩论、纠缠不休、得理不饶人，这种谈话方式是非常失礼的，在旅游服务工作中，一定不能采用以上方式。

(三)禁忌的称谓

称谓是交谈的开始，适当的称谓非常重要。在旅游服务工作中，称谓的使用有以下一些禁忌：

1. 忌用生活中的称谓

工作场合、正式场合，必须使用工作称谓，即便是亲属，也要如此。生活中的称谓不能出现在工作场合，如“姐姐”、“弟弟”、“奶奶”、“伯伯”等。

2. 忌用他人的绰号

绰号本身有褒义和贬义之分，但无论是哪一种，都不适用于工作场合。

3. 忌用没有称谓的称呼

在旅游服务工作中，既不能不称呼人就开始说话，也不能用“喂”、“哎”、“嘿”等语气词代替称谓，因为这是非常失礼的。

实训项目

男性服务人员工作着装与女性服务人员化妆实训

【实训目的】 掌握男性服务人员工作着装方法；掌握女性服务人员化妆的方法。

【实训内容】 男性服务人员工作着装；女性服务人员化妆。

【实训步骤】

1. 教师先边讲边演示日常淡妆要领，学生跟着学习化妆，教师指导。

2. 教师先边讲边演示系领带要领，学生跟着学习系领带，教师指导。

3. 学生穿好服装后可轮流上台，由台下学生根据课堂所学理论知识对学生的着装进行点评。

同步测试

一、单项选择题

1.(　　)对一个人来说非常重要，它反映出一个人精神状态和礼仪素养，是人与人交往中的“第一印象”。

A. 仪表　　B. 着装　　C. 发型　　D. 容貌

2. 穿着西装时，衬衫的袖口一般以露出西装袖口以外(　　)厘米为宜，过长或过短都不好。

A. 2.5　　B. 3.5　　C. 1.5　　D. 2.0

3. 如果在路面较窄处或是楼梯上遇到客人，旅游服务人员应停下脚步并面向客人，请客人先行，遵循“(　　)”的原则。

A. 左侧通行　　B. 右侧通行　　C. 中间通行　　D. 两侧通行

4. 在服务工作中，手势的上界一般不超过(　　)，下界不低于自己的胸区，左右摆动的范围应在人的胸前或者身体右方。

A. 对方的视线　　B. 对方的额头　　C. 对方的肩膀　　D. 对方的颈部

5. 接打电话时，应保持(　　)的姿势。

A. 随心所欲　　B. 端正优雅　　C. 笔直站立　　D. 舒服惬意

二、多项选择题

1. 以下哪种西装比较适合中国人穿着？(　　)

A. 欧式　　B. 英式　　C. 美式　　D. 日式

2. 正确的站姿应做到“五点一线”，即(　　)在一条线上。

A. 腰部　　B. 脚跟　　C. 小腿　　D. 臀部

E. 大腿　　F. 肩部　　G. 头部

3. 在服务工作中，不良走姿有损旅游服务人员的个人形象，以下属于不良走姿的是(　　)。

A. 歪头晃脑　　B. 东张西望　　C. 身体不正、耸动肩膀

D. 双手叉腰或抱于胸前　　E. 步履蹒跚、步幅夸张　　F. 抬头挺胸

4. 以下哪些属于在服务工作中禁忌的话题？(　　)

A. 个人隐私　　B. 他人的短处　　C. 谈论他人　　D. 机密话题

5. 为他人作介绍时要遵守“尊者优先”原则，具体包括(　　)。

A. 把年轻者介绍给年长者　　B. 把职务低者介绍给职务高者

C. 把男士介绍给女士　　D. 把儿童介绍给成人

三、简答题

1. 旅游服务人员在穿着西装的时候，要注意哪些问题？
2. 对旅游服务人员来说，在发部的造型上有哪些具体要求？
3. 工作妆容应遵循什么样的原则？
4. 如何正确地进行自我介绍？
5. 旅游服务人员应如何树立“电话形象”？

四、案例分析

某旅游纪念品商店的服务员王芸因为对一位顾客表现出不耐烦，导致该顾客要求见商店的总经理李林。李林热情地邀请该顾客到他的办公室坐下，亲自递上热茶，安静地聆听他对于刚才所发生事情的抱怨。大约过了十五分钟，那位顾客火气稍减，李林诚恳地表示了歉意，并把话题引到了对方感兴趣的足球比赛上。接下去的谈话，该顾客的兴致很高，再没有提要向新闻媒体反映的事情。最后，顾客满意地离开了商店。

问题：

1. 结合上面的案例，谈一谈用心倾听别人的谈话会在对方的心中引起什么样的效果？
2. 你认为在与服务对象交谈的过程中，抢着说话来表明自己的态度会有什么坏处？

第三章

日常交际礼仪

学习目标

知识目标：

掌握称呼、介绍、握手、名片等相关礼仪规范要求；掌握中西餐用餐礼仪规范要求；熟悉接打电话的礼仪规范要求；熟悉拜访和接待礼仪的具体内容

能力目标：

能够在人际交往中正确运用各类见面礼仪

本章的知识体系

第一节　见面礼仪

一、称呼礼节

(一)称呼基本要求

(二)常规性称呼

二、见面礼节

(一)握手礼

(二)鞠躬礼

(三)拥抱礼

(四)吻手礼

(五)致意礼
三、介绍礼节
(一)自我介绍
(二)为他人作介绍
四、名片礼节
(一)名片的制作
(二)名片的保管
(三)名片交换礼仪
第二节　电话礼仪
一、电话基本礼仪
(一)重要的第一声
(二)得体的通话姿态
(三)认真清楚的记录
二、接打电话礼仪
(一)拨打电话
(二)接听电话
(三)其他电话礼仪
三、手机礼仪
(一)合理放置手机
(二)手机使用规范
第三节　餐饮礼仪
一、请客、赴宴及席间礼仪
二、中餐礼仪
(一)席位排列
(二)用餐方式
三、西餐礼仪
(一)进入餐厅的礼仪
(二)西餐座次排列
(三)西餐用具的使用
(四)西餐的禁忌
第四节　拜访与接待礼仪
一、拜访礼仪
(一)拜访前的准备
(二)拜访中的礼仪
二、接待礼仪
(一)拜访前的准备
(二)热情迎客
(三)周到待客
(四)礼貌送客

三、馈赠礼仪
(一)馈赠礼品注意问题
(二)礼物的包装
(三)送礼时机
(四)赠礼礼仪
(五)授礼礼仪

【引例】

杨琪被派到意大利来京工作的专家家里做服务工作，因为她热情能干，专家夫妇对她印象不错，某一个星期天，专家夫妇外出归来，小杨问候以后，像对待老朋友般：“你们到哪去玩了？”专家迟疑了良久，才吞吞吐吐说：“去建国门外大街了。”小杨接着问：“逛了什么商店？”对方被迫回答道：“友谊商店。”“你们为什么不去国贸大厦和赛特购物中心看看，秀水街的东西也不错。”小杨建议说。然而，话没说完，专家夫妇已经转身离去。两天后，小杨被辞退了。

【引例分析】小杨当时对主人所讲的话全是出于善意。中国人听起来，这些话体现了小杨待人的热情友善。可是，由于文化背景的不同，那位意大利专家却因此认定小杨有着“窥私癖”，她的所作所为已经妨碍了自己的私生活。因此交谈问候时，要根据不同的风俗习惯，掌握好问候技巧。

第一节　见面礼仪

见面礼仪是社交礼仪中最常用与最基础的礼仪形式。日常交往中，见面时行一个标准的见面礼，直接体现出施礼者良好的修养，会给对方留下深刻而又美好的印象，为以后顺利开展工作打下基础。

根据常规，在服务过程中应遵守的见面礼仪，主要涉及称呼礼节、见面礼节、介绍礼节、名片礼节四个方面的内容。

一、称呼礼节

所谓称呼指的是人们在日常交往中，所采用的彼此之间的称谓语。正确、适当的称呼，不仅反映着自身的教养、对对方尊重的程度，甚至还体现着双方关系达到的程度和社会风尚。

(一)称呼基本要求

在日常生活与工作中，称呼别人有以下基本要求：

第一，要采用常规称呼。常规称呼，即人们平时约定俗成的较规范的称呼。

第二，要区分场合。在不同的场合下，应该采用不同的称呼。

第三，要坚持入乡随俗。要了解并尊重当地风俗。

第四，要尊重个人习惯。

(二)常规性称呼

在日常生活、工作和交际场合，常规性称呼大体上有以下五种：

1. 行政职务

它是在较正式的官方活动，如政府活动、公司活动、学术活动中使用的。如“张局长”、“陈董事长”、“刘总经理”等。

2. 技术职称

如“张总工程师”、“赵会计师”等。称技术职称，说明被称呼者应是该领域专家，暗示其权威性。

3. 学术头衔

这跟技术职称不完全一样，这类称呼实际表示他在专业技术方面的造诣。

4. 行业称呼

如“警察同志”、“护士小姐”等。在不知对方职务、职称等具体情况时可采用行业称呼。

5. 泛称

指对社会各界人士在较为广泛的社交场面中都可以使用的表示尊重的称呼。比如“小姐”、“女士”、“先生”、“同志”等。在不知对方姓名及其他情况(如职务、职称、行业时)可采用泛尊称。

小资料：西方问候礼仪常识

一、对男子称“先生”，对未婚女子称“小姐”，对已婚女子称“夫人”。通常女子的不是根据年龄，而要根据婚姻状况进行称呼。对于称呼对象的婚姻状况不明时，应该称小姐。在对外场合女性都可以被称为“女士”。

二、较为正式的场合，或是初次交往应酬时，在这些称呼前面可以冠以姓氏，如“乔治·布什先生”、“朱丽叶小姐”，也可以冠以职务或职业，如“议员先生”、“护士小姐”。

三、对医生、教授、法官、律师以及有博士学位的人士，既可以单独称其为“医生”、“教授”等，也可同时加上姓氏，或称先生。如“大卫教授”、“法官先生”等。对军人一般称军衔或军衔加先生，也可以加姓氏。如“中士”、“上校先生”、“密特朗少校先生”等。

四、对高级官员(部长级以上)一般称“阁下”，或职衔加先生，如“部长阁下”、“总理阁下”、“总理先生阁下”等。但是有些国家如美国、墨西哥等国，没有称“阁下”的习惯，一般就称职衔或先生。在君主制国家里，称国王、王后为“陛下”，称王子、公主、亲王为“殿下”。其他有爵位的，则以其爵位相称，也可以称“先生”或“阁下”。

需要注意的是：在西方，社交场合是不使用亲族性称呼的，如叔叔、阿姨、伯伯等，这些称呼只限用于自己的亲人。另外，在涉外交往中，也不能使用“同志”、“老人家”等，避免产生误会。当然，一些具有侮辱歧视性质的称呼更不能出现，如“老黑”、“鬼子”、“老毛子”、“洋妞”等，这些称呼容易伤害对方的感情。

在较为正式的场合礼，有一些称呼是不能使用的，主要涉及以下几种：

第一，无称呼。就是不称呼别人就跟别人搭讪、谈话。这种做法要么令人不满，要么会引起误会，要力戒。

第二，替代性称呼。就是非常规的代替正规性的称呼。比如医院里的护士喊床号“十二号”服务行业称呼顾客号、“下一个”等，这是不礼貌的行为。

第三，易于引起误会的称呼。因为习俗、文化背景等的不同，有些容易引起误会的称呼切勿使用。比如中国大陆人，很传统的一个称呼就是同志，但在海外一些地方，甚至包括港澳地区，就不适用了。“同志”在那里有一种特殊的含义—同性恋。

第四，地方性称呼。比如，北京人爱称人为“师傅”，山东人爱称人为“伙计”。但南方人听起来“师傅”等于“出家人”，“伙计”就是“打工仔”。

第五，不恰当的简称。比如叫“王局(长)”、“李处(长)”一般不会引起误会，但如果叫“王校(长)”、“李排(长)”就易产生误会。

二、见面礼节

(一)握手礼

图 3-1

握手礼被称为人类的“次语言”，握手看似平常，但却是沟通思想、交流感情、增进友谊的重要方式，是人们见面时一种重要的礼节。握手作为一种礼节，应掌握以下几点：

1. 握手的正确姿态

握手时，一般在距离对方约 1 米的地方站立，上身略微前倾，自然伸出右手，四指并拢，拇指张开，掌心向上或略微偏向左，手掌稍稍用力握住对方的手掌，握力适度，上下稍许晃动几下后松开。握手时要注视对方，面露笑容，以示真诚和热情，同时讲问候语或敬语。若和女士握手时，不要满手掌相触，而是轻握女士手指部位即可。

2. 握手的顺序

握手时伸手的先后顺序遵循“尊者决定”的原则，由尊者先行伸手，对方予以响应。握手的顺序应当是上级、长辈、地位高者、女士先伸手，下级、晚辈、地位低者、男士在与对方见面时先问候，待对方伸出手后再接握过来。

3. 握手的注意事项

(1)握手时不要将左手插在裤袋里，不要边握手边拍人家的肩头，不要在握手时眼看着别处或与他人打招呼，无特殊原因不用左手握手，人在一起时避免交叉握手。

(2)要站着而不能坐着握手，年老体弱或者有残疾人除外。

(3)如果戴有手套，要把右手上的手套脱下，女士在礼仪场合佩戴装饰性手套时，可以不脱手套。

(4)一般情况下不能拒绝别人伸出来的手，拒绝握手是非常失礼的，但如果是因为感冒或其他疾病，或者你的手脏，也可以谢绝握手。

阅读：握手礼的体态语

谦恭式握手：掌心向上或向左上的手势与对方握手。用这种方式握手的人往往性格懦弱，易改变自己的看法，愿意受对方支配。

支配式握手：掌心向下或向左下的姿势握住对方的手。在交际双方社会地位差距较大时，社会地位较高的一方易采用这种方式与对方握手。

无力型握手：握手时伸出一只无力度的手。这种人的特点如不是生性懦弱，就是待人接物消极傲慢。

“手套式”握手：握手时用双手握住对方的右手，采用该方式握手的人表示对对方尊重、感激。但这种握手方式最好不要用在初见几次面的人身上，以免让对方引起不必要的误会。

抓指尖握手：握手时有意或无意地只捏住对方的几个手指或手指尖部。女性与男性握手时，为了表示自己的矜持与稳重，常采取这种方式。

施舍型握手：即在行握手礼的时候只伸出四个手指与他人相握，表明此人缺乏修养、傲慢、不平易近人。(欧洲中世纪时期的贵妇人与绅士之间的握手除外)

(二)鞠躬礼

鞠躬礼是人们在生活中对别人表示恭敬的一种礼节，既适用于庄严肃穆、喜庆欢乐的仪式，也适用于一般的社交场合。

1. 鞠躬的方式

在日本、韩国、朝鲜，鞠躬礼应用十分广泛。去过日本的旅游者总会告诫说：“到日本去，务必把鞋擦亮，因为鞠躬时，大家都会看到鞋子。”

行鞠躬礼时应该脱帽，保持立正姿势，左手下垂行礼。敬礼时要面带微笑，以腰为轴上体前倾，视线随着鞠躬自然下垂，礼后起身迅速还原。男士在鞠躬时，双手放在裤线稍前的地方，女士则将双手在身前下端轻轻搭在一起。

2. 鞠躬的深度

鞠躬的深度视授礼对象和场合而定。一般问候、打招呼时施15度左右的鞠躬礼，迎客与送客分别行30度与45度的鞠躬礼，90度的大鞠躬常用于悔过、谢罪等特殊情况。

受礼者应以鞠躬礼还礼，若是长辈、女士和上级，还礼可以不鞠躬，而用欠身、点头、微笑示意以示还礼。

阅读：日本鞠躬礼

日本鞠躬礼分为站式鞠躬礼和跪式鞠躬礼：

站式鞠躬礼：“真礼”以站姿为预备，然后将相搭的两手渐渐分开，贴着两大腿下滑，手指尖触至膝盖上沿为止，同时上半身由腰部起倾斜，头、背与腿呈近90度的弓形(切忌只低头不弯腰，或只弯腰不低头)，略作停顿，表示对对方真诚的敬意，然后，慢慢直起上身，表示对对方连绵不断的敬意，同时手沿脚上提，恢复原来的站姿。

跪式鞠躬礼：“真礼”以跪坐姿预备，背、颈部保持平直，上半身向前倾斜，同时双手从膝上渐渐滑下，全手掌着地，两手指尖斜相对，身体倾至胸部与膝间只剩一个拳头的空档(切忌只低头不弯腰或只弯腰不低头)，身体呈45度前倾，稍作停顿，慢慢直起上身。

(三)拥抱礼

拥抱礼是西方国家常见的见面礼和道别礼，常常与握手礼、亲吻礼并用。

1. 拥抱的动作要领

两人在相距约20厘米处相对而立。拥抱彼此时都右臂偏上，左臂偏下，右手扶着对方的左后肩，左手扶着对方的右后腰。各自按自己的方位，两人头部及上身都向左相互拥抱，礼节性的拥抱可到此完毕。如果是为了表达较为亲近的情感，更为密切的关系，在保持原手位不变的情况下，双方还应接着向右拥抱，再次向左拥抱，才算礼毕。

2. 拥抱礼的注意事项

拥抱礼的运用应注意所交往者的所处区域和民族习惯。世界上有些国家和地区的人，见面时不大喜欢拥抱。例如，印度人不但不喜欢拥抱，男女之间连握手也不行。西方人在商务往来中一般不行拥抱礼。

礼节性拥抱通常时间很短，拥抱时双方身体不可贴得太近。

(四)吻手礼

吻手礼是流行于欧美上层社会的一种礼节，起源于中世纪的欧洲。

在社交场合中，同上层社会的贵族妇女见面时，如果女方先伸出手作下垂式，男方则可将其指尖轻轻提起吻之；若女方不伸手表示，不可行吻手礼。行吻手礼时，男女双方相距约 80 厘米；双方须注目；女性先将手轻轻向左手方抬起约 60 度时，作下垂姿势；男子轻轻将其提起；略俯身，低头，在对方手背上轻吻一下，再将手缓缓松开，礼毕。行吻手礼时，男性一定要稳重、自然、轻松动作不能粗俗，姿势不可过分夸张，吻对方手背时绝对不要发出“吭”的声音，以免给双方造成难堪。

图 3-2

(五)致意礼

致意礼是一种用非语言方式表示问候的礼节，它表示问候、尊敬之意。常见的致意礼主要有拱手礼、合十礼、举手礼、点头礼等。

1. 拱手礼

又称作揖礼，是中国传统的见面礼节之一。行拱手礼时，两手抱拳致意，一般以左手握在右拳上，双臂屈肘拱手至胸前，自上而下，或自内而外有节奏地晃动两三下。

现在适用的情况，主要是过年时举行团拜活动，向长辈祝寿。

2. 合十礼

合十礼通行于南亚与东南亚信奉佛教的国家，又称合掌礼，即把两个手掌在胸前对合，掌尖和鼻尖齐高，手掌向外倾斜，头略低，兼含敬意和谢意双重意义。

3. 举手礼

这是世界各国军人见面时的专用礼节，起源于中世纪的欧洲。行举手礼时，要举右手，手指伸直并齐，指尖接触帽檐右侧，手掌微向外，右上臂与肩齐高，双目注视对方，待受礼者答礼后方可将手放下。

也可用于在公共场合与距离较远的熟悉宾客打招呼。行礼者举起右臂，向前伸直，掌心朝向对方，摆动一下即可。同时面带微笑，双目注视对方。

4. 点头礼

这是同级或平辈间的礼节，如在路上行走时相遇，可以在行进中点头示意。行点头礼时，双目注视对方，面带微笑，头微微向下移动，幅度不要过大。

三、介绍礼节

人际交往始自介绍，介绍是人与人进行相互沟通的出发点，最突出的作用，就是缩短人与人之间的距离。在公关服务场合，如能正确地利用介绍，不仅可以扩大自己的交际圈，广交朋友，而且有助于进行必要的自我展示、自我宣传，并且替自己在人际交往中消除误会，减少麻烦。

在社交场合中使用较多的介绍方法有两种：自我介绍和为他人作介绍。

(一)自我介绍

自我介绍，是指把自己介绍给对方，也可是应他人的请求而对自己的情况进行一定程度的介绍。

在服务过程中进行自我介绍，须重视以下方面：

1. 介绍内容要有针对性

自我介绍要根据不同场合、对象和实际需要，有目的、有选择性地进行介绍。一般性的应酬，介绍要简洁明了，通常介绍姓名就可以了。公务性的自我介绍还要介绍工作单位和具体从事的工作。社交性的自我介绍则还需进一步介绍兴趣、爱好、专长、籍贯、母校、经历及与交往对象某些熟人的关系等，以便进一步交流和沟通。

2. 把握介绍时机

自我介绍要寻找适当的机会，如当对方正与人亲切交谈时，此时不宜走上前去进行自我介绍，以免打断别人的谈话，在对方有兴趣、有需要时适时介绍。而当对方一个人独处或者与人闲谈时，不妨见缝插针，抓住时机进行自我介绍。

但如果介绍人在场，自我介绍会被认为是不礼貌的。

(二)为他人作介绍

为他人介绍，通常是介绍不相识的人相互认识，或者把一个人引见给其他人。被介绍双方态度都用友好、不卑不亢，切忌傲慢无礼或畏畏缩缩。介绍时要注意以下礼节：

1. 掌握介绍的顺序

通常来讲，在为他人作介绍时，必须遵守尊者优先的原则。正确的做法是要先介绍身份较低的一方，然后再介绍身份较高的一方。即先介绍主人，后介绍客人；先介绍职务低者，后介绍职务高者；先介绍晚辈，后介绍长辈；如果介绍对象双方的年龄，职务相当，异性就要遵从女士优先的原则，即把男士介绍给女士。对于同性，可以根据实际情况灵活掌握，比如把和你熟悉的介绍给和你不熟悉的，把未婚者介绍给已婚者。在为外国来访者服务时，如果宾主双方皆不止一个，要先介绍主人方，后介绍宾客一方。不过在介绍各方人士时，通常应当由尊而卑，按照职务高低，依次介绍。

图 3-3

2. 讲究介绍的礼仪

介绍者在有意为他人相互引荐时，需征求被介绍双方的个人意愿。当介绍者询问是不是有意认识某人时，应欣然表示接受。不愿意时，要委婉说明原因。

介绍他人相识时，介绍者既可以只介绍双方的姓名，也可以将对方的姓名、工作单位、所属部门、具体职务一并予以介绍。前者稍显随便，后者比较正规。无论如何进行介绍，在介绍双方时的主要内容应基本对称。切忌只介绍一方，而忘记另一方；或者在介绍一方时内容详细，而在介绍另一方时则过于简单。

介绍手势动作要文雅，无论介绍哪一方，都要五指并拢，掌心向上，指向被介绍一方。切记不要手指尖朝下，因为朝下是蔑视对方的肢体语言。当别人介绍到你时，应微笑或握手、点头，如果你正坐着，应该起立。当介绍者介绍完毕后，被介绍者双方应依照合乎礼仪的顺序进行握手，彼此问候对方，也可互换名片，作为联络方式。

小资料：集体介绍的顺序

“少数服从多数”：当被介绍者双方地位、身份大致相似时，应先介绍人数较少的一方。

强调地位、身份：若被介绍者双方地位、身份存在差异，虽人数较少或只一人，也应将其放在尊贵的位置，最后加以介绍。

单向介绍：在演讲、报告、比赛、会议、会见时，往往只需要将主角介绍给参加者。

人数多一方的介绍：若一方人数较多，可采取笼统的方式进行介绍。如“这是我的家人”、“这是我的同学”。

人数较多各方的介绍：若被介绍的不止两方，需要对被介绍的各方进行位次排列。排列的方法：①以其负责人身份为准；②以其单位规模为准；③以单位名称的英文字母顺序为准；④以抵达时间的先后顺序为准；⑤以座次顺序为准；⑥以距介绍者的远近为准。

四、名片礼节

名片在我国有两千多年的历史，在西汉时就已广为流传，当时是削竹、木为片，称之为“谒”。东汉时改为“刺”。又称“名刺”。自从改用纸后，又叫“名纸”，现在普遍称为“名片”。名片是当代社会不论私人交往还是公务往来中最经济实惠，最通用的介绍媒介，被人称作自我的“介绍信”和社交的“联谊卡”，具有证明身份、广交朋友、联络感情、表达情谊等多种功能。

(一)名片的制作

制作名片使用的材料最常使用的是卡片纸。当然，出于环保考虑，也可以使用再生纸甚至打印纸。不要使用一些昂贵材料，如真皮名片、光纤名片等。还有送黄金名片、白金名片等，有变相送礼之嫌。

名片标准规格为宽 5.5 厘米，长 9 厘米。形状奇特的名片虽然能引人注目，但很多钱包或名片夹都装不下，因而不易于保存。

印制名片的纸张颜色最好选择白色，或者浅灰、浅蓝色和浅黄色，这样印上深色的字迹就比较醒目了。

名片内容一般包括三大项。第一项是归属即所在单位，包含单位全称、所在部门、企业标志等内容，通常把这项内容放在名片的左上角。第二项是称谓，由姓名、职务等内容构成，放在名片的中心位置。第三项是联络方式，包括地址、邮政编码、办公室电话和电子邮箱以及其他联系方式，一般印制在名片的右下角。

小资料：名片的特殊用途

在国际社交场合，人们往往以名片代替一封简洁的信函使用。具体做法是：在社交名片的左下角写上一行字或一句短语，然后进入信封寄交他人。如果是本人亲自递交或托人带给他人，要用铅笔书写；如果采用邮寄方式，则应用钢笔书写。书写时多采用法文缩略语，较常见的法文缩略语及其对应含义如下：

n. b. 意为“注意”；

p. c. 意为“谨唁”，凭吊、追悼时用；

p. f. 意为“祝贺”，庆祝节日时用；

p. m. 意为“备忘”，提请对方注意某事时使用；

p. r. 意为“谨谢”，接受礼物、款待、祝词之后，或者收到别人庆祝、吊唁之类名片后使用；

p. p. 意为“介绍”，向对方介绍某人时用；

p. p. c. 意为“辞行”，调离、离任时，向同事告别时使用；

p. p. n. 意为“慰问”，问候病人时用；

p. f. n. a. 意为“新年愉快”。

(二)名片的保管

名片要保持干净整洁，不可出现折皱、破烂、污损和涂改的情况。名片应统一置于名片夹、公文包或上衣口袋之内，切记不可将名片随便放在钱包、裤袋之内，这样既不正式，又显得杂乱无章。携带的名片一定要数量充足，确保够用。所带名片要分门别类，根据交往对象使用不同的名片。

(三)名片交换礼仪

名片交换是使用名片重要的一环。如何交换名片，往往是个人修养的重要反映，所以交换名片务必遵照一定规则。

1. 递送名片

首先应事先把名片准备好，放在易于取出的地方；向对方递送名片时，要用双手的大拇指和食指拿住名片上端的两个角，名片的正面朝向对方，以便对方阅读，以恭敬的态度，眼睛友好地注视对方，并用诚挚的语调说道：“这是我的名片，请多联系”，或“这是我的名片，请以后多关照”；同时向多人递名片时，可按由尊而卑或者由近而远的顺序，依次递送。以独立身份参加活动的来宾，都应该递送名片，以免使人有厚此薄彼之感。初次相识，双方经介绍后，如果有名片则可取出名片送给对方。如果是事先约定好的面谈，或事先双方都有所了解，不一定忙着交名片，可在交际结束、临别之时取出名片递给对方，以加深印象，表示愿意保持联络的诚意。

图 3-4

2. 接受名片

接受他人的名片时，应尽快起身或欠身，面带微笑，眼睛要友好地注视对方，并口称“谢谢”，使对方感受到你对他的尊重。接过名片后，应认真阅读一遍，最好将对方的姓名、职务轻声地念出来，以示敬重，看不明白的地方可以向对方请教。要将对方的名片郑重收藏于自己的名片夹或上衣口袋里，或者办公室显著的位置。妥善收好名片后，应随之递上自己的名片。如果自己没有名片或者没带名片，应当首先向对方表示歉意，再如实说明原因，如“很抱歉，我没有名片”、“对不起，今天我带的名片用完了”。如果接受了对方的名片，不递上自己的名片，也不解释一下原因，是非常失礼的。接受了对方的名片，不要看也不看一眼就放入口袋，或者随手放在一边，也不要将其他东西压在名片上，或拿在手里随便摆弄，这都是对对方的一种不敬。

课堂小讨论：

在某个商务宴会上，某公司的赵总看到了久闻大名的某大型集团公司董事长的刘先生。赵总主动上前作自我介绍，并递给了对方一张名片。刘董事长接过名片，马马虎虎地用眼睛瞄了一下，放在了桌子上，然后继续用餐。

运用所学礼仪知识回答，分析他们的做法是否正确，为什么？

第二节 电话礼仪

电话被现代人公认为便利的通信工具，在日常工作中，使用电话的语言很关键，它直接影响着一个公司企业的声誉；在日常生活中，人们通过电话也能粗略判断对方的人品、性格。在旅游服务工作中，旅游从业者在使用电话时，一定要注意个人的“电话形象”，它体现了旅游从业者的礼貌修养和为人处世的态度。

一、电话基本礼仪

(一)重要的第一声

当打电话给某单位，若一接通，就能听到对方亲切、优美的招呼声，“您好，这里是

××公司”，心里一定会很愉快，双方对话也能顺利展开。清晰、悦耳的声音，给对方留下好的印象，对方对其所在单位也会有好印象。因此要记住，接电话时，应有“电话形象”的意识。

要结束电话交谈时，一般应当由打电话的一方提出，然后彼此客气地道别，说一声“再见”，再挂电话，不可只管自己讲完就挂断电话。

(二)得体的通话姿态

首先打电话要微笑，微笑可以通过电话传递给对方愉悦之感。其次打电话时应采取正确的姿态，不能吸烟、喝茶、吃零食，因为懒散的姿势对方能够“听”的出来。不要在通话时将话筒夹在脖子下面，不要趴着、仰着或者高架双腿与人通话。不能对话筒发出咳嗽的声音。

(三)认真清楚的记录

牢记5W1H技巧，所谓5W1H是指①When(何时)；②Who(何人)；③Where(何地)；④What(何事)；⑤Why(为什么)；⑥How(如何进行)。在工作中这些资料都是十分重要的。对打电话，接电话具有相同的重要性。电话记录既要简洁又要完备，有赖于5W1H技巧。

二、接打电话礼仪

(一)拨打电话

主动拨打电话的时候，也就是电话拜访的时候，需要注意什么问题呢？

1. 通话语言亲切，用语要规范

通话时语言要亲切，态度要和蔼。不要大喊大叫，震耳欲聋。通话之初，应先作自我介绍，不要让对方“猜一猜”。请受话人找人或代转时，应说“劳驾”或“麻烦您”，不要认为这是理所应当的。

2. 准备腹稿

在主动拨打电话之前，先打一个腹稿，有所准备，这样可以节省打电话的时间，同时这也是一个非常好的习惯。因为你并不知道接电话的人正在忙什么，在通话之前做到心里有数，可以有效地节省时间，并能够提高电话沟通的效率。腹稿打好之后，应该做一个简单的寒暄，然后迅速直奔主题，不要闲聊天，东拉西扯，偏离你要表达的主要意思。

3. 工作中的通话时间

打电话前，最好先想好要讲的内容，以便节约通话时间，不要现想现说，“煲电话粥”。正常情况下，一次通话的时间最好不要超过3分钟，即所谓的“三分钟原则”。如果通话时间较长，应先征询一下对方意见，通话是否方便；若不便，则另约时间。

4. 家庭通话时间要选择适当

一般来说，打电话应该以不影响受话人的家庭生活为宜。使用电话的时间应该包括选择打电话的时间和电话交谈所持续的时间长短。如果不是特别紧急的事情，打电话一般不在早上7:00以前或就餐时间或晚上10:30以后，这几个时间打电话有可能会打扰对方休息或用餐。电话交谈时间以3～5分钟为宜，不宜过长。如果打电话的时间须5分钟以上，而又没有提前预约，应该向对方说明要办的事，征询对方是否方便，如果对方不方便就请对方另约时间，而且最好别在节假日打扰对方。

(二)接听电话

1. 及时接电话

一般来说，电话铃响3遍之前就应接听，3遍后就应道歉："对不起，让您久等了。"如果受话人正在做一件要紧的事情不能及时接听，代接的人应妥为解释。如果既不及时接电话，又不道歉，甚至极不耐烦，就是极不礼貌的行为。

接听电话，同时报出自己的称谓，最标准的方法是说："你好"。根据不同企业的特点，可能会要求报你的姓名，部门的名称，或者公司的名称，一定要避免的是，拿起电话之后，说："喂，说话。"避免使用不标准的用语。

要注意声音的控制。我们在社交活动当中，面对面地进行交流，可以充分地利用你的肢体语言来表达你要传达的这种职业表现，而电话只能听到你的声音，没法表达你的肢体语言，所以在这个时候要特别注意自己的声音、语速，以及准确表达。

图 3-5

2. 确认对方

对方打来电话，一般会自己主动介绍。如果没有介绍或者你没有听清楚，就应该主动问："请问您是哪位？我能为您做什么？"但是，人们习惯的做法是，拿起电话听筒盘问一句："喂！哪位？"这在对方听来，陌生而疏远，缺少人情味。接到对方打来的电话，您拿起听筒应首先自我介绍："你好！我是×××"如果对方找的人在旁边，您应说："请稍等。"然后用手掩住话筒，轻声招呼你的同事接电话。如果对方找的人不在，您应该告诉对方，并且问："需要留言吗？我一定转告！"

3. 讲究艺术

接听电话时，应注意使嘴和话筒保持4厘米左右的距离；要把耳朵贴近话筒，仔细倾听对方的讲话。最后，应让对方自己结束电话，然后轻轻把话筒放好。不可"啪——"的一下扔回原处，这极不礼貌。最好是在对方之后挂电话。

4. 调整心态

当您拿起电话听筒的时候，一定要面带笑容。不要以为笑容只能表现在脸上，它也会藏在声音里。亲切、温情的声音会使对方马上对我们产生良好的印象。如果绷着脸，声音会变得冷冰冰。

(三)其他电话礼仪

第一，保持嘴唇与话筒的距离。接听电话时，应注意使嘴和话筒保持4厘米左右的距离；要把耳朵贴近听筒，仔细倾听对方的讲话。

第二，通话结束时要有所提示。如“再见”、“咱们下次再谈”等。

第三，等对方先挂电话。在商务活动中，正常情况下应让对方自己结束电话，然后轻轻把话筒放好。先听到对方挂断电话之后，我们再挂断电话，这是一个很好的商务礼仪的表现。不可“啪——”的一下扔回原处，这极不礼貌。

第四，适当控制时间。同时在用电话进行沟通的时候，一般应该把时间控制在3分钟以内，最长也不要超过3分钟。即便这一次沟通没有完全表达出你的意思，最好约定下次打电话的时间或面谈的时间，而避免在电话中占用的时间过长。

三、手机礼仪

目前手机使用越来越普及，成为现代通信工具的重要组成部分。

(一)合理放置手机

在公共场合，手机在没有使用时，都要放在合乎礼仪的常规位置。手机放置的最佳位置是随身携带的公文包，也可以放在上衣口袋内。非正式场合，可将手机暂放腰带上。与别人坐在一起聊天时，可将其暂时放于不起眼之处，如手边、背后、身旁等。

(二)手机使用规范

1. 遵守社会公德

在公共场所，要尽可能地不使用手机，在重要场所，应自觉地关闭手机，或者将铃声改为“振动”或者“静音”，尽可能地不接听电话，要接听也要到无人之处，压低音量，切勿当众高声喧哗，以影响他人。特别是参加会议、宴会，观看电影、演出，前往图书馆，参观各类展览时，尤其要注意这点。

2. 安全使用

(1)不要在医院或者是在机场用手机。以免影响机场及医院的电子设备。

(2)打电话时，请注意一下，有些地方是不允许使用手机的。如加油站，一些餐馆，酒吧，剧院，电影院以及火车行李站都禁止使用手机。

(3)当不使用手机时，请锁住手机按钮。以防意外拨打诸如119、110、120等特殊的电话号码。

小资料：接、打电话常用礼貌用语

1. 您好！×××酒店总机，请问您找谁？
2. 我就是，请问您是哪一位？……请讲。
3. 请问您有什么事？(有什么能帮您？)
4. 您放心，我会尽力办好这件事。
5. 不用谢，这是我们应该做的。
6. ×××女士不在，我可以替您转告吗？(请您稍后再打来电话好吗？)
7. 您打错号码了，我是×××酒店总机，……没关系。
8. 请帮我找×××先生。
9. 对不起，我打错电话了。
10. 对不起，这个问题……请留下您的联系电话，我们会尽快给您答复好吗？

第三节 餐饮礼仪

餐饮礼仪问题可谓源远流长。据文献记载可知，至少在周代，饮食礼仪已形成一套相当完善的制度，特别是经曾任鲁国祭酒的孔子的称赞推崇而成为历朝历代表现大国之貌、礼仪之邦、文明之所的重要方面。清代受西餐传入的影响，一些西餐礼仪也被引进。如分菜、上汤、进酒等方式也因合理卫生的食法被引入中餐礼仪中。中西餐饮食文化的交流，使得餐饮礼仪更加科学合理。

在人际交往和工作当中，请人吃饭或被请吃饭是常见的事情，它是交流情感、加深友谊、沟通传递信息的大好时机。餐饮一般分为工作餐、自助餐、西餐、中餐等形式。不同的形式有不同的礼仪规范，运用是否得体，关系到一个人的教养、素质、文化、品位等。更关系到人际交往的成败。

一、请客、赴宴及席间礼仪

(1)作为客人应准时赴宴，迟到是很不尊重他人的表现，但也不要提前 15 分钟以上。在外国，提前赴宴的人会被人笑话为太急于进餐了。

(2)如果是私人宴会，尊卑长幼顺序较为随便。如果是商务宴请，作为主人必须按客人的身份、地位、年龄安排适当的座位。座次的安排以右为尊，如席设两桌则以右桌为大。主人坐定后他的右侧为主宾位，地位高者为尊高者坐上席。欧美国家视宴会为社交最佳场合，故席位采取分座原则即：男女分座排位时男女互为间隔；夫妇、父女、母子、兄妹等一般分开；如有外宾在座则中国人与外宾插开坐。

(3)入座后，主人招呼客人，即开始用餐。席间客人不宜首先提议为主人干杯，以免喧宾夺主。碰杯时，主人和主宾先碰，人多时可同时举杯示意，不一定碰杯。祝酒时注意不要交叉碰杯。在主人和主宾致辞、祝酒时，应暂停进餐，停止交谈，注意倾听。

(4)主人喝酒时应控制在本人酒店的 1/2 以内。喝酒过量容易失态，影响整个宴会气氛。主人强劝客人喝酒也是非常失礼的。宴会尚未结束前，主人一般不会向客人敬烟。如果吸烟应征的同桌的客人同意。

(5)席间谈话应轻松自由，宾主都不要静坐不语，每个人都可选择适宜的话题。交谈面应广些，不要只和老相识说话，应多交些新朋友。席间是交际场所，不是工作场所，只谈工作或谈别人无法插话的话题是不礼貌的。

(6)如果宴请的是外宾，对外宾不要反复劝菜，可以向其介绍中国菜的特点，由其自由选择。

(7)结账的方法通常是服务员递上账单后，核对下即可付款，如果发现有问题，说话也要客气委婉，谨慎有理，以免造成不良的影响。

二、中餐礼仪

随着中西饮食文化的不断交流，中餐不仅是中国人的传统饮食习惯，还越来越受到外国人的青睐。而这种看似最平常不过的中式餐饮，用餐时的礼仪却是有一番讲究的。

(一)席位排列

中餐的席位排列，关系到来宾的身份和主人给予对方的礼遇，所以是一项重要的内容。中餐席位的排列，在不同情况下，有一定的差异。可以分为桌次排列和位次排列两方面。

1. 桌次排列

在中餐宴请活动中，往往采用圆桌布置菜肴、酒水。排列圆桌的尊卑次序，有两种情况。

第一种情况，是由两桌组成的小型宴请。这种情况，又可以分为两桌横排和两桌竖排的形式。当两桌横排时，桌次是以左为尊，以右为卑。这里所说的右和左，是由面对正门的位置来确定的。当两桌竖排时，桌次讲究以远为上，以近为下。这里所讲的远近，是以距离正门的远近而言。

第二种情况，是由三桌或三桌以上的桌数所组成的宴请。在安排多桌宴请的桌次时，除了要注意“面门定位”、“以右为尊”、“以远为上”等规则外，还应兼顾其他各桌距离主桌的远近。通常，距离主桌越近，桌次越高；距离主桌越远、桌次越低。

在安排桌次时，所用餐桌的大小、形状要基本一致。除主桌可以略大外，其他餐桌都不要过大或过小。

为了确保在宴请时赴宴者及时、准确地找到自己所在的桌次，可以在请柬上注明对方所在的桌次、在宴会厅入口悬挂宴会桌次排列示意图、安排引位员引导来宾按桌就座，或者在每张餐桌上摆放桌次牌(用阿拉伯数字书写)。

2. 位次排列

宴请时，每张餐桌上的具体位次也有主次尊卑的分别。排列位次的基本方法有四种，它们往往会同时发挥作用。

方法一，是主人大都应面对正门而坐，并在主桌就座。

方法二，是举行多桌宴请时，每桌都要有一位主桌主人的代表就座。位置一般和主桌主人同向，有时也可以面向主桌主人。

方法三，是各桌位次的尊卑，应根据距离该桌主人的远近而定，以近为上，以远为下。

方法四，是各桌距离该桌主人相同的位次，讲究以右为尊，即以该桌主人面向为准，右为尊，左为卑。

另外，每张餐桌上所安排的用餐人数应限在10人以内，最好是双数。比如，6人、8人、10人。人数如果过多，不仅不容易照顾，而且也可能坐不下。

为了便于来宾准确无误地在自己位次上就座，除招待人员和主人要及时加以引导指示外，应在每位来宾所属座次正前方的桌面上，事先放置醒目的个人姓名座位卡。举行涉外宴请时，座位卡应以中、英文两种文字书写。中国的惯例是，中文在上，英文在下。必要时，座位卡的两面都书写用餐者的姓名。

排列便餐的席位时，如果需要进行桌次的排列，可以参照宴请时桌次的排列进行。位次的排列，可以遵循四个原则。

一是右高左低原则。两人一同并排就座，通常以右为上座，以左为下座。这是因为中餐上菜时多以顺时针方向为上菜方向，居右坐的因此要比居左坐的优先受到照顾。

二是中座为尊原则。三人一同就座用餐，坐在中间的人在位次上高于两侧的人。

三是面门为上原则。用餐的时候，按照礼仪惯例，面对正门者是上座，背对正门者是下座。

四是特殊原则。高档餐厅里，室内外往往有优美的景致或高雅的演出，供用餐者欣赏。这时候，观赏角度最好的座位是上座。在某些中低档餐馆用餐时，通常以靠墙的位置为上座，靠过道的位置为下座。

(二)用餐方式

主要介绍宴会、家宴、便餐、工作餐(包括自助餐)等具体形式下的礼仪规范。

1. 宴会

通常指的是以用餐为形式的社交聚会。可以分为正式宴会和非正式宴会两种类型。正式宴会，是一种隆重而正规的宴请。它往往是为宴请专人而精心安排的，在比较高档的饭店，或是其他特定的地点举行的，讲究排场、气氛的大型聚餐活动。对于到场人数、穿着打扮、席位排列、菜肴数目、音乐演奏、宾主致辞等，往往都有十分严谨的要求和讲究。非正式宴会，也称为便宴，也适用于正式的人际交往，但多见于日常交往。它的形式从简，偏重于人际交往，而不注重规模、档次。一般来说，它只安排相关人员参加，不邀请配偶，对穿着打扮、席位排列、菜肴数目往往不作过高要求，而且也不安排音乐演奏和宾主致辞。

图 3-6

2. 家宴

家宴也就是在家里举行的宴会。相对于正式宴会而言，家宴最重要的是要制造亲切、友好、自然的气氛，使赴宴的宾主双方轻松、自然、随意，彼此增进交流，加深了解，促进信任。

通常，家宴在礼仪上往往不作特殊要求。为了使来宾感受到主人的重视和友好，基本上要由女主人亲自下厨烹饪，男主人充当服务员；或男主人下厨，女主人充当服务员，来共同招待客人，使客人产生宾至如归的感觉。

3. 参加宴会注意事项

如果要参加宴会，那么你就需要注意，首先必须把自己打扮得整齐大方，这是对别人也是对自己的尊重。

还要按主人邀请的时间准时赴宴。除酒会外，一般宴会都请客人提前半小时到达。如因故在宴会开始前几分钟到达，不算失礼。但迟到就显得对主人不够尊敬，非常失礼了。

当走进主人家或宴会厅时，应首先跟主人打招呼。同时，对其他客人，不管认不认识，都要微笑点头示意或握手问好；对长者要主动起立，让座问安；对女宾举止庄重，彬彬有礼。

入席时，自己的座位应听从主人或招待人员的安排，因为有的宴会主人早就安排好了。如果座位没定，应注意正对门口的座位是上座，背对门的座位是下座。应让身份高者、年长者以及女士先入座，自己再找适当的座位坐下。

入座后坐姿端正，脚踏在本人座位下，不要任意伸直或两腿不停摇晃，手肘不得靠桌沿，或将手放在邻座椅背上。入座后，不要旁若无人，也不要眼睛直盯盘中菜肴，显出迫不及待的样子，可以和同席客人简单交谈。

用餐时应该正装，不要脱外衣，更不要中途脱外衣。一般是主人示意开始后再进行。就餐的动作要文雅，夹菜动作要轻。而且要把菜先放到自己的小盘里，然后再用筷子夹起放进嘴。送食物进嘴时，要小口进食，两肘向外靠，不要向两边张开，以免碰到邻座。不要在吃饭、喝饮料、喝汤发出声响。用餐时，如要用摆在同桌其他客人面前的调味品，先向别人打个招呼再拿；如果太远，要客气地请人代劳。如在用餐时非得需要剔牙，要用左手或手帕遮掩，右手用牙签轻轻剔牙。

如果宴会没有结束，但你已用好餐，不要随意离席，要等主人和主宾餐毕先起身离席，其他客人才能依次离席。

小资料：筷子使用禁忌

三长两短：这意思就是说在用餐前或用餐过程当中，将筷子长短不齐地放在桌子上。这种做法是大不吉利的，其意思是代表“死亡”。

仙人指路：这种拿筷子的方法是，用大拇指和中指、无名指、小指捏住筷子，而食指伸出。吃饭用筷子时用手指人，无异于指责别人，这同骂人是一样的，是不能够允许的。

执箸巡城：这种做法是手里拿着筷子，做旁若无人状，用筷子来回在桌子上的菜盘里寻找，不知从哪里下筷为好。此种行为是典型的缺乏修养的表现，且目中无人，极其令人反感。

定海神针：在用餐时用一只筷子去插盘子里的菜品。在吃饭时作出这种举动，无异于在欧洲当众对人伸出中指的意思是一样的，这被认为是对同桌用餐人员的一种羞辱。

4. 其他用餐形式

(1)便餐

便餐也就是家常便饭。用便餐的地点往往不同，礼仪讲究也最少。只要用餐者讲究公德，注意卫生、环境和秩序，在其他方面就不用介意过多。

(2)工作餐

工作餐是在商务交往中具有业务关系的合作伙伴，为进行接触、保持联系、交换信息或洽谈生意而用餐的形式进行的商务聚会。它不同于正式的工作餐、正式宴会和亲友们的会餐。它重在一种氛围，意在以餐会友，创造出有利于进一步进行接触的轻松、愉快、和睦、融洽的氛围。工作餐一般规模较小，通常在中午举行，主人不用出于卫生方面的考虑，最好采取分餐制或公筷制的方式。

(3)自助餐

自助餐是近年来借鉴西方的现代用餐方式。它不排席位，也不安排统一的菜单，是把能提供的全部主食、菜肴、酒水陈列在一起，根据用餐者的个人爱好，自己选择、加工、享用。

采取这种方式，可以节省费用，而且礼仪讲究不多，宾主都方便；用餐的时候每个人都可以悉听尊便。在举行大型活动，招待为数众多的来宾时，这样安排用餐，也是最明智的选择。

三、西餐礼仪

(一)进入餐厅的礼仪

进入西餐厅，应等候侍者带领入座，不可自行就座，正式的西餐厅会要求客人事先订位。西餐习惯上由左侧入座，男士应协助女士入座，帮女士拉出椅子，等女士就座后再入座。

图 3-7

最得体的入座方式是从左侧入座。当椅子被拉开后，身体在几乎要碰到桌子的距离站直，领位者会把椅子推进来，腿弯碰到后面的椅子时，就可以坐下来了。用餐时，上臂和背部要靠到椅背，腹部和桌子保持约一个拳头的距离。两脚交叉的坐姿最好避免。

(二)西餐座次排列

西餐的位置排列与中餐排列既有相同之处，也有相当大的区别；中餐多使用圆桌，而西餐的餐桌一般有方桌、长桌或由其拼成各种图案的桌型。其中，最常见、最为正规的西餐桌当属长桌。西餐座次排列的基本规则如下：

1. 女士优先

在西餐礼仪里，女士处处备受尊重。在排定用餐位次时，主位一般应请女主人就座，而男主人则须退居第二主位。

2. 恭敬主宾

在西餐中，主宾极受尊重。即使用餐的来宾中有人在身份、地位、年纪方面高于主宾，但主宾仍是主人关注的中心。在位次排列时，男、女主宾应分别紧靠着女主人和男主人就座，以便受到很好的照顾。

3. 以右为尊

在排定位次时，以右为尊是基本规则。就两人而言，右位高于其左位，所以安排女主宾坐在男主人的右侧，男主宾坐在女主人的右侧。

4. 距离定位

西餐桌上位次的高低，往往是根据离主人座位的远近而定的，离主人座位越近的位次越高，离主人座位越远的位次越低。

5. 面门为上

有时又叫迎门为上。它所指的是，面对餐厅正门的位子，通常在序列上要高于背对餐厅正门的位子。

6. 交叉排列

用中餐时，用餐者经常有可能与熟人，尤其是与其恋人、配偶在一起就座，但在用西餐时，这种情景便不复存在了。商界人士所出席的正式的西餐宴会，在排列位次时，要遵守交叉排列的原则。依照这一原则，男女应当交叉排列，生人与熟人也应当交叉排列。因此，一个用餐者的对面和两侧，往往是异性，而且还有可能与其不熟悉。这样做，据说最大的好处是可以广交朋友。不过，这也要求用餐者最好是双数，并且男女人数各半。

(三)西餐用具的使用

1. 刀叉的使用

(1)刀叉的持法

用刀时，应将刀柄的尾端置于手掌之中，以拇指抵住刀柄的一侧，食指按在刀柄上，但需注意食指绝不能触及刀背，其余三指则顺势弯曲，握住刀柄。持叉应尽可能持住叉柄的末端，叉柄倚在中指上，中间则以无名指和小指为支撑，叉可以单独用于叉餐或取食，既可用于取食某些头道菜和馅饼，也可用于取食那种无须切割的主菜。

(2)刀叉的使用顺序

从外侧依次向内取用。在宴会中，每吃一道菜用一副刀叉，刀叉摆放的顺序正是每道菜上桌的顺序。刀叉用完了，上菜也结束了。如果不知如何取用刀，不妨观察主人，主人取哪种刀叉，就跟着取用。

图 3-8

(3)刀叉的暗示作用

刀与叉除了将料理切开送入口中之外，还有另一项非常重要的功用。刀叉的摆置方式传达出“用餐中”或是“结束用餐”之信息。而服务生是利用这种方式，判断客人的用餐情形，以及是否收拾餐具准备接下来的服务等。

暗示尚未吃完的摆放方式：刀右叉左，刀刃朝内、叉齿朝下，二者呈“八”字形摆放在餐盘上。用餐结束的摆放方式：可将叉子的叉齿朝上，刀子的刀刃朝内，刀与叉并排放在餐盘上或刀上叉下并排横放在餐盘上。这种做法等于告知服务生，请将刀叉及餐盘一并收掉。

2. 餐巾的使用

(1)餐巾的作用

防止弄脏衣服。在用餐过程中，避免菜汁、汤汁滴下来，弄脏自己的衣服。所以，餐巾可以起到服装的保洁作用。不可用餐巾擦拭餐具。这是一种很不礼貌的行为，表示餐具很脏，不卫生。会让主人很尴尬，不愉快。

(2)餐巾的使用方法

从餐桌上拿起餐巾，先对折，再将褶线朝向自己，摊在腿上。绝不能把餐巾抖开，如围兜般围在脖子上，或塞在领口。而把餐巾的一角塞进扣眼或腰带里，也是错误的方法。假如衣服的质地较滑，餐巾容易滑落，那应该以较不醒目的方法，将餐巾的一角塞进腰带里，或左右两端塞在大腿下。

用餐完毕要站起来，首先将腿上的餐巾拿起，随意叠好，再把餐巾放在餐桌的左侧，然后起身离座。如果站起来后才甩动或折叠餐巾，就不合乎礼节了。餐巾用完后无须折叠得太过整齐，但也不能随便搓成一团。如有主宾或长辈就座，一定要等他们拿起餐巾折叠时才能跟着动作。

(四)西餐的禁忌

就座后不要跷足，不要两脚交叉，不要摆弄餐桌上已摆好的餐具。用餐时，腹部和桌子保持约一个拳头的距离。一定要记得抬头挺胸吃东西，在食物送进口中时，要以食物就口，而非弯下腰以口就食物。

用餐时身体不要过于接近餐盘，千万不要把盘、碗端起来——谁也不会来抢你盘子里的食物。应闭嘴咀嚼食物，口中有食物时切忌饮用酒水等饮料。

在吃西餐的时候，不可以当众解开纽扣、拉松领带或脱下衣服。

不要用自己的餐具为他人夹菜、盛汤或选取其他食物。

在用餐时拨弄头发会给人很不干净的印象，当着别人的面打哈欠也是很失礼的。

吃西餐时不能拒绝对方的敬酒，在对方劝酒时，表情一定要热情，即便你不能喝酒，也要端起酒杯回敬对方，为表示礼仪，也要与对方碰一下杯，然后把杯子送到嘴边表示去喝的动作。

吃西餐的席间不许抽烟，只有咖啡上来了，表示筵席结束时，方可抽烟。

在吃西餐的时候，掉在地上的餐具和东西是不用去捡的，正确的做法是请服务生过来替你捡起来。

打喷嚏要赶快用餐巾挡一挡，并说声“对不起”。如果和你一起进餐的人咳嗽或呛到，你的神情要若无其事般自然，以免让对方感到尴尬。

吃西餐时，要注意每个人都有自己的“管辖范围”，每个人只能拿靠近自己的东西。

吃西餐讲究干净；在西餐桌上不可以剔牙。

在进餐过程中，不宜把胳膊放在桌子上，这是很不文明的。不要随意脱下上衣，松开领带，或把袖子挽了又挽。也不要吃得太快，好似狼吞虎咽一般。喝酒不要一饮而尽。

咀嚼食物时一定要闭着嘴巴，而不能张开嘴巴发出响声。喝汤时要用汤匙一勺一勺地舀汤送入口中，而不能用嘴唇去啜汤，呼呼作响。

嘴里含有食物的时候不能和别人说话，要讲话必须先把嘴里的食物咽下去后再说。

小资料：饮酒与食物的搭配

饮酒时搭配食物重要的是根据口味而定。食物和酒类可以分为四种口味，这也就界定了酒和食物搭配的范围，即：酸、甜、苦和咸。

酸味：酒不能和沙拉搭配，原因是沙拉中的酸极大地破坏了酒的醇香。但是，如果沙拉和酸性酒类同用，酒里所含的酸就会被沙拉的乳酸分解掉。所以，可以选择酸性酒和酸性食物一起食用。酸性酒类与含咸食品共用，味道也很好。

甜味：用餐时，同样可以依个人口味选择甜点。一般说来，甜食会使甜酒口味减淡。所以吃甜点时，糖分过高的甜点会将酒味覆盖，失去了原味，应该选择略甜于一点的酒类。这样酒才能保持原来的口味。

苦味：仍然使用“个人喜好”原则。苦味酒和带苦味的食物一起食用苦味会减少。所以如果想减淡或除去苦味，可以将苦酒和带苦味的食物搭配食用。

咸味：一般没有盐味酒，但有许多酒类能降低含咸食品的盐味。世界许多国家和地区食用海产品如鱼类时，都会配用柠檬汁或酒类，主要原因是酸能减低鱼类的咸度，食用时，味道更加鲜美可口。

第四节　拜访与接待礼仪

拜访又叫拜见、拜会，就是前往他人的工作单位或住所，去探望对方，进行接触。不管是公务交往还是私人往来，拜访都是人们在社交中经常采用的一种社交方式。

拜访是双向性的活动。在拜访中，作为访问、做客的一方为客人，也叫来宾；作为待客、接待的一方为主人。在拜访活动中，主客双方都遵守礼仪的规范，拜访活动才能圆满成功。

一、拜访礼仪

(一)拜访前的准备

1. 事先有约

拜访前应事先和被访对象约定，事先有约，及反映了个人的修养，也体现了对主人的尊重。约定时间和地点，应以主人方便为前提。可以采用电话、邮件、信件或当面约定的方式，对于第一次拜访的客人要自报家门，包括姓名、单位、职务等基本信息，并询问对方是否在家(单位)、是否有时间或何时有时间。

在拜访预约时，还应告知对方大体事宜，让对方有所准备，避免拜访时的尴尬。

2. 确定拜访时间

拜访别人前，一定要提前与对方约好拜访时间；如果直接登门拜访，那是一种不尊重和鲁莽的行为，会使得拜访对象对拜访者产生强烈的不信任感。要选择合适的时间。拜访时间要以方便对方为宜，要避开对方特别忙碌的时段，要尊重对方的愿意。最恰当的时间一般选择下午四五点或晚上七八点。

(二)拜访中的礼仪

1. 守时前往

约定拜访时间和人员后，必须严格守时，因为对方已对这段时间做出了安排。如确因意外情况而不能赴约或需要改期，也要事先通知对方，并表示歉意，因为失约或迟到均属不礼貌行为。

2. 上门有礼

不管是到拜访对象家里或者办公室，事先都要敲门或按门铃，等到有人应声允许进入或出来迎接时方可进去。不打招呼就擅自闯入，即使门原来就敞开着，也是非常不礼貌的。

进门讲究敲门的艺术，用食指敲门，力度适中，间隔有序敲三下，等待回音。如无应声，应在稍加力度，再敲三下，如有应声，再侧立于右门框一侧，待门开时再向前迈半步，与主人相对。

如果遇到门是虚掩着的，也应当先敲门。这个敲门有两层意思：一是表示一种询问“我可以进来吗”；二是表示一种通知“我要进来了”。

进门后，要脱下外套，摘下帽子、手套，同随身带的物品一起搁放到主人指定的地方，不要随意乱搁乱放。如需要应换上拖鞋，并将自己的鞋放整齐。

3. 做客有礼

与主人相见，要主动向主人问好，并同主人握手为礼。如果双方初次见面，还应对自己略作自我介绍。对主人的同事、亲属，应主动打招呼、问好。不能视而不见，不理不睬。如有礼品，可适时向主人奉上，不要道别时再说。若有人送上茶水，应从座位上欠身，双手接过，并表示感谢；主人送上水果或点心，应等到其他客人或年长者动手之后，再取之。

拜访时，态度要诚恳大方，要尽快接触实质问题，讨论主题，争取达到满意的目的和效果。交谈时，除了表达自己的思想观点外，还要注意倾听对方谈话的内容、对方的情绪和周围环境的变化，并注意应对。

4. 适时告辞

拜访结束后，离开前要主动向对方告别，不辞而别是有失礼仪的。

同主人交谈时，如果发现对方反应冷淡，或者已到约定时间，应主动“见好就收”。通常一般性拜访不要超过一个小时，初次拜访不要超过半小时。

告辞前，应该对被拜访者的友好热情等给予适当地肯定，并说一些“打扰了”、“添麻烦了”、“谢谢了”之类的客套话。起身告退的时候，如果还有其他客人，即使与这些客人不熟悉，也要遵守前客让后客的原则，礼貌地向他们打招呼。如果被拜访者送的话，送上几步后，你可以说上一句“请留步”之类的客套话，这时候就可以主动向被拜访者伸出手相握，以示告别。

二、接待礼仪

(一)拜访前的准备

第一，应清扫整理房间。第二，根据客人年龄、性别、爱好，备好茶水、果品和点心等待客的必备物品。公事拜访还要准备客人所需要的资料。第三，要做好个人仪表的准备。衣着要整洁、大方。第四，根据需要，还可以做膳食、住宿和交通工具的准备。

(二)热情迎客

对于来访的客人，主人可根据情况亲自或派人到大门口、楼下、办公室或住所门外迎接。对来自远方的客人，应主动到车站、码头、机场迎接。

客人到来时，要立即请客人入室，室内的人都应起身相迎，不应端坐不动随便请客人自己进来，这样会使客人感到不受重视。对家人、亲朋好友或同事，也要一一介绍，以表现出友好的态度。然后安排客人就座，应把最佳的“上坐”位置让给客人坐。客人进屋后，主人要协助客人把携带的物品放好。

(三)周到待客

待客之礼，应是主动、热情、周到、善解人意。

热情的招待客人，为客人上茶，茶水要浓度适中，一般斟在六七成满较为适宜。端茶时，应用双手，一手握杯柄，一手托底。茶与果品应双手送上，烟要亲自为客人点火。

(四)礼貌送客

如客人提出告辞时，主人应婉言相留。如客人执意要走，也要等客人起身告辞时，主人再站起来相送。

如果是非常熟悉的朋友，一般送到大门口、楼下，与客人说“再见”或“欢迎下次再来”的礼貌用语，目送客人远去，再返身回屋。如果是远道的朋友送行，要送到车站、机场或码头，要等火车、飞机、汽车或轮船开动后再离开。

三、馈赠礼仪

馈赠是人们在交往过程中通过赠送给交往对象礼物来表达对对方的尊重、敬意、友谊、纪念、祝贺、感谢、慰问、哀悼等情感与意愿的一种交际行为。中国人一向重交情，赠送礼物是表达友情的一种方式。成功的馈赠可以恰到好处的向受赠者表达自己的友好、尊敬和某种特殊的情感，从而增进互相之间的感情和友谊。

(一)馈赠礼品注意问题

1. 注意对方的习俗和文化修养

由于各国人们宗教习俗、文化背景的不同，爱好和习惯也有所不同。如在阿拉伯国家，酒类不能作礼品，也忌讳给当事人的妻子送礼品；在英国，受礼人讨厌有送礼人单位或公司标识的礼品；法国人讨厌别人送菊花；日本人不喜欢有狐狸图案的礼品；我国人忌讳送钟等。这些都是由不同的习俗和文化造成的。

2. 注意礼品的数量

我国向来以双数表示吉祥，而在日本等一些国家则以奇数表示吉利。另外，西方一些国家普遍忌讳“13”这个数字。因此，无论是送水果还是任何数量较多的礼物，都要注意这一点。

3. 把握礼品的价值

礼品的价值即礼品的货币价值，在赠送礼品时选择多大价值的礼品比较合理呢？这应根据客商的具体情况而定。一般情况下，欧美等国的社交在送礼方面，较注重礼物的意义价值而不是礼物的货币价值，他们只把礼物作为传递友谊和感情的媒体和手段。在美国，一般的商业性礼物的价值在 25 美元左右。因此，我们在选择礼物时，其货币价值不要过高，有时赠送昂贵的礼物，会引起对方的怀疑及戒备，也会使对方为难。相对而言，亚洲、非洲、拉丁美洲和中东地区的客商，较注重礼物的货币价值，对这些国家的客商赠送礼物可适当地贵重一些。

4. 注意礼品的暗示作用，不要因送礼品造成误解

正确地选择礼品，对促成谈判成功往往有意想不到的效果。选择时，既要考虑到对方的文化、习俗、爱好、性别、身份、年龄等因素，又要考虑礼品本身的思想性、艺术性、趣味性和纪念意义，还需注意避奢脱俗，正如世界一位著名的礼节专家所讲的那样，礼物应当是"创造性"的，应是为对方所喜欢并能接受的。

(二)礼物的包装

包装是礼物的外衣，把礼物精美的包装起来，可表示送礼人把送礼作为很隆重的事情，以此表达对授礼人的尊敬。重视包装要做到以下两点：一是包装所用的材料，要质地优良；二是在礼品包装纸的颜色、图案、包装后的形状、缎带的颜色和结法等方面注意尊重授礼人的文化背景、风俗习惯和禁忌。

图 3-9

(三)送礼时机

礼物什么时候送，这是非常重要的，它可以使馈赠显得亲切、自然，充分表达热情。

节假日：遇到我国传统节日如春节、中秋节等都可以送些适当的礼物表示祝贺。

喜庆嫁娶：遇到乔迁新居、结婚等喜庆日子，一般应备礼相赠，以示庆贺。工作上的交往中也有些喜庆日子，如开业典礼、周年纪念等，备礼相送表示祝贺与纪念，可以增进社会交往关系。

探视病人：可以到医院或病人家中探望，带去病人喜欢的水果、食品和营养品等，表示问候与关心。

感谢帮助：在生活或工作中遇到困难得到别人帮助时，可以送些礼品表示感谢。

考虑赠送礼品的地点时要注意公私有别。一般来说，工作中赠送的礼品应该在公务场合送，如在办公室；私人交往中赠送的礼品，应在私人居所赠送，而不宜在公共场合赠送。

(四)赠礼礼仪

礼品最好亲自赠送，介绍礼品，加深感情。如果因故不能亲自赠送，要委托他人转交或邮寄时，应附上一份礼笺，注上姓名，并说明赠礼缘由。

赠礼时，态度要平和友善，举止大方，双手把礼物送给受礼者，并简短、热情、得体地加以说明，如有必要可对礼品稍作介绍，表明送礼的原因和态度。

另外，对自己送去的礼品，不应自贬，“顺路买的”、“随意买的”等，没必要说明，会让对方产生不被重视的误会。

(五)授礼礼仪

一般情况下，对他人诚心诚意赠送的礼品，应该大大方方，欣然接受。

作为受礼人，双手接过礼品时要表达谢意，而不能显得无动于衷，或随手放在一旁。受礼人应双手接受礼物，然后伸出右手，同对方握手，并向对方表示感谢。

如果条件允许，受赠者还可当面打开欣赏一番。这样做符合国际惯例，它表示看重对方，也很重视对方赠送的礼品。礼品启封时，要注意动作文雅，不要随手乱扔包装用品。受礼者要采取适当动作对礼品表示欣赏之意并加以称道，然后将礼品放置到适当之处。

“礼尚往来”是我们中国人世代相传的传统美德。接受别人的馈赠后，除办丧事等特殊情况不宜立即还礼，一般都要尽快还礼，或等适当机会给予回赠。

小资料：送礼在阿拉伯

阿拉伯人对送礼有独特的见解。向阿拉伯人送礼要尊重其民族和宗教习俗，不要送古代仕女图，因为阿拉伯人不愿让女子的形象在厅堂高悬；不要送酒，因为多数阿拉伯国家明令禁酒；向女士赠礼，一定要通过她们的丈夫或父亲，赠饰品于女士更是大忌。

阿拉伯人认为不让他们表示自己的慷慨大方是不恭的，这会危害到双方的关系。送给他人的礼品一般都是贵重礼品，同时也希望收到同样贵重的回礼。他们喜欢丰富多彩的礼品，喜欢“名牌”货，在阿拉伯国家，中国的工艺品很受欢迎，造型生动的木雕或石雕动物，古香古色的瓷瓶、织锦或香木扇，绘有山水花鸟的中国画和唐三彩，都是馈赠的佳品。

●●●● 实训项目

旅游服务礼仪

【实训目的】 通过演练，纠正对客服务中不正确的礼节，掌握正确、优雅的见面礼和交际礼仪，以便更好地为宾客服务。

【实训内容】 学生自由分组，然后每组根据宾客接待、拜访、宾客宴请服务等内容自己设定一情景，情景内容包括接待中出现的微笑、点头、手势礼、引座、握手、鞠躬、递名片等礼节，也包括家庭拜访等礼仪活动来进行节目编排。

【实训步骤】

1. 学生每5～10人进行自由组合。

2. 每小组确定相应的模拟主题。

3. 课后进行节目编排准备，每组根据自己准备的内容进行模拟表演。

4. 教师及台下同学对表演者的表演情况进行点评。

同步测试

一、单项选择题

1. 介绍两个人认识时，正确的顺序应为(　　)。

A. 把男士介绍给女士，把上级介绍给下级

B. 把男士介绍给女士，把下级介绍给上级

C. 把女士介绍给男士，把上级介绍给下级

D. 把女士介绍给男士，把下级介绍给上级

2. 握手有伸手先后的规矩：(　　)。

A. 晚辈与长辈握手，晚辈应先伸手

B. 男女同事之间握手，男士应先伸手

C. 主人与客人握手，一般是客人先伸手

D. 电视节目主持人邀请专家、学者进行访谈时握手，主持人应先伸手

3. 呈递名片中不正确的说法是(　　)。

A. 只能用右手呈递

B. 要将名片正面朝向接受方

C. 接受的名片应放到名片夹或上衣口袋中

4. 电话铃声响后，最多不超过(　　)声就应该接听。

A. 一声　　B. 两声　　C. 三声　　D. 四声

5. 下面哪项不是商务交往名片三不准的内容？(　　)

A. 名片不能随便涂改　　B. 名片上不提供私宅电话

C. 名片上不印制两个以上的头衔　　D. 名片上不准印名言警句

二、简答题

1. 握手方法是怎样的？握手时要注意哪些礼节？

2. 接、听电话的程序和礼仪要求是怎样的？

3. 结合实际，谈谈掌握日常交际礼仪的意义。

三、案例分析

在一次老同学聚会上，几十年未见面的老同学畅谈各自的人生经历。他们中已有很多人事业有成，有的子女很有出息。这时，他们纷纷拿出名片互相递送。聚会即将结束时，大堂副理小吴走上前去，向这些老同学们要名片。拿到名片后，小吴马上把名片放进裤袋。

问题：小吴拿到名片后的做法对不对？

第四章
酒店接待与服务礼仪

学习目标

知识目标：

熟悉酒店前厅部各岗位及礼仪要求；熟悉酒店客房部各岗位及礼仪要求；熟悉酒店餐饮部各岗位及礼仪要求

能力目标：

运用所学知识熟练运用酒店前厅部、客房部、餐饮部对客服务礼仪

本章知识体系

第一节　前厅部接待与服务礼仪

一、迎宾员接待服务礼仪

(一)迎宾员的主要职责

(二)迎宾员在接待服务中应遵循的礼仪规范

二、行李员接待服务礼仪

(一)行李员的主要职责

(二)行李员在接待服务中应遵循的礼仪规范

三、总台服务员接待服务礼仪

(一)接待员在接待服务中应遵循的礼仪规范

(二)问讯员在接待服务中应遵循的礼仪规范
(三)电话总机服务礼仪
(四)结账礼仪
(五)商务中心服务礼仪
第二节 客房服务礼仪
一、客人入住服务礼仪
(一)客人抵达前准备服务礼仪
(二)客人到店迎接服务礼仪
二、客人住宿服务礼仪
(一)客人入住后的针对性服务礼仪
(二)客人接待服务礼仪规范
三、客人离店服务礼仪
第三节 餐饮部服务礼仪
一、订餐服务礼仪
(一)微笑服务
(二)餐饮介绍
(三)填写订餐单
二、餐前准备阶段服务礼仪
(一)整理好个人卫生
(二)完善餐厅环境
(三)备好服务用具
三、迎宾服务礼仪
(一)迎宾前准备
(二)迎宾员语言礼仪
(三)引位灵活机智
(四)为客人拉椅让座
四、值台服务礼仪
(一)迎宾细致周到
(二)敬茶献巾
(三)恭请点菜
(四)接受点菜
(五)斟酒
(六)上茶
(七)结账服务礼仪
(八)送客服务礼仪
五、西餐零点服务礼仪
(一)值台服务
(二)传菜服务
(三)上菜服务
(四)撤盘服务

【引例】曼谷东方饭店员工的特异功能

有一次，一位香港客人到曼谷，刚下飞机，酒店机场代表前来迎接。一见面，机场代表就说：××先生，您好！要是我没记错的话，您有一年多没来我们饭店住了，是不是我们服务不好，什么地方得罪您了？他赶紧回答：不，不，饭店很好，主要是这段时间在泰国没有业务，来泰国肯定住你们饭店！……

到达饭店以后，从门童到总台接待员，再到客房服务员，见到他都像见到老朋友一样，第一句话都是××先生，您好！这一切都令这位香港客人好惊奇又好感动，他想：他们怎么都知道我的姓名呢？我多长时间没来酒店他们都知道。但不管怎么说，这一点令人感到高兴，就像回到家里一样。

【引例分析】学者马斯洛的需要层次理论认为，人们最高的需求是得到社会的尊重。当自己的名字为他人所知晓就是对这种需求的一种很好的满足。在饭店及其他服务性行业的工作中，主动热情地称呼客人的名字是一种服务的艺术，也是一种艺术的服务。

酒店最基础的服务理念是：微笑待人、顾客至上。然而如何能在这个基础上加以提升。在接待客人时，需要注重哪些细节，这就要提出酒店服务礼仪的概念了，把服务礼仪运用到酒店服务中来无疑是为酒店服务注入了新的动力，是更新一个层次的创新。所以优质服务不是简单的服务技巧和操作规范的艺术高低，而是发自内心的服务愿望。

酒店服务礼仪是酒店深层文化的重要表现，它是指在酒店服务工作中形成的服务者与宾客之间的相互敬重、亲善友好的行为规范。酒店接待服务礼仪主要表现在全心全意为宾客服务的思想，尊重关心宾客与宾客至上的理念，讲求接待服务的方法和艺术，从而使宾客认可和满意酒店的服务。

小资料：什么是“SERVICE”？

服务“SERVICE”中每一个字母的含义代表着对接待人员行为规范的要求：

S——Smile(微笑)：服务员应该对每一位宾客提供微笑服务。

E——Excellent(出色)：服务员将每一服务程序，每一微小服务工作都做得很出色。

R——Ready(准备好)：服务员应该随时准备好为宾客服务。

V——Viewing(看待)：服务员应该将每一位宾客看作是需要提供优质服务的贵宾。

I——Inviting(邀请)：服务员在每一次接待服务结束时，都应该显示出诚意和敬意，主动邀请宾客再次光临。

C——Creating(创造)：每一位服务员应该想方设法精心创造出使宾客能享受其热情服务的氛围。

E——Eye(眼光)：每一位服务员始终应该以热情友好的眼光关注宾客，适应宾客心理，预测宾客要求及时提供有效的服务，使宾客时刻感受到服务员在关心自己。

第一节　前厅部接待与服务礼仪

前厅是指进入酒店大门后到酒店客房、餐饮等其他部门之间的公共区域，包括前厅区域和总服务台。前厅部的服务贯穿酒店对客服务的全过程，因此，接待服务礼仪的学习和运用对做好前厅部对客服务工作是非常重要的。

一、迎宾员接待服务礼仪

(一)迎宾员的主要职责

迎宾员是酒店各岗位与宾客接触的第一人，代表着酒店的“门面”。其主要职责是负责宾客进出大门以及机场、车站、码头的迎送工作。

(二)迎宾员在接待服务中应遵循的礼仪规范

1. 仪容仪表

迎宾员应着制服上岗，站在正门便于环视宾客和车辆出入的地方。服装应整洁挺括，站姿应挺直，精神饱满，不可环手叉腰、弯腿、靠物。在岗时应保持以下姿势：双手自然下垂，两眼平视前方，双脚自然张开与肩同宽，挺胸收腹，表情自然，面带微笑。

图 4-1

2. 迎送宾客

(1)凡来酒店的车辆停在大门口时，要立即主动迎上，距离来车 10 米时，身体微向右侧，注视来车，右手侧举呈 90 度，手掌张开，五指并拢，左手上举至胸部位置，引领驾驶员在恰当的位置停车。

(2)观察车内情况，迅速为客人开启车门，一只手拉开车门，以不挡住客人下车又便于打开车门为标准，将门开至最大限度；另一只手伸至车门框下沿，防止宾客碰头。要注意的是，佛教及伊斯兰教因其教规、习俗所致，不能为其护顶。如果客人乘坐的是出租车，应等客人付账后再拉开车门。前、后排均坐人时，应先开右后车门。

(3)欢迎来店的每位宾客，热情问候：“您好，欢迎光临”；对熟悉的客人应以姓氏加职务问候，如“您回来了，李先生!”大批客人进门时，应提高工作效率，同时要不厌其烦的向宾客微笑，点头示意，尽可能使每位宾客听到问候声。

(4)宾客下车时应迅速检查是否有遗留物品，然后用力适度的关好车门。当宾客有行李时，迅速示意行李员，并协助行李员卸下行李并疏导车辆，保证门前道路畅通无阻。用手示意宾客“请进”。

(5)宾客外出时要主动为宾客联系车辆。宾客离店时应替宾客打开车门，并等宾客坐好后再关车门，切不可用力太猛。车辆即将开动时应站在车的斜前方约1米处，上身前倾约15度，目送宾客，举手示意，或说“欢迎您再来”等。当重要宾客车辆抵达或离开时应先行安排、重点照顾。

(6)在车站、机场、码头迎送宾客时，酒店应制作接机、接站标志牌。接站、送站车辆规格应符合宾客实现要求。接站人员应提前抵达指定地点迎候宾客，举拿接站牌，站姿端庄，微笑目视出站口。见到宾客应主动问候，应正确称呼宾客姓名或职务，并得体的进行自我介绍。

课堂小案例：先拉前门还是后门

在一个秋高气爽的日子里，迎宾员小贺，着一身剪裁得体的新制服，迈着轻快的步伐，第一次独立地走上了迎宾员的岗位。一辆白色高级卧车向饭店驶来，司机熟练而准确地将车停靠在饭店豪华大转门前的雨棚下。小贺看清车后端坐着两位身材魁梧体格健壮的男士，前排副驾位上坐着一位身材较高且眉清目秀的女士。小贺一步上前，以优雅姿态和职业性的动作，为客人打开后门，做好护顶姿势，并目注客人，致以简短欢迎词以示问候，动作麻利规范，一气呵成，无可挑剔。关好后门，小贺迅速走到前门，准备以同样的礼仪迎接那位女士下车，但那位女士满脸不快，使小贺茫然不知所措。

【分析】迎宾人员在为客人提供开车门服务时，应遵循基本的服务规范，及先开司机右后边的车门，但有女士的情况下，应本着以“女士优先”为原则为客人提供服务。

3. 其他相关服务

(1)认真、负责的回答宾客问询。对于来访客人，同样以礼相待，按来访客人的接待规定安排妥当。

(2)协助安保人员做好安全防范工作。密切观察出入酒店大门的人员动向，对于衣冠不整者，以婉言劝离；对于形迹可疑者，应引起警觉，及时通知有关部门。

二、行李员接待服务礼仪

(一)行李员的主要职责

行李员主要负责宾客的行李运送及保管，为住店客人递送邮件、物品等服务。行李员应等候在前厅，随时准备为客人服务。

(二)行李员在接待服务中应遵循的礼仪规范

1. 仪容仪表

着装整齐，仪态端庄，按照站姿的规范要求，精神饱满，思想集中，立于大厅中便于看到宾客的地方。

2. 迎送行李服务

(1)宾客抵达时，热情相迎，微笑问候。主动帮助宾客提行李，同时问清行李件数，记录送客的出租车牌号，交给宾客。若宾客坚持自携行李，应尊重其意愿。在推车装运时，要轻拿轻放，不能扔或重压，以免引起宾客的不快。

(2)陪同宾客到总服务台办理入住手续时，应在宾客身后1米外等候，并看管好宾客的行李。

(3)引领客人到客房时，要走在宾客左前方两三步处，随着宾客的进行节奏，遇到转弯或酒店的相关部门(如餐厅)时，要微笑以引导手势示意。引导手势的要点为：以右手或左手抬至一定高度，四指并拢，掌心向上，以肘部为轴，朝一定方向伸出手臂。

(4)搭乘电梯时，若有电梯员，则遵循后上后下原则，若电梯比较拥挤，应后上先下；若没有电梯员，则先上操纵电梯，后下以控制电梯门。总之，无论遇到何种情况，都应遵循尊重宾客、方便宾客的原则。

(5)进入房间后，行李员要将行李轻放在行李架或宾客指定的位置，应将箱子的正面朝上，箱子把手朝外，方便宾客取用，同时请宾客核对，确认无误后，可简单介绍房内设施，尤其是本酒店与众不同的设施。询问宾客有无其他要求，并耐心回答宾客的询问，宾客表示没有其他要求之后，应迅速离开。离开房间时应面对宾客，可以边退向房门边说："请好好休息，再见"直到打开房门，退出房间，轻轻关门，全过程都不应背对宾客。

(6)宾客要退房离开时，行李员在接到搬运行李通知后应立即赶到，进入客房前无论房门开闭，均要按门铃或敲门，得到允许后方可进入。当与宾客一起清点过行李后，即可携带行李，并运送到指定地点；如果宾客跟行李一起走，提醒宾客不要遗忘东西，并在宾客离开房间时，将房门轻轻关上，协助宾客安顿好行李，并向宾客热情告别。

案例阅读：行李箱上面的小轱辘不见了

事情发生在英国的辛顿克罗饭店内。一位住店客人准备离店，行李员到该客人房间取走三件行李，用车推到前厅行李间以后才绑上行李牌，等待客人前来点收。当客人结好账，当行李员准备搬上汽车，要客人清点时，那位客人忽然发现了什么，于是很不高兴地指着一只箱子说："这只箱子上面的轱辘被磕掉了，我要你们饭店负责！"

行李员听罢感到很委屈，于是辩解道："我到客房取行李时，你为什么不讲清楚，这只箱子明明原来就是坏的，我在运送时根本没有碰撞过呀。"客人一听就恼火起来："明明是你弄坏的，自己不承认反而咬我一口，我要向你的上级投诉。"

这时前厅值班经理听到有客人在发脾气，于是马上走过来向客人打招呼，接着耐心听取客人的指责，同时仔细观察了箱子受损的痕迹，然后对客人说："我代表饭店向您表示歉意，这件事自然应该由本店负责，请您提出赔偿的具体要求。"客人听了这话，正在思索讲些什么的时候，前厅值班经理接着说："由于您及时让我们发觉了服务工作中的差错，非常感谢您！"客人此时感到为了一只小轱辘，没有必要小题大做，于是保持沉默，这时前厅经理便顺水推，和行李员一起送客人上车，彼此握别，了结一桩行李受损的公案。

【评析】值班经理的做法是比较明智的。在没有搞清楚箱子究竟为何受损的真相之前，主动向客人表示承担责任，把"对"让给客人，把"错"留给自己，在一般情况下，客人并不至于因此得寸进尺。客人越是"对"，饭店的服务也就越能使客人满意，从这个意义上理解，客人和饭店大家都"对"了。

三、总台服务员接待服务礼仪

图 4-2

(一)接待员在接待服务中应遵循的礼仪规范

1. 仪容仪表

接待人员应着装整齐，仪容端庄，优雅站立，精神饱满地恭候宾客的光临。

2. 预订入住接待服务

(1)宾客朝总台走过来时，应面带微笑以眼神迎接。宾客来到时应热情问候招呼“您好，欢迎光临”！“请问您有预订吗?”遇到客人较多而工作繁忙时，要按顺序依次办理住宿手续，并兼顾等候的客人，不时向等候的客人说“让您久等了，很抱歉”等，减轻宾客在等候时的烦躁不安。

(2)请客人填写住宿登记单时，登记单的文字要正对客人双手递过去，验看、核对客人的证件与登记单要有礼貌，确认无误后，要立即双手交换证件，并表示感谢。看过证件后，留意记住客人姓氏，并在接下来的服务环节中，称呼客人姓氏。尊重客人，给客人家的感觉和个性化服务的表现。

(3)将房门钥匙交给客人时，应亲切地说“××先生(女士)，您的房号是××，祝您愉快!”如果酒店已无空房，应首先向客人表示道歉，并马上帮助联系附近其他酒店，帮助客人预订好房间。

(4)如果宾客通过电话等方式预订房间，应认真记录客人要求，并向客人复述一遍，以免遗漏或出现差错。订房后应信守契约，待客人到达时，切实做到按照预订要求进行安排。如有各种原因出现订房纠纷，要特别注意礼貌，对客人耐心解释，并深表歉意，如是客人的责任，则牢记“客人是上帝，得理也让人”的宗旨，妥善处理。

课堂小案例：没有空房

某饭店的接待高峰为了保证饭店的经济效益，一连几天前台都实行了超额预订。一个下雨天，一位来自北京的客人要入住饭店，可是他没有提前预订房间，而且此时饭店房间已全部出租，没有空余的房间。当前台服务员向客人解释时，客人却不理睬。这位客人提着行李在大堂大喊大叫，说自己第一次来哈尔滨又冒着大雨，是因为公司与饭店签了协议才来的，因此是不会走的。这时大堂副理走过来，将客人引领到大堂副理工作台前，细心地与客人解释，可这大雨天也得让客人有地方住才行，最后大堂副理打电话与同星级的酒店联系，终于在附近的饭店找到了一间房，价格相近，之后又经请示派出饭店的车辆将客人送至附近的饭店，这时客人的气儿才消了。大堂副理将客人安顿好后，北京的客人对大堂副理说他对饭店的服务感到非常满意，并承诺，下个月来时会提前预订房间。

【分析】处理订房纠纷是一件复杂、细心的工作，有时甚至很棘手，前台接待员要注意平时多积累经验和技巧，善于把握客人的心理，既要耐心而有礼貌地向客人做好解释工作，又要使其接受现实，最重要的是帮助客人妥善安排住宿，解决客人的燃眉之急。

(二)问讯员在接待服务中应遵循的礼仪规范

问讯员的主要任务是接待问讯和提供查询服务、处理宾客邮件、提供留言、保管客房钥匙以及其他委托代办服务。

问讯工作多而杂，问讯员应在掌握大量信息的基础上，明确职责，熟悉业务，以更快捷的方式为客人提供服务。

1. 聆听客人的要求

仔细聆听客人要求，必要时要做适当记录；未听清楚之处要向客人说明。

判断事情的可能性，能够办到的给客人以满意的答复；解决难度大的要事先告知客人，并表示将尽力而为；涉及费用等问题时，应事先告知客人，并请客人预付足够的费用；征询客人终止时间，如果在规定时间内难以解决应及时与客人商量。

2. 向客人道别

向客人说“再见”，表示将尽力按其要求完成，目送客人离开。如果是电话问讯，问题处理完毕后，请客人先挂机。在“委托代办记录本”上详细记载代办事宜及预收情况，并请值班员签名。

3. 答复客人

电话通知客人问题已经解决；如果需要将物品送交客人，应明确请客人在房间等候；耐心回答客人问讯。

及时将物品交到客人手中，请客人验收，必要时向客人介绍大致情况，如果客人不在房间，应在总机和楼层服务台分别留言，贵重物品一定要当面交到客人手中，在“委托代办记录本”处理栏上记载问题解决情况，值班员签名。

(三)电话总机服务礼仪

电话总机服务员的主要任务是转接电话，代客留言、电话查询和叫醒服务。电话总机服务员虽然不与宾客直接见面，但通过声音的传播反映饭店热情、负责任的服务态度。总机服务员的语言艺术和操作水平决定着话务服务质量，影响着宾客内外沟通的效果。

1. 业务熟练

掌握国际国内和店内有关的电话号码，为客人接线动作要快而准。接线中服务语言要简练，以节省客人时间。

2. 语言准确，用词得当

声音轻柔甜润，态度亲切诚恳，要避免使用“我不知道”、“我很忙”、“听不到”等不耐烦用语和语气；应常用“请稍后”、“立即为您接听”、“对不起，他不在，请稍后再拨”等。

图 4-3

3. 遵循电话礼仪

铃响三声内接听，接听后，问候并以中英文报酒店名称。超过三声后，接听电话要首先致歉，再为客人提供相关服务。

4. 代客留言认真负责

在总机操作台上，为客人打开留言灯，以便客人回房时及时看到。如果是急事，应马上联系客人或直接将留言送到客人房间，为客人提供及时、高效的服务。做留言时，一定要认真听清并做好记录，复述再确认，以避免差错。客人休息时间接线时要看记录上是否有客人留言说明，判断打扰客人休息是否合适。

5. 叫醒服务操作严谨

客人因为计划安排，需要总机提供叫醒服务。接受要求时，要详细填写叫醒记录单，问清姓名、楼层、房号、电话号码和叫醒的准确时间。叫醒客人时应说："早上好，现在是×点钟"。如无人接听电话，可隔两三分钟再叫一次，三次无人接听需通知楼层直接叫醒。

小资料：总机日常英语用语

1. 请问您贵姓？对不起，请您重复一次好吗？

May I have your name? /Would you give me your name? I beg your pardon?

2. 对不起，因线路问题我听不清楚您说话，请重新打一次好吗？

I'm very sorry. I can't hear clearly. Could you call it again?

3. 对不起，我们在酒店的名单上找不到客人的名字。

I am sorry. We can't find the guest name on our hotel list.

4. 介意我把电话转接到接待处让他们为您查一下，好吗？

Would you mind connecting the line to reception to check it?

5. 我再帮您查一下，请稍等。

I will check it for you again. Just a moment please.

6. 请您重复一遍您说的，好吗？

Could you repeat what you said? / I beg your pardon?

7. 请稍等，我将为您转接。

Wait a moment, please. I will connect/transfer it for you.

8. 您好，先生。这里是总机，您有一个外线电话，介意我接入您的房间吗？

How are you, sir? This is the operator. You have an outside line. May I put it through?

9. 对不起，先生，他的电话占线，请您稍后再拨。

I'm sorry, sir. The line is busy now, Could you please call back later.

10. 对不起，先生，电话无人接听，请您稍后再拨或留言。

I'm sorry, sir. Nobody is answering, Could you please call back later or leave a message.

(四)结账礼仪

结账服务过程中应注意：客人来总台付款结账时，服务要迅速准确，切忌漫不经心，让客人久等。客人住店时间要当场核对，收款项目当场说清。如遇结账客人比较集中时，要礼貌示意客人依次等候，以免引起结算的差错。结账完毕，员工应向客人礼貌告别："谢谢，欢迎您再次光临，再见。"

提供外币兑换服务礼仪，要礼貌对待客人，主动打招呼。客人要兑换外币时，应请其填写兑换单，经认真复核后，兑换员必须对兑换数目当面点清。

小资料：酒店收银处外币兑换业务

酒店为了方便宾客，受中国银行委托，根据国家外汇管理局公布的外汇牌价，代办外币兑换业务。目前国内饭店外币兑换处承兑的外币种类有美元、日元、欧元、英镑、澳大利亚元、加拿大元、新加坡元、港元、澳门元等15种。

前厅收银员提供外币兑换业务时应注意向客人出示兑换牌价，记录客人的房号和姓名，请客人填写外币兑换水单，并提醒客人妥善保存好水单。向客人当面清点现金后，将现金和一联水单交给客人。

(五)商务中心服务礼仪

多数酒店为了方便客人，满足客人进行商务活动的需要，设立商务中心满足其商务需求。一些豪华酒店在行政楼层设有较完备的商务设施设备。主要服务项目有：打字、复印、发送或接收传真、票务处理、电传、电报等：商务中心工作人员礼仪要求为：服饰整齐、仪态大方、坚守岗位、微笑服务，提供高效、准确、优质的传真、打字、快递及翻译等服务；具备外语和秘书工作知识，本着"信誉第一，宾客至上"的原则，对客人高度负责，绝对尊重客人的意愿，不泄露宾客机密。

第二节　客房服务礼仪

酒店客房服务礼仪是指在酒店服务工作中形成的，并得到公众认可的礼节和仪式。主要体现在礼貌服务，宾客至上层面。客房部员工良好的服务会给宾客宾至如归的感觉，从而更好地树立酒店和个人的形象。客房服务礼仪主要表现在尊重、关心宾客，讲究接待服务的方法和艺术。

一、客人入住服务礼仪

(一)客人抵达前准备服务礼仪

客房礼貌服务的过程同时也是客房实现优质服务的过程。接待服务礼仪应以客人的需求为基础。在客人抵达之前，要做好的工作如下：

客房服务人员要提前进入工作状态，讲究仪表仪容的修饰。按照规定着装，佩戴好工作号牌，整洁自然，端庄大方。

掌握客情：客人到达前，要根据前厅送来的宾客名单或住宿通知单了解客人的姓名、房号、生活习惯、禁忌、爱好、宗教信仰等情况，以便在接待中提供针对性的礼仪服务。

整理房间：客人预订的房间，要在客人到达前一小时整理好，保持清洁卫生安全。设施设备、摆设要齐全完好，生活用品要充足，符合客房等级规格和定额标准。

检查房间设备、用品：房间整理完后，管理人员要全面检查房间的设备和用品，特别是对 VIP 客人的房间要逐项检查。

调好客房空气温湿度：客人到达前要根据气候和不同地区的实际需要，调好房间的温度和湿度，保持空气清新，温度应保持在 22℃～24℃。

准备好香巾和茶水：客人入住前，服务人员要根据入住通知单，提前准备好香巾、茶水，以便客人入住后及时服务。

小资料：VIP 房间的布置与要求

1. 房间卫生

VIP 入住前一天，客房部应准备好房间的卫生以及所有物品的摆放和各项服务的标准要求、人员安排等，客房卫生要求全面大整房，房间不能有异味，注意死角卫生，房内各显示器的时间是否一致等细节内容，特别是高位置的卫生，如天花板、喷淋、电视柜、冷气出风口等要重点查验。检查酒水的保质期和易耗品的保质有效期和布草清洁情况。布草要求无渍无皱，不能有线条。VIP 房卫生做好后，领班、主管、经理要全面检查保证质量。VIP 入住前应开大冷气，布草如太皱要用熨斗烫平。VIP 每外出一次清理一次房间和补充物品。

2. 鲜花

鲜花要求不要过于夸张但一定要安排精美，男士入住的房间摆放康乃馨就可以，要求梳妆台和吧房都摆放，不能摆放有土的盆栽或鲜花在房内，如女士入住一般都要求摆放红玫瑰，房间和吧房都一样。如入住的是套房，茶几也应该摆放花盆(插花)，但不能太大(方便和水果一起摆放)，因 VIP 入住时有欢迎花送，所有每间 VIP 房应准备好一个大花瓶方便客人入住后，将欢迎花束插好，摆入房间(花瓶可预先放在房间里)。

3. 水果

因VIP均是一人住一间房，所以送宾客的水果不能过于大份，但一定要精致，不能过于普通，一般用水晶碟包便可以，然后要用保鲜纸包好，小碟四个或两个，刀叉各两套，刀叉也要用保鲜纸包好，以示干净、消毒。小碟要摆放两张纸巾(水果的品种如葡萄、西梅、山竹等上等水果，应扒皮，清洁)。

4. 浴袍要在袖口带上织有VIP的姓名(注：信封上也要烫金印有VIP姓名)，房间内只摆一件便可。

5. 浴盐要有三种颜色(黄、蓝、粉红等)。

6. 写字台柜要求摆有文具用品，如订书机、起钉机、小剪刀、直尺、铅笔刨、透明胶、综合色笔、墨水笔、回形针、涂改液等。

7. 传真机、电脑等要正常使用，并放置使用说明书。

8. 电视设在开机状态。

图 4-4

(二)客人到店迎接服务礼仪

客人来时的迎接服务是客房礼貌礼仪工作的开始，它以客人到达该楼层为标志，以主动、热情的欢迎客人为重点，迎接时做到态度热情、语言亲切、举止大方、服务主动，给客人以宾至如归的感觉。

客人乘坐电梯抵达时，楼层服务员在电梯口迎接，主动向客人问好说："先生(小姐)，一路辛苦了，欢迎您入住我们酒店。"如果是常客，服务人员应直接道出客人姓说："×先生(小姐)，很高兴我们又见面了。"打招呼之后引导客人下电梯，主动接下客人的行李。对客人随身携带的手提包或小件物品，在征得客人同意后再帮助客人提取。贵重行李要做到轻拿轻放。

客人进入客房后，服务员要根据客人的人数和要求，送来香巾和茶水，让客人产生亲切感。简单介绍客房的主要设备，酒店服务项目、服务时间，包括空调开关、闭路电视节目时间，传呼服务员的按钮和使用方法，各餐厅主要经营风味、楼层和开餐时间。

介绍宾客住店须知和酒店情况。介绍时简洁明了。如果是接待团队大批客人，应集中人力具体分工，分别迎接客人。服务项目和宾客须知介绍完毕后，服务人员应询问客人：

“还有什么地方能为您服务的吗?”然后告别，祝客人住宿愉快，后退一步，再转身亲手将门关上。

二、客人住宿服务礼仪

(一)客人入住后的针对性服务礼仪

1. 熟悉客人的身份

一位优秀的服务员首先必须熟悉自己的服务对象，熟悉的内容包括：客人的国籍与职业、客人的外貌特点、与众不同的习惯或动作、服务人员尽可能在第二次见到自己服务的对象时，能正确地道出客人的姓名。

2. 观察客人的嗜好忌讳

服务员通过观察客人的嗜好忌讳可以更好的掌握客人的需求，做到主动热情、服务周到，如宗教信仰和生活习惯不同，有的客人爱喝红茶或绿茶，有的客人只喝咖啡，欧美人忌讳“13”这个数字，忌讳“星期五”，泰国人忌讳睡觉朝西等，服务人员都应该有所了解，在服务过程中通过观察，提前做好准备工作，有针对性提供礼仪服务。

图 4-5

课堂小案例：尊重客人的信仰

在一次印度官方代表团前来我国某城市进行友好访问时，为了表示我方的诚意，有关方面做了积极的准备，就连印度代表团下榻的饭店里，也专门换上了舒适的牛皮沙发。可是，在我方的外事官员事先进行例行检查时，这些崭新的牛皮沙发却被责令立即撤换掉。原来，印度人大多信仰印度教，而印度教是敬牛、爱牛、奉牛为神的，因此，无论如何都不应当请印度人坐牛皮沙发。这个事例表明，酒店服务人员是很有必要掌握一些宗教礼仪。

3. 注意客人身体变化

客人住店期间，人地生疏，服务人员要注意客人身体的变化，对年老体弱的客人尤其要加倍关心，对身体有病的客人要热情照顾。这样不仅可以容易有针对性提供服务，而且可以获得客人的长期好感，客人觉得自己受到尊重。

4. 掌握客人的特殊要求

住店客人的习惯不同，他们除了需要日常生活服务以外，还会有一些特殊要求，如客人生日、朋友聚会、结婚纪念日、宾客节假日等。因此客房服务人员在了解这些特殊需求的同时，应注意适时、适当的介绍酒店的其他服务设施。例如，客人利用客房开小型洽谈会，服务人员可以推荐到酒店的会议室，客人的生日聚会可以在餐厅、包房或酒吧等处进行。

课堂小案例：开不开空调

杭州某饭店大堂内20位客人集中在大堂副理面前，要求立即开启空调。原来这是与饭店合作的中旅马来西亚旅游团的客人。他们大多数是第一次来到中国。客人投诉房间太闷热，他们在国内时旅行社承诺是住四星级酒店，而在他们的理解中，四星级酒店就应该开空调。这下大堂副理犯难了，在接待这批客人之前，有一个荷兰来的80人退休教师团领队，刚找大堂副理反映过房间内太凉，希望能开暖气，这批退休教师多60岁以上，身体不是很好(当时室内温度是18℃，室外温度是15℃)。现在不开空调尚且如此，更不要提开了冷气会导致什么后果。可是马来西亚客人一副不开冷气誓不罢休的架势，又让大堂副理不知所措。大堂副理应如何同时解决两批客人截然相反的要求呢?

【分析】满足单方的要求或者大部分客人的要求不是解决问题的最好办法，饭店要尽量做到两全其美。妥善的处理措施是既不开暖气，也不开冷气，而只是保持信风入室。同时通知两个团队的领队，如还有客人嫌太热或太冷，可以给客人房间加毛毯或送鸿运扇、冰块。如有必要，可开启一些房间的窗户，让自然风把室内温度降下来，并通知值班工程师将电子测温仪拿到房间实地测量，以保证客人适宜的温度。春秋季应是酒店节约能源的最佳时机，而合理的措施和耐心的解释往往比较奏效，既能满足双方客人的基本要求，又为饭店节约了大量的成本。

(二)客人接待服务礼仪规范

1. 进入客房的礼仪

当服务人员要进入客房时，进房前一定要先敲门，正确的敲门方法是：用食指关节，力度适中，缓慢而有节奏的敲门。

敲门每次一般为三下，敲两次，如果按铃，应在三下之间稍稍停顿，不可按住不放。门已开或者客人开门，要有礼貌的向客人问好，在征得客人容许后方可进入。如果房间内无人应答，服务人员进门后发现客人在房间里或在卫生间里，若客人衣服穿戴整齐，应立即向客人问好，并征询客人意见，是否可以开始工作；若客人衣冠不整应马上道歉，退出房间，把门关好。

若房间门上挂着"请勿打扰"牌时，服务员不应打扰。若挂"请勿打扰"牌超过下午两点，客房服务员应通知客房部主管或大堂副理，打电话询问客人并约好整理房间的时间。若房间内无人接电话，则有客房部主管、大堂副理、保安人员一起开门进房。如有异常现象，则由大堂副理负责协调处理。若客人忘记取下"请勿打扰"牌，客房服务员可以安排客房清理，并留言告诉客人。

2. 客房整理服务礼仪

(1)恰当的服务时间

客人整天在房间内不愿意整理房间时，客房服务员首先应了解原因。如果客人因要休息而不愿意整理房间，应主动征求客人意见，最好能按约定时间安排整理。如果客人不是因为要休息，而有异常行为，应通知领班及保安部，同时密切注意该房动静。

(2)尊重的服务理念

清扫房间时，尽可能在客人外出吃饭或办事时进行；整理房间时，若客人还在房内，服务员应礼貌询问客人此时是否可以整理房间。要做好各项准备工作，包括客房当天撤换的棉织品，各种生活用品，清扫工具以及客人早起所需要的物品等，不要进出次数太多，以免引起客人反感。在清理过程中，房门应全打开，动作要轻，要迅速，不要东张西望，不要与客人长谈。如果客人问话，应礼貌注视客人并回答，遇到来访客人，应主动询问客人是否可以继续清理。清理完毕，向客人道谢，并主动问客人是否需要其他服务，再次向客人道谢，然后退回房间，并轻声关上房门。客人自带物品，服务人员不要动用或搬动，以免引起客人投诉。

案例阅读：一双沾满泥土的鞋子

有一天，金陵饭店客房的一位服务员在为一位外国客人做夜床时，发现鞋篓里有一双沾满泥土的脏皮鞋，就用湿布将鞋子擦干净，并上完鞋油后放回原处。这位长住客一连几天从工地回来，都把沾满黄泥的皮鞋放在鞋篓里，而那位服务员每天都不厌其烦地将皮鞋擦得油光锃亮。客人被服务员细致耐心的服务感动了，在第 9 天将 10 美元放进了鞋篓里。服务员照常将皮鞋刷净擦亮，放进鞋篓，而金钱却分文未取。免费提供擦鞋服务使客人佩服之余又有几分不安，因此，一再要求饭店总经理表彰这种无私奉献的精神。

【评析】超值服务是指饭店为客人提供超出其所付费用价值的服务。这种服务会给客人带来意外的惊喜和超值的享受。金陵饭店正是通过这些细致入微而又倾注金陵员工真挚情感的服务，赢得来自世界各地客人的赞誉。

(3)扎实的业务能力

每天整理房间，定时检查和补充客房冰箱内的饮料，凡是客人用过的饮料，要点清数目填好账单，请客人签字。特别是对当天离开的房间要及时清点，防止跑账、漏账。

客房服务员在日常服务过程中，应避免与客人发生口角。如果遇到个别客人有失礼言行和过分举动时，服务人员应保持冷静，有礼有节，不卑不亢，不可采用简单粗暴的方式，必要时请有关部门处理。

(4)洗衣服务

客人通常在前一天晚上将要洗的衣服放在洗衣袋里，由服务人员将衣服送往洗衣房洗涤。当客人需要加快洗衣服务时，服务员应根据宾客要求灵活处理，以满足宾客需要为首要原则。

三、客人离店服务礼仪

离店服务是客房礼貌服务的结尾和延伸。客人离店时的服务工作，既是客人对客房服务的最后印象，又是酒店争取回头客的重要时刻。

服务人员进入客房后要向客人表示问候，征求客人意见，有没有事情需要帮助。有行李的客人，特别是团体客人需要通知行李员帮助客人提送行李。

客人准备离店时要向客人告别，祝客人一路平安，欢迎下次光临。一般将客人送到电梯口，重要客人或老弱病残送到前厅，给予特别照顾。服务员应主动征求意见，以便不断改进服务工作。若发现客人有不满的地方或未尽事宜，要在客人离店之前设法补救。

客人离店后要迅速检查房间，包括枕头下、床头柜、抽屉、衣柜等。检查的目的是看客人有无遗忘、遗留或遗弃物品，客房设备有无损坏，客房用品有无丢失，发现问题后要及时处理。

课堂小讨论：客人离店被阻

北方某宾馆，一位四十来岁的客人陈先生提着旅行包从512号房间匆匆走出，走到楼层中间拐弯处服务台前，将房间钥匙放到服务台上，对值班服务员说："小姐，这把钥匙交给您，我这就下楼去总台结账。"却不料服务员小余不冷不热地告诉他："先生，请您稍等，等查完您的房后再走。"一面即拨电话召唤同伴。陈先生顿时很尴尬，心里很不高兴，只得无可奈何地说："那就请便吧。"这时，另一位服务员小赵从工作间出来，走到陈先生跟前，将他上下打量一番，又扫视一下那只旅行包，陈先生觉得受到了侮辱，气得脸色都变了，大声嚷道："你们太不尊重人了！"

小赵也不答理，拿了钥匙，径直往512号房间走去。她打开房门，走进去不紧不慢地搜点：从床上用品到立柜内的衣架，从衣箱里的食品到盥洗室的毛巾，一一清查，还打开电控柜的电视机开关看看屏幕。然后，他离房回到服务台前，对陈先生说："先生，您现在可以走了。"陈先生早就等得不耐烦了，听到了她放行的"关照"，更觉恼火，待要发作，或投诉，又想到要去赶火车，只得作罢，带着一肚子怨气离开宾馆。

讨论：在查房过程中，服务人员的操作有哪些不妥的地方？

第三节　餐饮部服务礼仪

餐厅服务特点是：服务员直接为客人提供面对面的服务，面广、量大、时间长、需求多。餐厅向客人提供订餐服务、餐前准备、迎宾服务、引领服务、值台服务、结账服务、送客服务，这些工作必须是一环紧扣一环，任何环节脱节都意味着服务失败，因此餐厅服务员之间的协助和及时沟通非常必要。

一、订餐服务礼仪

(一)微笑服务

客人前来订餐要使用服务敬语，微笑服务。对于宾客的问询，要礼貌应答，不清楚或不宜解答的问题要想方设法查清或婉言告知，不能使用否定回答或含混不清的答复。遇有外宾前来订餐，要使用外语进行服务，做好能使用该宾客本国语言进行接待服务。

(二)餐饮介绍

主动介绍餐厅情况、历史发展、设施设备，主动推荐餐厅的菜点、食品。主动介绍餐厅的风味特色；主动明码标价、有针对性的介绍适合宾客口味的餐食供客人选择；主动在就餐时间和方式上方便客人。

(三)填写订餐单

在与宾客达成口头订餐协议后，可请宾客逐项填写订餐单。在填写前对于可能出现的问题要与客人讲清，然后让宾客填写。特别要请宾客写清就餐标准、就餐人数、就餐时间、就餐地点、付费方式、就餐布置及要求，由客人签字。

资料阅读：餐厅接待的五"快"原则

"快"速的微笑。微笑是与客户最好的见面礼，也是最好的个人名片。可以说，餐厅服务员与顾客本不相识，而微笑将减少彼此之间的陌生感，拉近两者之间的距离，为后续的服务营造良好的氛围，使后续服务和谐愉快。

“快”速的动作。一位勤快、麻利的酒店餐厅服务员，会给顾客一个能干的印象，从而令顾客产生服务上的信赖感，利于有效缓解因服务不周而产生的摩擦和矛盾。因为餐厅服务员和顾客之间的矛盾均是在信息不对称、沟通不畅中产生的。导致这些问题出现的主要原因是服务员的“动作缓慢”所致，不能满足顾客的即时服务的需求。

“快”速的搭配。主要指就餐环境的搭配。如夏天要保持室内凉爽，冬天要保持室内温暖；带小孩应有小孩座位，而老年人应有老年适宜的菜品。同时，应当讲究餐具的对应和协调。

“快”速的反应。顾客在就餐过程中，难免会发生一些意外的尴尬事件，如菜肴撒到衣服上，蚊蝇出现，停电等。快速的反应，就是要求餐厅服务员第一时间作出反应，并在第一时间向顾客回馈处理方法和意见，使顾客面临的问题在第一时间得到化解。

“快”速的回访。顾客就餐后，是不是满意，有没有进一步接受服务的想法和愿望？餐厅服务员应当记录服务对象的联系方式，第一时间进行信息反馈，从而使客人得到贴心的服务，并为培养忠诚客户打下良好基础。

二、餐前准备阶段服务礼仪

准备阶段礼仪主要体现为卫生礼仪，它包括个人卫生和环境卫生两部分。在餐厅的准备工作中，卫生工作是头等重要的，因为它体现出酒店的服务质量以及对客人的尊重。

(一)整理好个人卫生

图 4-6

服务员坚持做到岗前洗澡，工作制服干净整洁，头发清洁、无头屑，发型大方易梳理，女服务员化淡妆，不可戴饰物。客人来到前应照镜子整理仪容仪表，确认无任何不妥之后再上岗。

课堂小案例：重要的服务仪容

某报社记者吴先生为作一次重要采访，下榻于北京某饭店。经过连续几日的辛苦采访，终于圆满完成任务。吴先生与两位同事打算庆祝一下，当他们来到餐厅，接待他们的是一位五官清秀的服务员，接待服务工作做得很好，可是她面无血色显得无精打采。吴先生一看到她就觉得没了刚才的好心情，仔细留意才发现，原来这位服务员没有化淡妆，在餐厅昏黄的灯光下显得病态十足，这又怎能让客人看了有好心情就餐呢？当开始上菜时，吴先生又突然看到传菜员涂的指甲油缺了一块，当下吴先生第一个反应就是"不知是不是掉入我的菜里了?"但为了不惊扰其他客人用餐，吴先生没有将他的怀疑说出来。但这顿饭吃得吴先生心里总不舒服。最后，他们唤柜台内服务员结账，而服务员却一直对着反光玻璃墙面修饰自己的妆容，丝毫没注意到客人的需要，到本次用餐结束，吴先生对该饭店的服务十分不满。看来服务员不注重自己的仪容、仪表或过于注重自己的仪容、仪表都会影响服务质量。

(二)完善餐厅环境

服务员到岗第一件事就应该把餐厅的地面、桌椅、餐具、桌饰等做细致的清洁和整理。

(三)备好服务用具

做好卫生工作以后，服务员要对自己负责区域的备餐柜进行检查，同时对于不足的餐饮用具要及时补充，对于有破损的餐饮用具要及时更换。

三、迎宾服务礼仪

(一)迎宾前准备

营业前20分钟，迎宾员应站立于餐厅门口的两侧或餐厅内便于环顾四周的位置。在迎宾服务中应做到：

着装华丽、整洁、挺括，仪态端庄大方，站姿优美、规范。开餐前5分钟，迎宾员恭候在餐厅大门两侧，做好拉门迎客的准备。

神情专注、反应敏捷，注视过往宾客。当客人走进餐厅约1.5米处，应面带微笑的问候，"女士(先生)，您好，欢迎光临。"客人离开餐厅时，应礼貌道别"女士(先生)，谢谢您的光临，请慢走，再见!"

迎宾要积极主动，问答要热情亲切，使客人一进门就感觉到他们是最受欢迎的尊贵客人，从而留下美好的第一印象。不管客人肤色、年龄或是内宾、外宾，都要主动热情的迎接，不可厚此薄彼。如果餐厅座位已满或有客人需要等座，可以先请客人在门口休息或沙发上等候，若客人有急事，可介绍客人到附近餐厅就餐。

(二)迎宾员语言礼仪

客人进门后，立即迎候，面带微笑的说："女士(先生)，您好"或"晚上好"、"请问，预订过吗?"、"请问，一共几位?"如果是男女宾客一起进来，按照女士优先礼仪规范问候。宾客初来，对餐厅环境不熟悉，迎宾员礼貌迎客走在前，目的是为客人引路入座，迎宾员引领客人时，应在客人左前方1米左右的距离行走，并不时回头示意客人“请跟我来”、“这边请”，同时伴以规范的手势。

课堂小讨论：敬语为何招致不悦

一天中午，一位住在某饭店的国外客人到饭店餐厅去吃饭，走出电梯时，站在电梯口的一位女服务员很有礼貌地向客人点点头，并且用英语说“先生，您好”！客人微笑地回道：“你好，小姐。”当客人走进餐厅后，引位员发出同样的一句话：“您好，先生”。那位客人微笑着点了一下头，没有开口。客人吃好午饭后，顺便到饭店的庭院中去溜溜，当走出内大门时，一位男服务员又是同样的一句话：“您好，先生”。这时客人下意识地只是点了一下头了事。等到客人重新走进内大门时，劈头见面的仍然是那个服务员，“您好，先生。”的声音又传入客人的耳中，此时这位客人已感到不耐烦了，默默无语地径直去乘电梯准备回房间休息。恰好在电梯口又碰见那位女服务员，自然又是一成不变的套话：“您好，先生”。客人实在不高兴了，装做没有听见的样子，皱起了眉头，而这位女服务员却丈二和尚摸不清头脑！

这位客人在离店时，写给饭店总经理的一封投诉信，信中写道：“……我真不明白你们饭店是怎样培训员工的？在短短的中午时间内，我遇到的几位服务员竟千篇一律地简单重复一句话‘你好，先生’，难道不会使用其他的语句吗？”

讨论：分析上述案例，请阐述有效沟通的环节有哪些？

(三)引位灵活机智

1. 考虑客人人数

尽量利用餐位，方便客人用餐。除团体客人外，多人一起前来用餐，尽可能安排在同一餐厅。把客人引领到适当的位置入座或进入包房。

2. 迅速判断客人情况

迅速判断客人情况安排合适的餐位。聚会客人要安排在中间的大餐桌上；年老体弱的宾客用餐，其座位应尽可能安排在行走线路较短，出入比较方便并且较为安静的位置，以示服务的周到细致；对于有明显生理残缺的客人，要注意安排在适当的位置就座。带小孩的客人，要把小孩安排在靠墙、不宜随便下位乱跑的餐位上；遇到重要宾客光临，可引领到餐厅最好的靠窗靠里的位置或雅间，以示恭敬与尊重；遇到夫妻情侣或谈生意的客人，要安排靠边角比较清静的餐位，便于小声交谈；遇到服饰华丽、打扮时髦和容貌漂亮的小姐，要引领到众多客人均可看到的显眼中心位置就座，既可满足这部分客人的心理需求，又能使餐厅增添华贵的气氛；遇到全家或众多亲朋好友来聚餐时，要引领到餐厅靠里的一侧或包房，既有利于安心用餐，又不影响其他客人用餐，以示礼貌。

3. 尊重客人意愿

如客人要求指定位置，要尽量满足其要求；如其他客人已占用，应礼貌的说明：“小姐(先生)，对不起，请跟我来，这边请!”

靠近厨房出入口处的位置，是最不受客人欢迎的位置，用餐高峰时，应对安排在这里的客人说几句礼貌话：“小姐(先生)，十分抱歉。今天客人太多，委屈您了。下次光临，一定为您安排个好座位。”

4. 合理调配客人

注意餐厅不同区域的忙闲程度，合理调配客人。一般餐厅是划片分区提供服务的，引领客人时要注意各区域的忙闲程度，不可过于集中，特别是翻台率较高更要注意。以提高餐位利用率。

5. 讲究礼仪

尊重客人风俗习惯，迎接引送客人应坚持先来后到的原则。由于西方国家存在女士优先的传统，因此，多人一起来用餐，迎接引送客人都要坚持先女宾后男宾、先主宾后随从的原则，以尊重客人的风俗习惯。

(四)为客人拉椅让座

引导客人来到餐厅后，迎宾员先问："这个位置您满意吗?"然后再拉椅让座，具体做法是：双手将椅子拉出，右腿在前，膝盖顶住椅子后部，客人屈腿入座的同时，顺势将椅子推向前方。推椅子的动作要自然、适度，注意与客人的默契合作，让客人坐稳。如有多位客人就餐，应首先照顾年长者或女宾入座。

四、值台服务礼仪

(一)迎宾细致周到

迎宾安排客人落座，协助客人脱衣摘帽，并按顺序挂好。注意勿将衣服倒提，以防衣袋内的物品掉落。贵重衣服要用衣架挂好，以防衣服褶皱走样，如果客人的衣服搭在椅背上，应及时套好衣服套子。

(二)敬茶献巾

客人就座后，值台员应该给每位客人递上香巾。上茶时，将茶杯放在托盘里，轻轻地放置在餐桌上。端茶时，切忌以手指接触茶杯口。使用玻璃水杯要尽量套上杯套，以免烫着客人。使用有盖有把的茶杯时，要用手握住杯把轻拿轻放，杯盖的开启、盖合要缓而轻，避免发出杯盖的碰撞声，引起客人的不安。需要续茶时，应右手握壶把、左手按壶盖，将茶水缓缓倒入杯内。注意不要将水倒得太满，以免外溢，约占水杯的3/4即可。分发香巾时要放在小碟内，用夹钳递给客人，递送时按顺时针方向进行，并招呼客人："小姐(先生)，请!"

(三)恭请点菜

敬茶之后值台员应及时递上菜单请客人点菜。客人坐下后，值台员要随时注意宾客要菜单的示意，适时地递上菜单，递送菜单应干净无污损。递送菜单时要注意态度恭敬，不可将菜单往桌上一扔，或随便塞给客人，不待客人问话，随即一走了之，这是很不礼貌的举动。

如男女客人一起用餐时，应将菜单先给女士，如很多人一起用餐，最好将菜单递给主宾，然后按逆时针方向绕桌送上菜单。

客人点菜时，必须耐心等待，不要催促，让客人有充足的时间选择决定。记录客人点菜时，值台员应站立在客人的左侧，注意站立的位置和站姿，距离要适度，不要双手环抱于胸前或叉腰，也不要手扶桌面或椅背，脚不能蹬在椅子上；身体不能紧靠餐桌，手不能按在餐桌上，上身略微前倾，精神集中的聆听。

(四)接受点菜

1. 悉心介绍，倾听点菜

接受客人点菜时，服务人员精神要集中，随时准备记录。同客人谈话时，上半身略微前倾，始终面带微笑，认真听取客人选定的菜肴，还应主动征询客人需要什么酒水饮料，全部记好后，再礼貌的复述一遍，得到客人确认后，迅速将菜单送至厨房，尽量减少客人等候的时间。在岗服务人员要及时与厨房沟通，了解今日菜肴供应情况。餐厅服务过程就是餐饮产品的推销过程。当客人一时不能决定点什么菜时，可当好参谋，热情推荐本餐厅的名菜、特色菜及时令菜。推荐饮品菜肴时应注意讲究说话方式和语气，察言观色，注意客人的反应，不要勉强或硬性推荐，充分尊重客人的意愿。

课堂小讨论：

许先生带着客户到北京某星级饭店的餐厅去吃烤鸭。这里的北京烤鸭很有名气，客人坐满了餐厅。由于没有预订，许先生一行到餐桌前。入座后，许先生马上点菜。他一下就为 8 个人点了 3 只烤鸭、十几个菜，其中有一道“清蒸鱼”由于忙碌，小姐忘记问客人要多大的鱼，就通知厨师去加工。

不一会儿，一道道菜就陆续上桌了。客人们喝着酒水，品尝着鲜美的菜肴和烤鸭，颇为惬意。吃到最后，桌上仍有不少菜，但大家却已酒足饭饱。突然，同桌的小康想起还有一道“清蒸鱼”没有上桌，就忙催服务员快上。

鱼端上来了，大家都吃了一惊。好大的一条鱼啊！足有 1.5 千克重，这怎么吃得下呢？“小姐，谁让你做这么大一条鱼啊？我们根本吃不下。”许先生边用手推了推眼镜，边说道。“可您也没说要多大的呀？”小姐反问道。“你们在点菜时应该问清客人要多大的鱼，加工前还应让我们看一看。这条鱼太大，我们不要了，请退掉。”许先生毫不退让。“先生，实在对不起。如果这鱼您不要的话，餐厅要扣我的钱，请您务必包涵。”服务小姐的口气软了下来。“这个菜的钱我们不能付，不行就去找你们经理来。”小康插话道。最后，小姐只好无奈地将鱼撤掉，并汇报领班，将鱼款划掉。

讨论：请分析服务人员在点菜中的注意事项。

2. 察言观色，主动耐心

观察客人嗜好，了解客人就餐目的，向客人重点介绍各种特色的菜点。餐厅客人情况复杂，来自不同国家、地区、民族、生活环境各不相同，消费水平也不一样。因此，只要认真观察客人嗜好、禁忌后，才能有针对性的帮助客人选菜。一个餐厅的菜一般有 40～50 种，客人具体需要哪些菜点有多种因素决定。如有身份地位的客人，看先介绍高档产品；专家学者，多介绍清淡食品；不同季节推销时令产品等。在点菜过程中，尽量突出不同产品的风味特点、吃法，刺激客人消费需求。介绍和推荐本餐厅的特色和时令菜肴时，要顺便介绍一下所点菜肴的烹制时间、菜量。同时要注意观察、揣摩客人的心理和反应，即要察言观色。如果宾客点的菜今日没有现货供应，要礼貌致歉，求得客人的谅解。如果客人点出菜单上没有此菜时，服务人员也不要不假思索地立即予以回绝，可以说：“对不起，这道菜目前菜单上没有，请允许我马上与厨师长商量一下，看能否尽可能满足您的要求”等，如确有困难，应向客人致歉说明，敬请下次光临。这样既不失礼貌，又可以体现出本餐厅想客人之所想、满足客人特殊要求的个性化服务。

（五）斟酒

斟酒要严格按照规范和操作程序进行。

斟酒人员应站在客人的右侧，将瓶口对准杯口，但不可将瓶口放在杯口上，离杯口 1～2 厘米，缓缓注入，然后随手腕向上旋转 45 度瓶口抬起。斟酒的浅满程度，要根据各类酒的要求和接待对象的不同而定。斟酒时，手指不要触摸酒杯杯口或将酒滴落在客人身上，开拉酒水饮料瓶盖时，应在客人的后侧方朝外拉开，倒香槟酒或其他冰镇酒时，要用餐巾包好酒瓶再倒，以免酒水喷洒或滴落在客人身上。

斟酒的顺序一般要先主宾再其他客人，先女宾后男宾的次序进行，然后按顺时针方向逐个斟。如果是两名服务员服务时，应一个从主宾开始，另一个从副主宾起，依次绕台斟酒。宾主祝酒时，应退立一旁，并保持安静，不可随意走动。

在客人就餐过程中，要随时注意每位客人的酒杯和水杯，见杯内酒水还剩 1/3 时，就应及时添酒。

(六)上菜

餐饮服务要讲究效率，节约客人时间。一般来说，点菜后 10 分钟内凉菜要摆上台，热菜不超过 20 分钟。上菜要从宾客的右边上，即最好在陪同或翻译之间进行，不要再宾主之间进行，切忌越过客人头顶上菜，以免影响来宾用餐。

档次越高的宴席，每菜必分，普通宴席至少要分汤和一两道主菜。主人或客人祝酒或发表演讲时，应停止上菜，但要及时斟酒以便干杯。撤餐具时应按逆时针方向进行，从宾客的左侧用左手将盘子撤下。

在客人用餐的整个过程中，服务员应始终站立一旁，随时准备应答客人的招呼。对客人提出的各种要求，均尽量满足，不得置之不理，不得流露出不满的情绪。

课堂小案例：如此服务用语

在某地一家饭店餐厅的午餐时间，来自台湾的旅游团在此用餐，当服务员发现一位 70 多岁的老人面前是空饭碗时，就轻步走上前，柔声说道："请问老先生，您还要饭吗?"那位先生摇了摇头。服务员又问道："那先生您完了吗?"只见那位老先生冷冷一笑，说："小姐，我今年 70 多岁了，自食其力，这辈子还没落到要饭吃的地步，怎么会要饭呢？我的身体还硬朗着呢，不会一下子完的。"由此可见，由于服务员用词不合语法，不合乎规范，不注意对方的年龄，尽管出于好心，却在无意中伤害了客人，这不能怪客人的敏感和多疑。

(七)结账服务礼仪

结账在餐饮服务中属于收尾工作，它意味着整个餐饮服务即将结束。在这个阶段中服务应当继续精益求精。结账中出现的问题会影响客人对酒店的印象，影响这个服务质量。所以，餐厅服务员和收银员在结账过程中应保持良好的服务状态，按规定的标准和要求继续热情地为客人服务。注意结账的时间，服务人员一般不要催促客人结账，结账应由客人主动提出，以免造成赶宾客离开的印象。

客人用餐完毕应把账单放在垫有小方巾的托盘上或放在账单夹内从左侧递上，或放在主人的餐桌边，不要直接交到客人手上。结账的程序通常是：首先，应将账单交于客人过目，账单要求清洁、干净，账单上的账目要清楚，并经过认真核对；如发现问题，应及时解决，对客人的疑问要耐心解释。其次，要礼貌的收取客人的钱款票证，并当着客人的面，清点唱收，及时交到收款台核对、办理。再次，找回余款或信用卡单据后，要及时放到托盘里交还给客人，并请其清点、核查。当客人付款后，要表示感谢。

(八)送客服务礼仪

1. 送客

送客的礼貌服务的具体体现，表示餐饮部门对客人的尊重。在送客过程中，服务人员应做到礼貌、耐心、细致、周全，使客人满意。在提供送客服务过程中应注意以下事宜：

客人离开前，如愿意将剩余菜品打包带走，应积极为之服务，绝不要轻视他们，不要给宾客留下遗憾；客人起身离开时，应主动为其拉开座椅，礼貌询问他们是否满意；要帮助宾客穿戴外衣、提携东西，提醒他们不要遗忘物品；要礼貌向客人道谢，欢迎他们再来。要面带微笑注视客人离开或亲自陪送客人到餐厅门口。

2. 翻台

翻台就是在客人离开餐厅后，服务员收拾餐具、整理餐桌、重新摆台的过程。翻台往往是在其他客人仍在进餐的过程中进行，或是在没有找到餐桌的客人正在等候时进行，所以，翻台的文明和效率是该程序的重要标准。翻台应注意及时、有序，应按酒具、小件餐具、大件餐具的顺序进行。

翻台时如发现宾客遗忘的物品，应及时交给宾客或上交有关部门；翻台时，应注意文明作业，保持动作的稳定，不要损坏餐具、物品，也不应惊扰正在用餐的宾客；翻台时应注意周围的环境卫生，不要将餐纸、杂物、残汤剩菜等乱洒乱扔；撤台结束后，应立即开始规范地摆台，尽量减少宾客的等候时间。

五、西餐零点服务礼仪

(一)值台服务

客人来到餐厅，迎送员应面带微笑，主动上前问好："晚上好，请问您是否有订座?"如客人已订座，迎送员应热情地引客人入座。如果客人没有预订，迎送员应礼貌地将客人引领至适当的餐桌。询问客人就餐人数后，礼貌地将客人带到客人满意的餐台前。"请问你们有几位?"、"请这边走。"、"这张餐台怎么样?"

当迎送员把客人带到餐台边时，服务员应主动上前协助为客人拉椅让座。为客人铺上席巾。铺席巾时应注意：按先女士后男士，先客人后主人的次序顺时针方向依次进行；站于客人的右手边拆开餐巾，左手提起餐巾的一角，使餐巾的背面朝向自己，轻快地为客人铺上餐巾，避免右手碰撞到客人身体。

(二)传菜服务

传菜员在接到点菜单后，应按点菜顺序排列后交厨房烹制，传菜时也应遵循服务的"五不取"的原则，以确保菜肴的质量。菜肴上至餐厅后，应与值台员密切配合，协助上菜，并将脏餐具撤至洗碗间。

(三)上菜服务

正餐上菜顺序应是：面包和黄油——开胃冷盘——汤(撤下开胃冷盘)——鱼虾类菜肴(撤下汤盘，如宾客点了白葡萄酒可为宾客斟酒)——主菜(上主菜前要检查餐台上的餐具是否符合要求，主菜摆在宾客正前方)——点心、水果(上点心、水果之前，将餐台上用过的餐具撤掉，餐台上只留下花瓶、蜡烛、水杯、烟缸和牙签筒)——咖啡、红茶(送红茶时可配切好的柠檬片，撤去点心、水果和餐具)。

上菜时需注意：斟酒后上菜，任何一道需配饮酒类的菜肴在上菜前均先斟酒后上菜；上菜顺序，所有菜肴上桌时均先女后男、先宾后主的原则，按逆时针方向依次进行，上菜一般从客人右侧进行(色拉在左侧上)。

图 4-7

资料阅读：西餐点菜及上菜顺序

西餐菜单上有四或五大分类，其分别是开胃菜、汤、沙拉、海鲜、肉类、点心等。

正式的全套餐点上菜顺序是：

(1)头盘。西餐的第一道菜是头盘，也称为开胃品。开胃品的内容一般有冷头盘和热头盘之分，常见的品种有鱼子酱、鹅肝酱、熏鲑鱼、鸡尾杯、奶油鸡酥盒、焗蜗牛等。因为是要开胃，所以开胃菜一般都有特色风味，味道以咸和酸为主，而且数量少，质量较高。

(2)汤。和中餐不同的是，西餐的第二道菜就是汤。西餐的汤大致可分为清汤、奶油汤、蔬菜汤和冷汤类 4 类。品种有牛尾清汤、各式奶油汤、海鲜汤、美式蛤蜊汤、意式蔬菜汤、俄式罗宋汤、法式焗葱头汤。冷汤的品种较少，有德式冷汤、俄式冷汤等。

(3)副菜。鱼类菜肴一般作为西餐的第三道菜，也称为副菜。品种包括各种淡、海水鱼类、贝类及软体动物类。通常水产类菜肴与蛋类、面包类、酥盒菜肴品都称为副菜。因为鱼类等菜肴的肉质鲜嫩，比较容易消化，所以放在肉类菜肴的前面，叫法上也和肉类菜肴主菜有区别。西餐吃鱼类菜肴讲究使用专用的调味汁，品种有鞑靼汁、荷兰汁、酒店汁、白奶油汁、大主教汁、美国汁和水手鱼汁等。

(4)主菜。肉、禽类菜肴是西餐的第四道菜，也称为主菜。肉类菜肴的原料取自牛、羊、猪、小牛等各个部位的肉，其中最有代表性的是牛肉或牛排。牛排按其部位又可分为沙朗牛排(也称西冷牛排)、菲利牛排、“T”骨型牛排、薄牛排等。其烹调方法常用烤、煎、铁扒等。肉类菜肴配用的调味汁主要有西班牙汁、浓烧汁精、蘑菇汁、白尼斯汁等。

禽类菜肴的原料取自鸡、鸭、鹅，通常将兔肉和鹿肉等野味也归入禽类菜肴。禽类菜肴品种最多的是鸡，有山鸡、火鸡、竹鸡，可煮、炸、烤、焖，主要的调味汁有黄肉汁、咖喱汁、奶油汁等。

(5)蔬菜类菜肴。蔬菜类菜肴可以安排在肉类菜肴之后，也可以和肉类菜肴同时上桌，所以可以算为一道菜，或称为一种配菜。蔬菜类菜肴在西餐中称为沙拉。和主菜同时服务的沙拉，称为生蔬菜沙拉，一般用生菜、西红柿、黄瓜、芦笋等制作。沙拉的主要调味汁有醋油汁、法国汁、千岛汁、奶酪沙拉汁等。

(6)甜品。西餐的甜品是主菜后食用的，可以算做是第六道菜。从真正意义上讲，它包括所有主菜后的食物，如布丁、煎饼、冰激凌、奶酪、水果等。

(7)咖啡、茶。西餐的最后一道是上饮料，咖啡或茶。喝咖啡一般要加糖和淡奶油。茶一般要加香桃片和糖。

(四)撤盘服务

撤盘服务应遵循“先撤后上”的原则，每道菜用毕均撤走用过的餐具(餐具和刀叉)后，再上菜。但撤盘时需征得客人许可，一般应等一桌所有的客人都吃完后，再一起撤盘，撤餐具时还应注意客人刀叉的摆放。如客人将刀叉八字搭在餐盘两侧，表示客人还要食用，不可撤盘。如客人将刀叉交叉或平行放在餐盘中，则表示不再食用，可以撤盘。

1. 撤换餐碟

在客人用餐过程中，值台员应不断巡视自己的区域，如客人餐碟中的骨刺残渣超过2/3时，应及时更换。具体要求如下：

撤换餐碟时，值台员应左手托托盘，将干净的餐碟整齐地叠放在一起，从客人右侧撤下脏的，并换上干净餐碟；右撤右上，并注意脏碟上的残渣不要掉在地上，或污染盘中的干净餐碟；撤换前应询问客人的意见：“对不起，请问可以换碟吗?”待客人许可后再撤碟。

2. 撤换烟缸

当桌面烟缸中有两个或两个以上烟蒂时，应及时撤换烟缸；撤换烟缸时，值台员应左手托盘，将干净的烟缸整齐地叠放在托盘内，行走至须撤换烟缸的餐桌旁，轻声说：“对不起”，以示打扰客人的歉意。

实训项目

酒店服务礼仪

【实训目的】 通过演练，掌握正确的旅游服务礼仪，以便能够顺利进行各种旅游酒店服务活动。

【实训内容】 运用所学知识，学生自由分小组编导、彩排前厅、客房、餐饮服务接待等礼仪服务知识情景剧。

【实训步骤】

1. 学生每4～10人进行自由组合，每小组确定相应的模拟主题；课后进行节目编排准备。

2. 每组根据自己准备的内容进行模拟表演，力求表演到位，主题突出，切实能够将课堂所学理论知识在表演中反映出来。

3. 教师及台下同学对表演者的表演情况进行点评。

同步测试

一、单项选择题

1. 被称为饭店的窗口的是(　　)。

A. 客房部　　B. 前厅部　　C. 餐饮部　　D. 康乐部

2. 饭店客房部的工作人员在陪同客人到达房间时，如果是晚上，应该是(　　)房间。

A. 客人先进　　B. 服务员先进　　C. 一起进入　　D. 谁走得快谁先进

3. 服务员在餐间服务时，服务人员要站在宾客的(　　)，从主宾开始，按照(　　)顺序逐次派菜。

A. 左侧 逆时针　　B. 左侧 顺时针　　C. 右侧 逆时针　　D. 右侧 顺时针

4. 宴会上，为表示尊重，主宾的座位应(　　)。

A. 在主人的右侧　B. 在主人的左侧　C. 随其所好

5. 西餐大菜正确的食用顺序是(　　)。

A. 开胃小菜、汤、海鲜、肉类、冷饮、烘烤食物、餐后甜食

B. 汤、开胃小菜、海鲜、肉类、烘烤食物、冷饮、餐后甜食

C. 开胃小菜、汤、肉类、海鲜、烘烤食物、冷饮、餐后甜食

二、简答题

1. 总台接待服务礼仪有哪些?

2. 餐厅值台服务礼仪有什么要求?

3. 客房日常清理服务应注意怎样的礼仪规范?

第五章

旅行社接待与服务礼仪

学习目标

知识目标：

了解旅行社门市部服务质量标准；掌握旅行社门市部接待流程以及导游人员带团过程中的服务礼仪

能力目标：

深刻认识到旅行社接待礼仪的重要性，培养服务意识，并依照服务标准去执行

本章知识体系

第一节 旅行社门市部接待礼仪

一、旅行社门市部服务质量的标准化

(一)门市部的空间环境标准化要求

(二)门市部的设备设施标准化要求

(三)门市部的安全标准化要求

(四)门市部的环境卫生标准化要求

(五)门市部服务人员素质标准化要求

(六)门市部的服务管理标准化要求

二、旅行社门市部接待流程
(一)门市接待礼仪
(二)电话接待礼仪
(三)门市销售礼仪
第二节 导游服务礼仪
一、导游形象礼仪
(一)仪容仪表
(二)精神风貌
(三)礼节礼貌
二、带客游览服务礼仪
(一)出发前服务
(二)乘车服务
(三)途中服务
(四)游览服务
(五)返回途中服务
三、带客购物服务礼仪
四、导游语言服务礼仪
(一)导游语言的基本要求和运用原则
(二)致辞服务礼仪
五、突发事件处理礼仪
(一)路线与日程变更
(二)行李丢失和损坏
(三)旅游者病危或死亡
(四)旅游者财物被盗
(五)交通事故
(六)其他特殊情况

旅行社服务是指旅行社通过与交通业、住宿业、餐饮业、娱乐业等的合作，为游客提供吃、住、行、游、购、娱的服务。如今大小城市里都有不少的旅行社，旅行社要想在业界获得很好的口碑，其接待与服务就显得尤为重要，游客主要享受的是服务，是一种体验，因此我们必须做好旅行社的接待与服务，让游客满意而来，称心而去。

第一节 旅行社门市部接待礼仪

随着社会经济的发展，居民收入的增加，居民的出游能力和出游规模的不断扩大，现在大部分人出门旅游还是选择跟随旅游团的，在旅游之前，大家必然都会到旅行社门市部了解信息，或者签订旅游合同，当游客已经走到我们门市部时，我们就一定不能让游客从门市部流失掉，因此旅行社门市部的服务质量意义重大。

然而，自从旅行社门市部审批制取消之后，门市部设立与经营出现不规范现象，游客满意度也有所降低。为规范旅行社门市服务，给广大旅游者创造良好的旅游氛围与环境，为广大旅游企业创造公平竞争的经营环境，使中国旅游业旅行社市场做大做强，制定旅行社门市部服务质量的标准化要求已是当务之急。

一、旅行社门市部服务质量的标准化

(一)门市部的空间环境标准化要求

旅行社门市部的空间环境是指为做好旅行社门市部的服务工作，为满足游客需要而提供的环境能力(包括明确的、隐含的)的特性总和。旅行社门市部的空间环境要求既要符合一般性公共场所的环境要求，又要能体现针对进行旅游业务的旅游业特色。

门市部是进行大众旅游业务的场所，可进入性要好，交通便捷，最好设立于市区。门市部相对独立，避免那些在住宅区等地点设立的非法挂靠经营点。门市部，特别是那些大型连锁店，要有统一的形象识别系统。门市部规范化、标准化的一个重要环节是要在内部设立公示区域，在显著位置悬挂旅行社营业执照、门市部营业执照、旅行社经营许可证等。为了体现良好的对客服务，要设置接待区、咨询区、休息区等不同的功能区域空间并划定人均使用面积，保证空间环境的容量和舒适的感知度。

(二)门市部的设备设施标准化要求

旅行社门市部的设备设施是指直接或间接用于在门市部内为进行旅游业务的游客提供服务的设施、设备，要能保证门市部进行的旅游业务的正常开展，同时能尽量满足游客所需。这些设备设施包括：接待和静候所需设备设施；业务操作所需设备设施；安全所需设备设施；环保所需设备设施等。另外，一些有实力的大型企业集团的门市部应有计算机联网、多媒体、残疾人专用和特种设备设施等。总之，设备设施能体现一个旅行社的规模和实力，可以影响旅行社的工作效率和对外形象。

(三)门市部的安全标准化要求

旅行社门市部是直接处理旅游业务的窗口阵地，往往人多聚集，情况复杂，应建立安全标准。门市部的安全管理应贯彻“安全第一、预防为主”的方针，具体要求应符合《旅游安全管理暂行办法》的规定。应建立健全安全管理机构和有关管理制度，并做定期安全检查和安全情况记录，切实保障门市部内游客的人身、财物安全。

在安全具体实施方面，门市部应有通风、通气装备，保证室内空气畅通；应设置消防设备、器具和消防监控系统，保证消防安全；应设立保安员，维持门市部内的现场秩序和治安安全；大型的门市部由于接待人数多，工作人员多，应设有安全疏散通道和设置紧急照明装置，应对安全设备设施进行定期检查。另外，门市部应确保网络安全，保证门市部和游客相关资料的安全。

(四)门市部的环境卫生标准化要求

旅行社门市部是对外营业性窗口，直接体现旅游业的形象，应建立一个环境卫生标准，对门市部和相关人员的状况进行规范。门市部应有健全的卫生制度，制定门市部的环境管理规范，设立环境卫生负责制，保持门市部清洁卫生，环境整洁。

在环境卫生的具体实施方面，地面、墙壁、门窗、设备设施要及时清扫、擦拭，保持干净、清洁；门市部内禁止吸烟，空气保持通畅、流通，空气质量要符合国家的有关空气质量标准；门市部内部保证照明，光线充足；服务人员要保持良好的卫生习惯，定期体检，确保身体状况符合上岗要求。

(五)门市部服务人员素质标准化要求

门市部服务人员负责接待、业务操作、接受咨询、处理突发事件等工作，他们的素质体现了门市部甚至旅行社的素质，他们代表了门市部和旅行社的形象，他们的言行给进行旅游业务的游客留下第一印象，也往往是最为深刻的印象。

服务人员的业务素质要求，包括要了解相关旅游法律、法规和有关规定，能熟练掌握其所从事岗位的专业基础知识，并能够积极按照营业部的管理规范和服务标准进行工作等。服务人员的职业道德要求，包括有良好的职业道德观念，能够自觉运用道德规范约束自己的行为，服务人员要诚实守信并能维护国家尊严，遵守国家的法律法规，保护游客的合法权益等。服务人员的礼仪要求，包括态度和蔼、主动热情、用语规范，服务操作和坐、立、行举止大方、得体，动作规范，文明优雅。

(六)门市部的服务管理标准化要求

门市部的服务管理标准化要求是门市部服务质量标准化要求的核心内容。具体内容是：门市部制定健全的服务管理制度，包括安全和环境卫生管理制度、业务操作规范、投诉处理制度和服务质量的检查、监督等，并能对这些管理制度进行定期的考核和评估；建立和规范服务流程，使服务项目标准化；规范相关合同文本，鼓励使用合同范本，保护游客的合法权益；及时补充各种服务质量标准和认证信息，与其他部门有机接轨，建立旅行社门市部服务质量的保证体系。具体体现在管理规章、遵守法规、落实制度、规范服务、价格合理、操作程序、程序简洁有序、结果告知、收费标准、业务速度、反应能力、投诉重视度、个性服务等方面。

制定与实施旅行社门市部服务质量的标准化要求是对旅行社门市部进行规范管理的切入点。以标准化工作开拓管理范围，以全面服务促进企业进步，旅行社门市部服务质量的标准化建设的意义体现在：

(1)提升服务质量。服务型企业的产品容易受到许多外界因素、人为因素影响，特别是不规范门市部挂靠旅行社后，其服务质量得不到保证。建立终端服务的标准化流程，可以为客户提供尽可能统一的产品，使服务质量趋于稳定。

(2)节省运营成本。终端服务的标准化，可以使旅行社在基本管理程序、员工培训等方面有章可循，减少基本的管理运营费用。

(3)提高管理水平。由于销售终端和服务终端直接影响到旅行社产品的总体质量，良好的终端管理，会带动旅行社其他环节的管理，最终提升管理水平，增强旅行社整体实力。

(4)节省交易成本。旅游者在购买和消费旅行社提供的产品时，可以依据标准化流程比较容易地做出判断和选择。由此降低了客户和企业双方交易时的成本。

二、旅行社门市部接待流程

(一)门市接待礼仪

(1)在规定的接待时间内，不得离岗。不能出现客户前来咨询但是无人值班或者门市部关门的现象。

(2)接待人员要对我们的旅游产品非常熟悉，清楚不同的季节客户消费哪些产品会好些。这就需要接待人员要善于学习。

(3)客人来访，应有来迎声，主动上前问客户有什么需要，并立马给客人让座，沏茶。客人有问题时一定要耐心的有问必答，接待应热情、大方、微笑服务。

(4)客人多的时候应按顺序接待，不能先接待熟悉的客人。这样有可能会怠慢新客人，导致客人的流失。不管他们最终有没有选择我们旅行社，都应该热情接待，微笑服务。

(5)在待客当中需要介绍两个客人互相认识时，应注意介绍礼仪的原则，尊者优先，也就是地位高的人有优先的知情权。跟客人互相交换名片时，同样遵循尊者优先的原则，即应先将自己的名片双手递给客人。

(6)常来的客人应建立客户档案，并熟记姓名。节日期间或者有新的旅游产品上市时应及时通知客人。

(7)客人告辞时应热情相送，并欢迎再来，必要时可以留下地址和联系方式。

(二)电话接待礼仪

(1)响两声时接听。如果超过三声再接电话，必须先说：对不起或对不起，让您久等了。

(2)拿起话筒应用礼貌谦和的语言问候：您好，这里是××旅行社，请问您有什么需要帮助的?

(3)接听电话时要注意倾听对方讲话，不要贸然打断，更不要一句不讲，应该适时地讲一些像"嗯，啊，哦，我知道了"等热词。

(4)做好电话记录。对重要的电话内容一定要认真做好记录，内容要全面、准确。尤其是涉及时间、地点、款项等问题时听完之后一定要跟对方再次确认。

(5)如果对方是有问题咨询，在解答问题时应言简意赅，准确热情、声音适中。

(6)谈话结束时，要表示谢意，并让对方先挂断电话。不要忘了说再见。

(7)若对方找的是你同事，刚好同事不在，应礼貌地说："对不起×××不在，有什么事情我能代为转达吗?"若允许代转，应做好记录，若不需代转，可告知×××约什么时间回来。

(三)门市销售礼仪

门市销售技巧首先一点应该是态度。所处的环境是门市，正如我们上面所说的，门市另一个方面代表的是厂商的形象，因此，你要有足够重视的态度，重视门市，重视自己，更重视客户。有了这样的一个态度，才能让你以后在门市销售过程中有一个基本的销售原则——重视。

接下来是具体的一步步销售技巧。

第一步——微笑迎接顾客。通过微笑迎接顾客并与顾客进行交谈，建立一种融洽的气氛，这种开头便于与顾客进一步地沟通。

微笑打招呼要注意两个细节点：其一，不应站在门口、门外，这样会把客人吓走。应站在店里靠后两步，这样就不会给顾客以推销的压力；其二，一定要善意地微笑，当顾客来到店里后，就一定要集中精力，投入到卖货的情境中，重视每一个顾客。

第二步——了解需要。通过向顾客提出问题并仔细聆听回答，来了解顾客真正的需要以及对产品的偏好。一定要注意方式，一定要注意方法，同样要注意细节，顾客的回答中常常会有意无意地露出自己对某一种产品偏好，而且会对自己感兴趣的方面提出问题，记住！这些方面正是顾客最不了解也最想知道的地方。作为销售人员，应该细心的、耐心的与顾客讲解。

第三步——推荐产品。通过谈话和观察顾客，找出与顾客相适应的产品，向顾客解释该产品如何有益于顾客以及考察是否满足他的需要，给顾客试用此产品或向顾客示范产品，并向其介绍该产品的特性益处，强调该产品的益处及效果，对其感兴趣或不了解的地方要反复强调或给予肯定的确认。

第四步——连带销售。通过介绍相关的产品来满足顾客其他方面的需要。这是一个连带销售的好时机，可以收到事半功倍的效果。

第五步——送别顾客。如果顾客没有购买，可以给他相应的服务卡和宣传册，以便顾客再次产生购买欲望时，以便联系；如果购买了产品，终端销售人员应该给顾客介绍相关的产品服务事宜，以便之后引起不必要的纠纷；送别顾客并表示感谢，有始有终，从而达到我们销售的目的。

小资料：谈旅行社前台接待工作

一、前台接待工作的基础

1. 产品丰富；2. 熟悉产品。

二、前台接待工作范畴

1. 接听来电；2. 接待来访；3. 签订合同。

三、前台接待工作流程

1. 接听来电

(1)铃响两声必须接听；(2)自报家门礼貌在先；(3)灵活应答切忌生硬；(4)微笑应答亲切柔和；(5)结束谈话表示感谢；(6)留下电话登记回访。

2. 接待来访

(1)热情迎接入座倒水；(2)探询意向切忌生硬；(3)适当引导灵活应答；(4)效率要高勿让客等；(5)留下电话登记回访；(6)注重礼仪彰显素养。

3. 签订合同

(1)资料齐备切忌混乱；(2)讲解清楚以防误解；(3)团队散客精心对待；(4)各项确认一丝不苟。

四、前台接待常见问题

1. 不能向客户撒谎；

2. 不能泄露客户资料；

3. 不要以貌取人；

4. 拿不准的事情不要说；

5. 不可和客人过于套近乎；

6. 不可言语过多又不得体；

7. 不要随意批评客人；

8. 尽可能不要让客人多次往返旅行社拿资料物品；

9. 产品准备不充分，给客人感觉杂乱无序；

10. 前台接待要注重自身的形象。

第二节 导游服务礼仪

【引例】

某旅游团在N市由地陪王小姐负责接待，午后参观某佛寺后，王小姐向大家介绍本地一家新开业的珍珠馆，说："店主是我的好友，保证价廉物美。"当朱女士对标价4 000元的珍珠产生兴趣时，王小姐立即主动介绍识别真假珍珠的方法，并为其讨价还价，最终以900元成交。16：40旅游团游览某景点。因景点即将关门，大家匆匆摄影留念后即离去。在返回饭店途中，数名男士提出去书店购买中国地图，王小姐表示将可以安排。次日出发前，朱女士手持前日所购的项链，要求王小姐帮其退换，说："一内行人认定它是残次品"。王小姐表示不可能退换。上午结束参观后，她又带全团去一家定点工艺品商店，许多人只在车中坐着，王小姐恳求说："大家帮帮忙，不买东西没关系，进店逛一圈也可以。"13：30赴机场途中，数名游客又提起购书一事，王小姐说："没有时间了。"

试问：王小姐在接待该团过程中做错了哪些事？为什么？

【引例分析】

1. 不应该带旅游团到非定点商店购物，违反了有关带团购物的规定；
2. 介绍商品不实事求是，以次充好。导游员既要推销商品，更要让游客满意；
3. 拒绝帮助游客退换残次商品。游客要求退换所购商品，导游员应积极协助；
4. 没有满足客人的购物要求，部分游客去书店买书的要求没有实现；
5. 强行推销，多次安排购物，影响游客在该市的游览效果。

导游人员是旅行社产品的核心内容，因为游客购买产品之后，跟导游人员是直接接触的，而且游客往往是通过导游员的服务来感知旅行社的服务质量，因此导游人员必须有良好的礼仪礼貌修养，必须要学会文明礼貌待客，这样才能提升旅行社的服务质量。

一、导游形象礼仪

旅游业是一个窗口行业，导游人员是企业形象、民间大使和国家形象的代表。这就要求导游员必须注意自己的仪表和礼仪，保持良好的形象。

(一)仪容仪表

仪容仪表是一个人文化层次和道德修养的外在体现。

(1)导游员要仪表端庄，发型大方，面部清洁，表情自然，服饰整洁。

(2)导游员上岗前要全面检查自己的仪容仪表，给人留下洒脱高雅的感觉，女士化淡妆，佩戴饰物要得体，以便为提供优质服务做好充分的准备。

(3)根据规定，导游带团应佩戴导游证(胸卡)。导游证(胸卡)挂在脖子上，让其自然下垂在胸前即可。

(二)精神风貌

旅游业是朝阳产业，它所需要的是朝气蓬勃的服务人员。

导游员要性格开朗，保持良好的精神状态，要情绪饱满、乐观自信、微笑服务。

(三)礼节礼貌

礼节礼貌是良好风度、优美情操、高尚意志和美好心灵的外在表现，是文明行为的最基本要求。

“言为心声，行为心表”。礼节礼貌是通过言行举止体现出来的，导游带团过程中要注意日常交往礼节和工作礼节，给客人留下美好、愉快的印象。

(1)引导标志，导游应左手举导游旗，要保持正直，不要抗在肩上或插在腰带里，不能来回摇晃或拖在地上。

(2)话筒持法，导游应右手拿话筒(扩音器)，应斜拿在嘴边，不要靠在嘴上，也不要遮住面部。

(3)所站位置，在旅游车内，导游应站在旅游车中前部的中间位置(车内过道上)。在景点内，导游应站在游客围成的扇面的中心。

(4)面对客人，导游讲解时，导游应面对客人(指点景物时除外)。

(5)点人方法，清点人数时，要使用国际通用的点人方法，以示对客人的尊重。具体做法是：用目光默数，但不能数出声来，切忌用手指指点点。

(6)上下车做法，上车时，导游应站在车门一侧，招呼大家上车，同时帮助年老体弱者登车。下车时，导游应先下车，站在车门一侧，照顾大家下车。

(7)使用敬语，对游客提出要求或者回答游客问题时，导游应使用敬语。讲解过程中，导游员不得吸烟、吃东西。

二、带客游览服务礼仪

(一)出发前服务

(1)导游员应提前到达集合地点，并督促司机做好出发前的各项准备工作。

(2)核对、商定活动安排。在带客游览之前，导游员应与领队商定本地活动安排并及时通知客人。

(3)出发前，导游员应在客人就餐时向客人表示问候，向客人报告当天天气情况，并了解客人身体状况，重申出发时间，乘车或集合地点，提醒客人加带衣服、换鞋，带好必备用品如手提包、摄像机、照相机及贵重物品等。

(4)客人上车后，导游员应及时清点人数，若发现有人未到，应向领队或其他团员问清原因，并将不参加活动的客人人数、姓名、原因及房号通知旅行社；若有有病不能参加活动的客人，须交代清楚是否需要医生治疗等；若出发时间已过，又不知未到者在何处，则应征求领队意见决定是否继续等候，若决定不等，导游员必须将情况通知旅行社内勤处理。

(二)乘车服务

(1)出发乘车时，导游员应站在车门口照顾好客人上车，要主动帮助客人提拿物品，并轻轻放在车上。对客人中的老幼弱残者，要特别细心地予以照顾，上下车时，应主动照顾。客人中有男有女时，应照顾女士先上车。

(2)引导客人乘车，要注意位次。若乘小轿车，应安排年长或位尊者坐在车后排右边位置，导游员坐在后排左手位置或司机旁边。乘面包车，其座位，以司机之后车门开启处第一排座位为尊，后排次之，司机座位前排座位为小；中型或大型巴士，以司机座位后第一排，即前排为尊，后排依次为小。其座位的尊卑大小，依每排右侧往左侧递减。

(三)途中服务

(1)在去旅游点的路上，导游员切忌沉默不语，要向客人介绍本地的风土人情、自然景观，特别是沿途的景色，回答客人提出的问题。

(2)抵达景点前，应向客人简要介绍景点的概况，尤其是景点的历史、价值和特色。还可根据客人特点、兴趣、要求穿插一些历史典故、社会风貌等，以增加客人的游兴。

(3)到达景点时，应告诉客人该景点停留的时间、集合的时间和地点以及有关注意事项，如卫生间位置、旅游车车号以及保管好钱物等。

(四)游览服务

(1)带客游览过程中，导游员要认真组织好客人活动。应保证在计划的时间与费用内让客人充分地游览、观赏，做到讲解与引导游览相结合、适当集中与分散相结合、劳逸适度，并特别照顾老、弱、病、残的客人。导游过程中要照顾全体客人，不可只和一两个人说话而冷落了其他人。

(2)游览过程中，导游员的讲解要力求准确，应包括该景点的历史背景、特色、地位、价值等方面的内容，做到条理清楚、繁简适度。语言要生动形象，富于表现力。

(3)导游讲解时，表情要自然大方，声音大小要适中，使用话筒音量、距离要适当，讲解时可适当做些手势，但动作幅度不宜过大，不得手舞足蹈、指手画脚。

(4)游览途中，导游员要特别注意客人的安全，要自始至终与客人在一起并随时清点人数，以防客人走失。要提醒客人看管好所带财物，防止发生丢失、被盗现象。对于行走困难的地方，要陪伴照顾好年老体弱者，以防发生意外，客人提出要求需要帮助时，应尽可能使客人满意。

(5)与客人交谈时，一般不要涉及疾病、死亡等不愉快的话题；不谈荒诞离奇、耸人听闻、黄色淫秽的事情；对方不愿回答的问题，不要追问；遇到客人反感或回避的话题，应表示歉意，立即转移话题；与外宾交谈，一般不议论对方国家的内政；不批评、议论团内任何人；不随便议论宗教问题；与女宾交谈要谨慎，不要开玩笑；对宾客不要询问对方收入、婚姻状况、年龄、家庭、个人履历等私人问题。

(五)返回途中服务

(1)全天活动结束后，返回途中，导游员要向客人宣布第二天的活动日程，早餐的时间与地点以及出发时间、地点等。

(2)抵达饭店后，导游员要主动向领队征求意见，了解客人对当天活动安排的反应，对当天遇到的问题要与领队和客人共同协商解决。

(3)与客人告别时，要表达良好的祝愿。

(4)向饭店前台确认叫早服务时间。

三、带客购物服务礼仪

(1)根据旅游团客人的要求，合理安排客人购物。如无此要求，不得强加于人。

(2)去购物途中，要向客人介绍本地商品的特色，教客人鉴别商品的知识，当好客人的购物顾问。下车前，要交代清楚停留时间及有关购物的注意事项。

(3)注意前后态度要一致，不能介绍景点时简单、敷衍，讲到购物就热情高涨，这样，会引起客人的猜疑和不信任。

(4)导游员应严格遵守导购职业道德，应将客人带到商品质量好、价格公平合理的商店，而不应该唯利是图，为了一点“好处费”，昧着良心违背职业道德，与不法经营者相互勾结，从而损害旅游者的利益。

(5)如遇小贩强拉强卖，导游员有责任提醒客人不要上当受骗，导游本人不得向客人直接销售商品，不能要求客人为自己选购商品。

案例小讨论：

美国某旅游团一行18人参观湖北某地毯厂后乘车返回饭店。途中，旅游团成员史密斯先生对地陪小王说：“我刚才看中一条地毯，但没拿定主意。跟太太商量后，现在决定购买。你能让司机送我们回去吗?”小王欣然应允，并立即让司机驱车返回地毯厂。在地毯厂，以1 000美元买下地毯，但当店方包装时，史密斯夫人发现地毯有瑕疵，于是决定不买。两天后，该团离开湖北之前，史密斯夫妇委托小王代为订购同样款式的地毯一条，并留下1 500美元作为购买和托运费用。小王本着“宾客至上”的原则，当即允诺下来，史密斯夫人十分感激。送走旅游团后，小王即与地毯厂联系办理了购买和托运地毯的事宜，并将发票、托运单、350美元托运手续费收据寄给史密斯夫妇。

讨论：小王处理此事过程中的不妥之处。

1. 不应让司机立即返回地毯厂，正确的做法是先征求其他游客的意见：大家同意可返回；大家不同意，让史密斯先生坐出租车去地毯厂并为其写便条，或先回饭店，安排好其他客人后陪同史密斯先生前往地毯厂。

2. 不应欣然应允代购地毯的要求并收钱，正确的做法应是：婉拒代购地毯的要求；推托不了时应请示领导，如领导同意，可接受委托并收钱；购妥、托运后，将发票、托运单、托运费收据及余款寄给史密斯先生，将各种单据的复印件交旅行社保存。

四、导游语言服务礼仪

(一)导游语言的基本要求和运用原则

1. 运用导游语言的基本要求

(1)语音、语调要适度、优美。在讲解过程中，导游员的声音要适度，不高不低，以使在场的客人听清为宜。

(2)要正确掌握语言节奏。导游语言的节奏涉及说话的快慢、语句的停顿及声调的高低，节奏运用得当，不仅使旅游者听得清楚明了，而且可以使他们心领神会，情随意转，从而收到良好的信息传递效果。

(3)合理运用修辞手法和格言典故。导游员在导游讲解中运用比喻、拟人、夸张、排比等修辞手法，并恰当地使用旅游者所熟悉的谚语、俗语、歇后语、格言、典故等。

(4)善于察言观色，注意把握时机。导游员在与旅游者谈话时，要能听话听音，随机应变，就地取材引出新的话题。

2. 导游语言的运用原则

(1)准确。导游语言应当准确，这是导游员在导游讲解时必须遵守的基本原则。

(2)清楚。导游语言的清楚性原则要求导游员在讲解和交谈时，口齿清楚，简洁明了，确切达意，措辞恰当，组合相宜，层次分明，逻辑性强。

(3)生动。旅游者在旅途中追求的是轻松愉快，在游览中向往的是导游员活泼风趣的讲解。

(4)灵活。导游讲解的灵活性原则要求导游员根据不同的对象和时空条件进行讲解，注意因人而异，因时制宜，因地制宜。

(二)致辞服务礼仪

1. 欢迎词

(1)欢迎词的基本内容

专业的欢迎词包括以下几个基本要素：

①向团队客人问候，并代表旅行社表示热烈欢迎；

②自我介绍，包括自己的姓名和职务，司机的姓名和所驾车的牌号以及其他参加接待人员的姓名和职务；

③简要介绍当地风土人情和游览目的地的基本情况以及接团后的大致安排，使旅游者心中有底；

④表明自己的工作态度，即愿竭尽全力为客人搞好导游服务；

⑤祝愿客人旅行愉快，并希望得到客人的合作与谅解。

(2)欢迎词的常用模式

风趣式、闲谈式、感慨式、朗诵式、猜谜式、讲故事式。

2. 欢送词

欢送词是旅行游览过程结束后，导游员为表示惜别、感谢合作、征求意见、期待重逢所作的口头演说。

欢送词主要包括以下几个方面的内容：

(1)表示惜别之情。不少游客在短短数天的游览中，已成了导游员的朋友，分别时依依不舍。

(2)对游客的配合与支持表示感谢。一次成功的旅游活动是旅游者与导游员双方共同合作、共同努力的结果。

(3)欢迎批评。在旅游接待过程中，难免在服务中有欠缺和言行不当的地方，通过欢送词也可向旅游者表示歉意，以求得他们的谅解。同时，也应表示出"欢迎批评"的意思，征求意见、欢迎批评往往会给游客留下非常好的印象。

(4)期待下一次重逢。可引用一些名言、谚语等有文采的语言，表达一种"愿意再见"的情感，这是欢送词的另一重要要素。

五、突发事件处理礼仪

(一)路线与日程变更

旅游计划和活动日程一旦商定，各方面都应严格执行，一般不轻易更改。但是有时一些天气突变、交通问题等不可预料的因素迫使旅游计划、线路和活动日程变更。

(1)如遇接团社没有订上规定的航班、车次的机车票，而更改了航班车次或日期，应向客人做好解释，并提醒接团社，及时通知下站。

(2)如遇天气或其他原因，临时取消航班，不能离开所在城市时，应注意争取领队合作，稳定客人情绪，并立即与内勤联系，配合民航安排好客人的用餐和休息问题。

(3)如遇景点关闭等特殊情况，不得不改变活动项目，导游员应该以精彩的介绍、新奇的内容和最佳的安排激起客人的游兴，让他们高兴地随导游员去游览替代的景点。

(二)行李丢失和损坏

(1)当在机场发现行李丢失，应凭机票及行李牌在机场行李查询处挂失，并保存好挂失单和行李单，将丢失行李者所下榻的饭店的名称、房间号、电话号码告诉查询处，并记下查询处的电话、联系人和航空公司办事处的地址、电话，以便联系。

(2)如行李在接团后丢失，应冷静分析情况，先设法寻找。若未找到，应把详细情况向旅行社领导汇报，由旅行社安排内勤、外勤和其他工作人员帮助寻找丢失的行李。

(3)行李损坏，应掌握谁损坏谁赔偿的原则。一时查不清责任，应答应给受损失者修理或赔偿，费用掌握在规定标准内，请客人留下书面说明，发票由地陪签字，以便向保险公司办理索赔。

(三)旅游者病危或死亡

(1)旅游者病危时，导游员要及时向接团社汇报，积极组织抢救。

(2)尽快与旅行社取得联系，报告情况，并请社里派人到医院照料病人。

(3)如患者病危而其亲属又不在中国者，应请领队迅速与患者所属国家的驻华使、领馆联系，请其做主或电告病人家属，凡事听他们的意见，导游人员从旁协助。

(4)患者需要住院动手术时，应征得患者亲属、领队或驻华使、领馆代表同意并签字后方可进行。

(5)如在医院抢救无效死亡，由参加抢救的医师向死者亲友、领队、当地旅行社代表详细报告抢救经过，并写出《抢救经过报告》及《死亡诊断证明》，由主治医师签字盖章后交领队或死者亲属，同时复制三份交给有关部门和人员收存。

(6)如果是非正常死亡，导游员要保护好现场，立即向公安局和旅行社报告，协助查明死因。

(7)导游员应协助领队清理死者遗物，开列清单，各方签字，让亲属或领队带回。

(四)旅游者财物被盗

(1)旅游者如丢失护照，导游人员应首先详细了解丢失情况，找出有关线索，努力寻觅。

(2)如发现客人财物短缺，应迅速了解物品丢失前后经过，作出正确判断，是失主不慎丢失，还是被盗。

(五)交通事故

(1)立即组织抢救。电话呼叫救护车或立即拦车将伤员送往距出事地点最近的医院抢救，并立即向接团社和组团社汇报，请示事后处理意见。

(2)保护现场。保护现场肇事痕迹，不要在忙乱中破坏现场，尽可能防止肇事者逃跑，以便交通警察和治安部门调查处理。如果有两个以上导游员在场，可由一个指挥抢救，另一个留下保护现场。

(3)迅速报告交通、公安部门(交通事故报警电话 122)，让其派人前来调查处理，同时，向旅行社报告事故的发生情况和伤亡情况，请求派人前来指挥事故的处理，并要求派车前来把未受伤和轻伤者接送至饭店。

(4)做好全团人员的安定工作。事故发生后，除有关人员留在医院外，应尽可能使其他团员继续按原定活动计划参观游览。

(5)做好事故善后工作。交通事故的善后工作将由交通、公安部门和旅行社出面处理，导游人员应照顾好受伤游客，写好事后情况报告，请医院开具诊断和治疗书，请公安局开出交通事故证明书，以供客人向保险公司索赔。

(6)交通事故处理就绪或该团接待工作结束后，导游员应写出书面报告，详细报告事故发生的时间、地点、性质、原因、处理经过、最后结论，司机的姓名、车型、车号、伤亡情况、医生诊断结论、治疗情况等。

(六)其他特殊情况

如发现客人就餐后出现头晕、头痛、恶心、呕吐等不适症状，导游人员除立即劝阻客人停止进餐外，应迅速护送客人前往医院就诊，同时尽快报告接团社和卫生检疫部门，妥善安排善后处理事宜。

小资料：服务人员九要点

1. 嘴巴甜一点
2. 行动快一点
3. 做事多一点
4. 肚量大一点
5. 说话轻一点
6. 脑筋活一点
7. 效率高一点
8. 理由多一点
9. 脾气小一点

●●●● 实训项目

导游服务人员在大巴车上致欢迎词

【实训目的】　学会致成功的欢迎词

【实训内容】　班级分为四个小组，以小组为单位分别训练；一组十个学生，一个扮演导游人员，一个扮演司机，其余扮演游客。

【实训步骤】

1. 学生每5～10人进行自由组合。
2. 每小组确定相应的模拟主题以及欢迎词内容。
3. 课后进行节目编排准备，每组根据自己准备的内容进行模拟表演。
4. 教师及台下同学对表演者的表演情况进行点评。

●●●● 同步测试

一、单项选择题

1. 与游客交谈时，一般连续注视游客的时间应在(　　)，以免引起游客的厌恶和误解。

A. 1分钟　　B. 1～2秒　　C. 3～4秒　　D. 2～3秒

2. 导游人员一般运用(　　)来增加语言的情趣性。

A. 鲜明生动的语言 B. 幽默诙谐的语言 C. 形象化语言 D. 副语言

3. 握手是交际双方互伸右手彼此相握以传递信息的手势语，下列对于握手的规范表述正确的一项是(　　)。

A. 长晚辈之间，晚辈应先伸手 B. 宾主之间，宾客应先伸手

C. 男女之间，男方应先伸手 D. 上下级之间，上级应先伸手

4. 下列对于手势语的表述正确的一项是(　　)。

A. 在日本，竖起大拇指，表示首领的意思

B. 在希腊，竖起大拇指，表示“祈祷幸运”

C. 在缅甸伸出食指，表示“请求”、“拜托”的意思

D. 在韩国，伸出小指，表示“女人”的意思

5. 下列对于导游姿态语描述错误的一项是(　　)。

A. 导游人员在运用态势语时，必须首先了解所服务游客所在的国家民族文化，生活习俗，避免引起态势上的误会

B. 姿态语是身体的某一场合中以静态姿势所传递的信息

C. 在导游活动中，姿态语主要分坐式和立式两种，任何坐式和立式都可以反映人的心理状态及其修养

D. 导游人员在取低处物品时，应先弯腰，再伸手去拿物品

E. 导游人员在运用态势语时，应恰当、自然、综合运用

二、多项选择题

1. 导游语言的艺术形式按其语言表达的方式，主要可以分为：(　　)。

A. 头口语言 B. 书面语言 C. 态势语言 D. 形体语言

2. 导游人员在使用态势语言时，(　　)。

A. 要恰当，符合游客的民族文化和生活习惯

B. 要自然，不要矫揉造作

C. 要结合起来运用以增强语意，强化信息的传递

D. 要使每一种态势语言能同口头语言和谐地融为一体

E. 要使用得规范、标准

3. 作为一名合格的导游员要在语言方面下一番工夫，导游语言的基本要求及技能有许多，其中包括语言语音语调的适度、音质优美、语言节奏的适中以及导游语言的规范性、逻辑性、(　　)，需要逐步掌握。

A. 政治性 B. 科学性 C. 生动性 D. 幽默性 E. 灵活性

4. 导游员在运用导游语言时，应遵循的“言之有物”原则，是指导游讲解(　　)。

A. 内容要充实，有说服力 B. 所讲内容应是客观事物的正确反映

C. 具有鲜明的思想性 D. 要讲道理，要以理服人

E. 不讲空话、套话，不玩弄美丽辞藻

5. 导游人员在与游客进行交流时，应该注意做到如下几点：(　　)。

A. 了解游客 B. 接近与交谈 C. 提醒与劝服 D. 回绝与道歉

三、简答题

1. 导游员带客购物要注意哪些礼仪？
2. 欢迎词的内容与模式有哪些？
3. 欢送词的内容与模式有哪些？
4. 销售人员约见客户时应该注意哪些礼仪？
5. 在店面、柜台销售中，介绍商品时要注意哪些礼仪？

四、案例分析

某旅游团将于10月17日17：40乘火车离A市赴E市。地陪小胡带领该团游览了清静寺后于16：00将该团带到市中心购物。16：40全团上车后发现少了两名客人。于是小胡让领队照顾全团在原地等候，自己和全陪分头去找这两名客人。等找到客人，回到车上时，离火车开车时间只有20分钟了。驾驶员立即开车，可是汽车抵达火车站时，火车已驶离站台。

问题：请分析造成这次误车事故的原因，并说明小胡应采取什么补救措施？

第六章
涉外服务礼仪

学习目标

知识目标：

了解涉外礼仪的重要性、礼宾次序与国旗悬挂；理解涉外接待礼仪的基本原则；掌握迎送、会见与会谈以及宴会的基本礼仪规范

能力目标：

运用所学知识熟练操作涉外活动的基本礼仪

本章知识体系

第一节　涉外接待礼仪的基本原则

一、维护形象

二、不卑不亢

三、求同存异

四、入乡随俗

五、信守约定

六、热情有度

七、不必过谦

八、不宜先为

九、尊重隐私
十、女士优先
第二节　迎送、会见与会谈
一、迎送礼仪
(一)迎送的安排
(二)确定迎送规格
(三)掌握抵达和离开的时间
(四)献花
(五)互相介绍
(六)迎送中的陪车
(七)迎送中的其他事项
二、会见与会谈礼仪
(一)会见及其性质
(二)会见与会谈的安排
(三)会场布置与座位安排
(四)会谈会见时的礼节
第三节　礼宾次序与国旗悬挂
一、礼宾次序
(一)礼宾次序的内涵及排列依据
(二)礼宾次序的排列要求
(三)影响礼宾次序排列的其他因素
(四)礼宾次序排列中其他应注意的问题
二、国旗的悬挂
(一)国旗的含义
(二)国旗悬挂礼仪规范
(三)几种国旗悬挂法
第四节　宴请
一、宴请的四种常见形式
(一)宴会
(二)招待会
(三)茶会
(四)工作进餐
二、宴请的准备
(一)确定宴请对象、规格和范围
(二)确定宴请的时间、地点
(三)邀请
(四)订菜
(五)席位安排
(六)现场布置

(七)餐具的摆放
三、宴席中的礼节
(一)迎宾
(二)引宾入席
(三)致辞、祝酒
(四)侍应顺序
(五)斟酒
(六)宴席结束
四、赴宴者的礼貌修养
(一)应邀
(二)妥善掌握出席时间
(三)抵达
(四)赠花
(五)入座
(六)进餐
(七)交谈
(八)祝酒
(九)宽衣
(十)喝咖啡
(十一)吃瓜果
(十二)洗手
(十三)接受纪念品
(十四)函谢
五、宴请服务员的职业要求

古人曰：“人无礼则不立，事无礼则不成，国无礼则不宁。”人类循礼，源远流长，人们为了表达自己手中没有武器，让对方感到自己没有恶意而摊开双手，之后演变成了握手礼；为了表示对对方的畏惧与自己的虚弱，愿以低头俯身的姿势面对对方，后来成了表示尊重对方的鞠躬礼。中国素有“文明古国”、“礼仪之邦”的美誉，涉外服务礼仪正是在此基础上发展起来的。涉外礼仪虽然是一种在涉外社交活动中通行的礼仪，但是由于国家之间民族文化、历史传统、宗教信仰等诸方面的差异，各国也表现出了独特的风俗习惯。因此，为了更好地提高在国际社会上的交际能力，需要了解、学习、掌握涉外礼仪，还必须了解和熟悉世界主要国家的礼仪禁忌，尊重他国的风俗与习惯，以便做到入乡随俗。

第一节　涉外接待礼仪的基本原则

一、维护形象

在国际交往之中，人们普遍对交往对象的个人形象倍加关注，并且都十分重视遵照规范的、得体的方式塑造、维护自己的个人形象。个人形象在国际交往中之所以深受人们的重视，主要是基于下列五个方面的原因。第一，每一个人的个人形象，都真实地体现了他个人的教养和品位。第二，每一个人的个人形象，都客观地反映了他个人的精神风貌与生活态度。第三，每一个人的个人形象，都如实地展现了他对待交往对象所重视的程度。第四，每一个人的个人形象，都是其所在单位的整体形象的有机组成部分。当人们不知道某一个人的归属时，他个人形象方面所存在的缺陷，顶多会被视为个人方面存在着某些问题。但是，当人们确知他属于某一单位，甚至代表着某一单位时，则往往将其个人形象与所在单位的形象等量齐观。最后，每一个人的个人形象，在国际交往中还往往代表着其所属国家、所属民族的形象。

基于以上原因，在涉外交往中，每个人都必须时时刻刻注意维护自身形象，特别是要注意维护自己在正式场合留给初次见面的外国友人的第一印象。

个人形象在构成上主要包括六个方面。它们亦称个人形象六要素。

第一，是仪容。仪容，是指一个人个人形体的基本外观。

第二，是表情。表情，通常主要是一个人的面部表情。

第三，是举止。举止，指的是人们的肢体动作。

第四，是服饰。服饰，是对人们穿着的服装和佩戴的首饰的统称。

第五，是谈吐。谈吐，即一个人的言谈话语。

第六，是待人接物。待人接物，具体是指与他人相处时的表现，亦即为人处世的态度。

小故事：总理与鞋

在外事活动中，周恩来总理十分注重礼节。他病重期间，重要的外事活动都坚持参加。后来病得连脚板也肿起来，他原来的皮鞋、布鞋都不能穿，只能穿着拖鞋走路。参加外事活动时，工作人员关心总理，让他穿着拖鞋参加外事活动，认为外宾是能够理解的。周总理不同意，他慈祥又严肃地说："不行，要讲礼仪嘛！"于是，工作人员为他特制了一双鞋。

二、不卑不亢

不卑不亢，是涉外礼仪的一项基本原则。它的主要要求是：每一个人在参与国际交往时，都必须意识到自己在外国人的眼里，是代表着自己的国家，代表着自己的民族，代表着自己的所在单位的。因此，其言行应当从容得体，堂堂正正。在外国人面前既不应该表现得畏惧自卑，低三下四，也不应该表现得自大狂傲，放肆嚣张。周恩来同志曾经要求我国的涉外人员"具备高度的社会主义觉悟、坚定的政治立场和严格的组织纪律，在任何复杂艰险的情况下，对祖国赤胆忠心，为维护国家利益和民族尊严，甚至不惜牺牲个人一切"。江泽民同志则指出：涉外人员必须"能在变化多端的形势中判明方向，在错综复杂的斗争中站稳立场，再大的风流中也能顶住，在各种环境中都严守纪律，在任何情况下都忠于祖国，维护国家利益和尊严，体现中国人民的气概"。他们的这些具体要求，应当成为我国一切涉外人员的行为准则。

三、求同存异

首先，对于中外礼仪与习俗的差异性，是应当予以承认的。

再者，在涉外交往中，对于类似的差异性，尤其是我国与交往对象所在国之间的礼仪与习俗的差异性，重要的是要了解，而不是要评判是非，鉴定优劣。

在国际交往中，究竟遵守哪一种礼仪为好呢？一般而论，目前大体有三种主要的可行方法。

其一，是“以我为主”。所谓“以我为主”即在涉外交往中，依旧基本上采用本国礼仪。

其二，是“兼及他方”。所谓“兼及他方”，即在涉外交往中，基本上采用本国礼仪的同时，适当地采用一些交往对象所在国现行的礼仪。

其三，则是“求同存异”。所谓“求同存异”是指在涉外交往中为了减少麻烦，避免误会，最为可行的做法，是既对交往对象所在国的礼仪与习俗有所了解并予以尊重，更要对于国际上所通行的礼仪惯例认真地加以遵守。

四、入乡随俗

“入乡随俗”，是涉外礼仪的基本原则之一，它的含义主要是：在涉外交往中，要真正做到尊重交往对象，首先就必须尊重对方所独有的风俗习惯。之所以必须认真遵守“入乡随俗”原则，主要是出于以下两方面的原因：

原因一，是因为世界上的各个国家、各个地区、各个民族，在其历史发展的具体进程中，形成各自的宗教、语言、文化、风俗和习惯，并且存在着不同程度的差异。这种“十里不同风，百里不同俗”的局面，是不以人的主观意志为转移的，也是世间任何人都难以强求统一的。

原因二，是因为在涉外交往中注意尊重外国友人所特有的习俗，容易增进中外双方之间的理解和沟通，有助于更好地、恰如其分地向外国友人表达我方的亲善友好之意。

五、信守约定

作为涉外礼仪的基本原则之一，所谓“信守约定”的原则，是指在一切正式的国际交往之中，都必须认真而严格地遵守自己的所有承诺。说话务必要算数，许诺一定要兑现，约会必须要如约而至。在一切有关时间方面的正式约定之中，尤其需要恪守不怠。在涉外交往中，要真正做到“信守约定”，对一般人而言，尤须在下列三个方面身体力行，严格地要求自己。

第一，在人际交往中，许诺必须谨慎。

第二，对于自己已经作出的约定，务必要认真地加以遵守。

第三，万一由于难以抗拒的因素，致使自己单方面失约，或是有约难行，需要尽早向有关各方进行通报，如实地解释，并且还要郑重其事向对方致以歉意，并且主动地负担按照规定和惯例因此而给对方所造成的某些物质方面的损失。

六、热情有度

“热情有度”，是涉外礼仪的基本原则之一。它的含义是：要求人们在参与国际交往，直接同外国人打交道时，不仅待人要热情而友好。更为重要的是，要把握好待人热情友好的具体分寸。否则就会事与愿违，过犹不及。

中国人在涉外交往中要遵守好“热情有度”这一基本原则，关键是要掌握好下列四个方

面的具体的“度”:

第一，要做到“关心有度”。

第二，要做到“批评有度”。

第三，要做到“距离有度”。

在涉外交往中，人与人之间的正常距离大致可以划分为以下四种，它们各自适用不同的情况。

其一，是私人距离，其距离小于0.5米之内。它仅适用于家人、恋人与至交。因此有人称其为“亲密距离”。

其二，是社交距离，其距离为大于0.5米，小于1.5米。它适合于一般性的交际应酬，故亦称“常规距离”。

其三，是礼仪距离。其距离为大于1.5米，小于3米。它适用于会议、演讲、庆典、仪式以及接见，意在向交往对象表示敬意，所以又称“敬人距离”。

其四，是公共距离。其距离在3米开外，适用于在公共场所同陌生人相处。它也被叫作“有距离的距离”。

第四，要做到“举止有度”。要在涉外交往中真正做到“举止有度”，要注意以下两个方面。一是不要随便采用某些意在显示热情的动作。二是不要采用不文明、不礼貌的动作。

七、不必过谦

不必过谦的原则的基本含义是：在国际交往中涉及自我评价时，虽然不应该自吹自擂，自我标榜，一味地抬高自己，但是也绝对没有必要妄自菲薄，自我贬低，自轻自贱，过度地对外国人进行谦虚、客套。

八、不宜先为

所谓“不宜先为”原则，也被有些人称作“不为先”的原则。它的基本要求是，在涉外交往中，面对自己一时难以应付、举棋不定，或者不知道到底怎样做才好的情况时，如果有可能，最明智的做法，是尽量不要急于采取行动，尤其是不宜急于抢先，冒昧行事。也就是讲，若有可能的话，面对这种情况时，不妨先是按兵不动，然后再静观一下周围之人的所作所为，并与之采取一致的行动。

“不宜先为”原则具有双重的含义。一方面，它要求人们在难以确定如何行动才好时，应当尽可能地避免采取任何行动，免得出丑露怯。另一方面，它又要求人们在不知道到底怎么做才好，而又必须采取行动时，最好先是观察一些其他人的正确做法，然后加以模仿，或是同当时的绝大多数在场者在行动上保持一致。

九、尊重隐私

中国人在涉外交往中，务必要严格遵守“尊重隐私”这一涉外礼仪的主要原则。一般而言，在国际交往中，下列八个方面的私人问题，均被海外人士视为个人隐私问题。

其一，是收入支出。其二，是年龄大小。其三，是恋爱婚姻。其四，是身体健康。其五，是家庭住址。其六，是个人经历。其七，是信仰政见。其八，是所忙何事。

要尊重外国友人的个人隐私权，首先就必须自觉地避免在对方交谈时，主动涉及这八个方面的问题。为了便于记忆，它们亦可简称为“个人隐私八不问”。

十、女士优先

所谓“女士优先”，是国际社会公认的一条重要的礼仪原则，它主要适用于成年的异性进行社交活动之时。“女士优先”的含义是：在一切社交场合，每一名成年男子都有义务主动自觉地以自己实际行动，去尊重妇女，照顾妇女，体谅妇女，关心妇女，保护妇女，并且还要想方设法，尽心竭力地去为妇女排忧解难。倘若因为男士的不慎，而使妇女陷于尴尬、困境，便意味着男士的失职。

“女士优先”原则还要求，在尊重、照顾、体谅、关心、保护妇女方面，男士们对所有的妇女都一视同仁。

小资料：我国礼宾改革及特点

礼仪与礼节在一定意义上反映了一个国家的文明程度、文化状况和社会风尚。然而，随着国际交往的日益发展，各国礼仪形式与交际礼节都在不同程度发生变化和改革。面对迅速发展的对外开放形势，我国在确保做好外宾接待工作的前提下，既考虑到国际惯例的需要，又从我国实际出发，对接待来访的外宾的礼节礼仪等方面作了一系列的规定和改革。

• 1978 年 10 月起，凡国宾来访，我外交部不再通知各国使节到机场迎送；不再邀请各国使节及夫人和驻京记者出席欢迎宴会。

• 1978 年 12 月起，我国不再派专机到国外迎送来访国宾。

• 1979 年 1 月起，我国不再组织四五千人的欢迎队伍迎送国宾。

• 1980 年 5 月，出访的代表团，一般不在国外举行答谢宴会。

• 1980 年 5 月，安排国宾(视其意愿)向人民英雄纪念碑献花圈。

招待来访代表团的(人数)规定：

国家元首级，30 人以内；副元首级，12 人以内；部长级，10 人以内。

• 1980 年 9 月，国宾抵达首都，欢迎仪式由机场移至人民大会堂东门外广场举行。贵宾离京不举行欢送仪式，由我国领导人前往宾馆话别，由级别较低的官员送行。除天安门广场两侧的电灯柱上挂两国国旗和主要街道挂彩旗以外，不再挂横幅。

• 1980 年 9 月，国庆招待会改用酒会形式。

• 1981 年起，国宾来访，《人民日报》不再发表社论欢迎，只发表国宾照片和简历。

• 1981 年起，对国宾车队恢复摩托车护卫。

• 1983 年起，实行陪同团长制，去外地访问时，由陪同团团长陪同活动。

• 1983 年起，国宾来访时，在人民大会堂东门外广场举行欢迎仪式、检阅三军仪仗队时，增加检阅分列式。

• 国务院规定：根据国家不分大小一律平等和国际惯例，接待外宾时，应由相应职务的人员出面迎送。当部长不能亲自迎送时，可在外宾住处欢迎和话别。

• 1984 年，外交部对宴请提出改革意见：

(1)提倡宴请形式多样化(酒会、招待会、冷餐会和自助式宴)；

(2)中餐西吃(分食制)；

(3)宴会以中餐为主，提倡四菜一汤(冷盘不宜太多，热菜也不要太多)；

(4)地方宴请应提倡用地方名酒或特色酒。

• 1987年，外交部提出缩短国宾车队的要求：正部级一人一辆，副部级两人合一辆，司局级乘面包车(备机动车)。

• 1987年，部级代表团在国外期间，一般不搞答谢宴会，如确因工作需要，可举行小型宴请活动，不发消息。不建议来访代表团举行答谢宴会。

• 1990年，淡化对宴请的报道，宴会上讲的话放在会见时讲。

第二节 迎送、会见与会谈

迎客和送客是涉外接待工作的两个重要环节，在整个涉外活动中，占有极其重要的位置。一个精心安排的欢迎仪式，能使来宾一踏上被访国就会产生良好的第一印象；一个周到圆满的欢送仪式，会给来宾留下美好而难忘的回忆。因此，热情迎送，善始善终，使来宾高兴而来，满意而归，就显得尤为重要。在国际交往中，对外国来访的客人，常常有视其身份、访问性质和目的以及两国之间的关系等因素，安排相应的迎送活动。

一、迎送礼仪

(一)迎送的安排

正式迎送来访者之前，首先要有一个对迎送活动的周密安排。一般来说，迎送活动分两种档次：

1. 隆重迎送

这主要适用于各国对外国国家元首、政府首脑的正式访问，往往都举行隆重的迎送仪式。对军方领导人的访问，也举行一定的欢迎仪式。

2. 一般迎送

这适用于一般人员的访问，对一般代表团和人员的访问，一般不举行迎送仪式。

当然，对应邀前来的访问者，不管是官方人士、专业代表团，抑或是民间团体、知名人士，在他们抵离时，均应安排相应身份的人员前往迎送。对长期在本国工作的外国人士、外交使节或专家，当他们到任或离任时，各国有关方面亦应安排相应人员迎送。

(二)确定迎送规格

对来宾的迎送规格，各国的做法不完全一样。通常，确定迎送规格，主要是依据来访者的身份，访问性质和目的，适当考虑两国关系，同时要注意国际惯例。

确定迎送规格，主要是确定哪一级人员出面迎送，是接待来宾的一个礼遇规格，应根据主管部门接待要求来办。主要迎送人通常都要同来宾的身份相当，以便综合平衡；但由于各种原因不可能完全对等时，可灵活变通，由职位相当的人士或由副职出面。总之，主人身份与客人的身份不能相差太大，以同客人对口、对等为宜，以示对客人的尊重。当事人不能出面时，无论作何种处理，应从礼貌出发，向对方作出解释。在特殊情况下，为了两国的外交关系或政治需要，可打破常规，安排较大的迎送场面，给予较高的礼遇。但要避免产生不必要的误会，以免造成厚此薄彼的印象。

(三)掌握抵达和离开的时间

为顺利迎送客人，迎送人员必须准确掌握来宾乘坐的飞机(火车、船舶)的抵离时间。

如有变化，应及时告知。由于天气变化等意外原因，飞机、火车、船舶可能不准时，迎送人员应在客人抵达之前到机场、车站或码头，不能出现让客人等候的现象。送行人员应在客人起程之前到达，如有迎送仪式，应在欢送仪式之前到达，并直到客人乘坐的交通工具看不见时再离去。

(四)献花

献花适用于礼遇较高的外宾，迎接普通外宾，一般不需献花。献花须用鲜花或由鲜花扎成的花束，花束要整洁、鲜艳，忌用菊花、杜鹃花、石竹花和黄颜色花朵。贵宾献花，通常由儿童或女青年在参加迎送的主要领导人与客人握手之后，将花献上，并向来宾行礼。有的国家由女主人向女宾献花。

(五)互相介绍

客人与迎接人员见面时，应互相介绍。通常先将主人介绍给来宾，职位从高至低，可由礼宾交际工作人员、接待翻译或迎接人员中职位最高者介绍。有时也可作自我介绍。客人初来乍到，一般较为拘谨，作为主人应主动与客人寒暄。

(六)迎送中的陪车

迎送车辆都应事先安排好，不可临阵调遣，给人以仓促之感。客人抵达或迎送仪式结束后，从抵达地到住处，以及访问结束后，由住处前往机场、车站、码头，一般都应安排迎送人员陪同乘车。陪车时，应请宾客坐在主人右侧。上车时，客人要从右侧门上车，主人从左侧门上车。如果客人已先上车并坐在了主人位置上，则不宜再请客人挪换座位。

乘车小常识：

以下分别以：主人驾驶、专职司机驾驶两种方式，对乘车座次礼仪分别介绍，座位标注的1、2、3……顺序，按乘车人重要顺序依次排列。

1. 双排五人座轿车

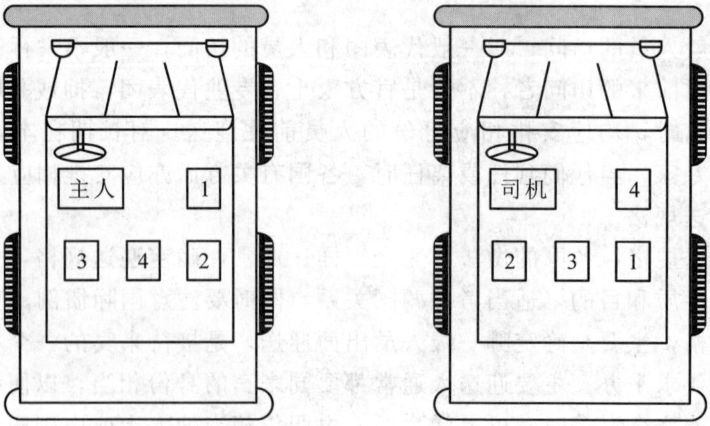

图 6-1

2. 双排六人座轿车

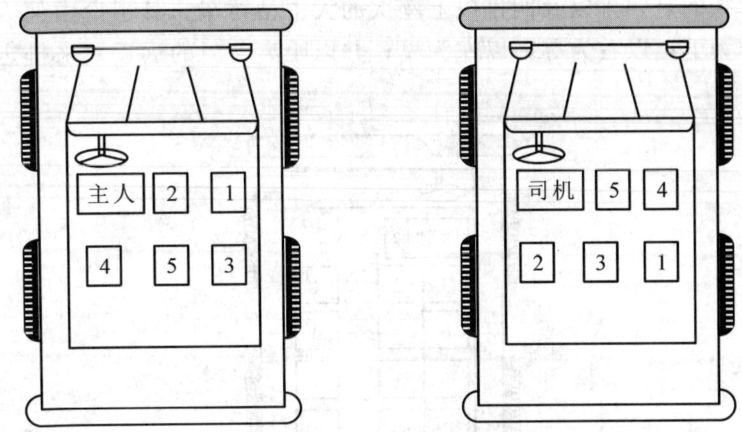

图 6-2

3. 双排七人座轿车

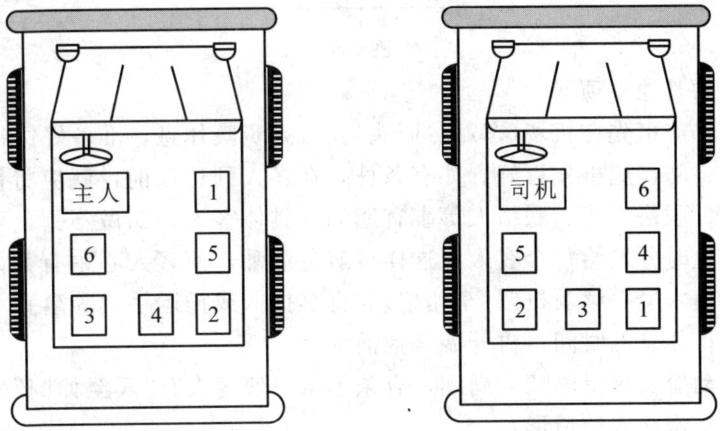

图 6-3

4. 双排九人座轿车

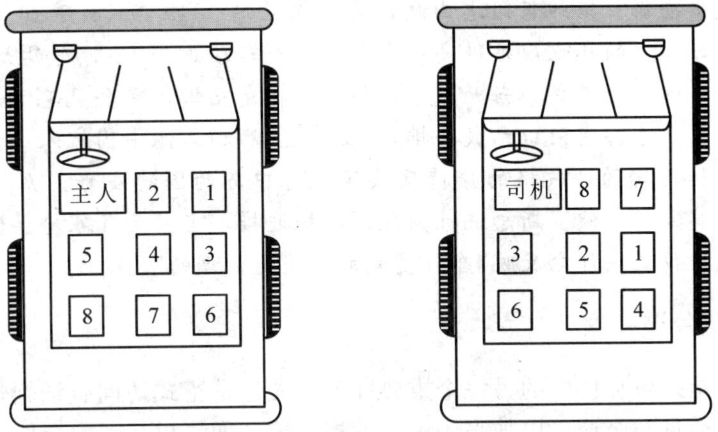

图 6-4

5. 多排座轿车

多排座轿车指的是四排以及四排以上座次的大中型轿车。其不论由何人驾驶，均以前排为上，以后排为下；以右为尊，以左为卑；并以距离前门的远近，来排定其具体座次的尊卑。

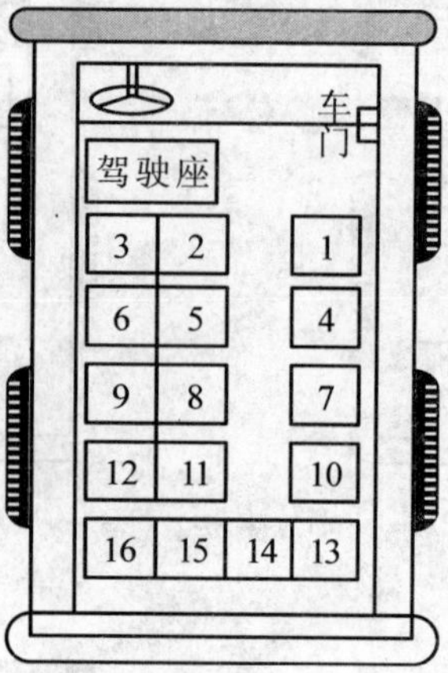

图 6-5

(七)迎送中的其他事项

迎送贵宾时，应事先在机场(车站、码头)安排好贵宾休息，准备好饮料。

客人的住处、膳食应事先订好。如有条件，在客人到达之前，就应将住房地点、用膳方式、日程安排、联络方式、联络人等事宜通知到具体客人。如做不到，可将上列事项打印好，在客人到达时分发给每个客人，这样可避免混乱，使客人心中有数，主动配合。指派专人协助办理出入境手续及机票(车船票)和行李提取或托运手续等事宜。客人到达住处后，应给客人安排休息的时间，再开展其他活动。

整个迎送活动应安排得热情、周到，有条不紊，使客人有“宾至如归”的感觉，不能出现冷淡、粗心或怠慢客人的情形。

迎送小故事：

迎送的安排，视来访者的身份地位，都有一定的规格。有时，为了表示双方的特殊关系，对迎送可破格安排。据师哲同志回忆，毛泽东主席 1949 年 12 月 16 日每一次访问苏联抵达莫斯科时，苏方的礼仪规格很高。有意安排专车在正午 12 时车站大钟敲响时进站。在车站举行了隆重的欢迎仪式。当天下午，斯大林在克里姆林宫会见毛主席。斯大林和全体苏共政治局委员在办公室门口站成一排，欢迎毛主席和其他中国客人。据说，斯大林一般是不到门口迎接外宾的。破格的接待反映了当时中苏两国的友好关系。1993 年初，美国总统布什访问莫斯科。俄罗斯总统叶利钦到机场迎接，当时天气寒冷、雪花纷飞，在机场未举行任何欢迎仪式，外电反映“布什受到的礼遇是低调的”。

二、会见与会谈礼仪

会见与会谈是外事礼仪中的另一个重要环节。无论是正式访问、谈判，还是礼节性拜访，通常要安排会见与会谈，以加强了解，发展友谊，增进相互间的合作与交流。

(一)会见及其性质

所谓会见，特指为了一定目的而进行的约会、见面。会见，在国际上一般称为“接见”或“拜会”。凡身份高的人士会见身份低的，一般称为“接见”或“召见”；凡身份低的人士会见身份高的，或是客人会见主人，一般称为“拜会”或“拜见”。拜见君主，又称“谒见”、“觐见”，我国一般不作上述区别而统称“会见”。接见和拜会后的回访，称“回拜”。会见的性质有礼节性的、政治性的、事务性的，或兼而有之。其中礼节性的会见时间较短，话题较为广泛。政治性会见一般涉及双边关系、国际局势等重大问题。事务性会见则有一般外交交涉、业务商谈、经贸、科技及文化交流等。一般来说，会谈的内容较为正式，政治性、专业性较强。在我国，会见、会谈有明显区别。会见，是在会见厅内举行，宾主在沙发上就座，偏重于礼节性。会谈，在会谈厅内举行，双方身份对等，宾主在会谈桌两旁就座，就重大问题进行全面商谈。我国领导人在多边场合会见外国领导人，有时因场地限制，也会采取会谈方式。

世界上有些国家对会见、会谈没有明显区别，如俄罗斯、美国。俄罗斯通常是把两者都安排成会谈形式；而美国则多用会见形式。

(二)会见与会谈的安排

提出会见，东道国和来访者及外交使节的权力是平等的。主客双方都可以在认为合适的时候提出会见的要求。当然，从礼节和两国关系上考虑，东道国应根据对方身份及来访目的，在来访者抵达的当日或次日，安排相应的领导人和部门负责人会见。来访者及外交使节亦可根据两国关系和本人身份及业务性质，主动提出拜会东道国某些领导人和部门负责人。

通常，礼节性拜会，由身份低者拜会身份高者，来访者拜见东道主；如是正式访问或专业访问，则应考虑安排相应的会谈。外交使节到任后和离任前，就对与本国有外交关系的国家驻当地使节作礼节性拜会。外交团之间对同等级别者的到任礼节性拜访，按惯例均应回拜，身份高者对身份低者可以回拜，也可以不回拜。

(三)会场布置与座位安排

1. 会见与会谈的场地

高级领导人之间的会见，通常安排在重要建筑物的宽敞的会客厅(室)内进行，亦有在宾客下榻的宾馆的会客室内进行。会谈桌上常放置两国国旗，现场设置中、外文座位卡，卡片的字体应工整、清晰，以便与会者对号入座。会谈场地正门口，还要安排人员迎送客人。人多时需要安装好扩音设备，调试好，确保会议使用。

2. 会见、会谈座位的安排

我国自古以来都是以左为尊，成语中就有“虚左以待”的说法，表示空出左边的位置以招待宾客，称为“虚左”。但国际通行的做法却是以右为上：悬挂两国国旗时，客方的国旗在右边，主方的国旗在左边；在涉外活动中，会见时，主客并列入座，右半边的座位要留给客人；宴会上，客人也要安排坐在主人的右侧。基于此，新中国的外交礼仪已吸取了国际上的这一习惯做法，不过在非涉外的礼仪活动中，仍可按照传统的礼仪做法安排，以左为上，比如全国人大、国务院等召开会议时的座位安排等。

会见的座位安排有多种形式，有分宾主各坐一方的，有宾主穿插坐在一起的。通常这样安排：主宾、主人席安排在面对正门位置，客人座位在主人右侧，其他客人按礼宾顺序在主宾一侧就座，主方陪见人在主人一侧按身份高低就座。译员、记录员通常安排在主宾和主人的后面。

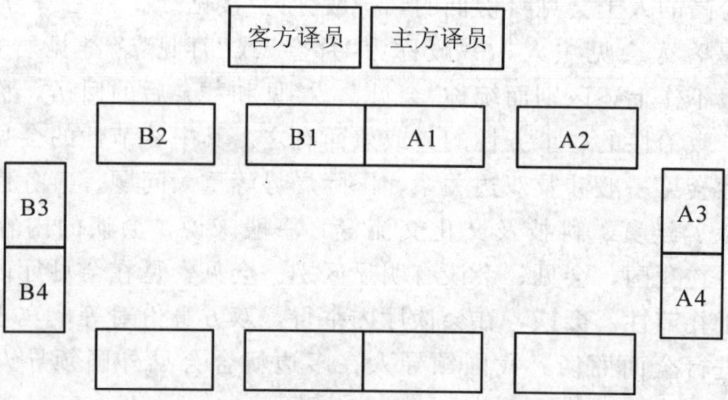

图 6-6

会谈座位安排。会谈分为双边会谈与多边会谈。双边会谈通常用长方形或椭圆形桌子，多边会谈采用圆形或摆成方形。不论什么形式，均以面对正门为上座。双边会谈时，宾主相对而坐，以正门为准，主人占背门一侧，客人面向正门。主谈人居中。我国习惯把译员安排在主谈人右侧，但有的国家亦让译员坐在后面，一般应尊重主人的安排。其他人按礼宾顺序左右排列。记录员可安排在后面，如参加会谈人数少，也可安排在会谈桌就座。小范围的会谈，也有不用长桌，只设沙发，双方座位按会见座位安排。

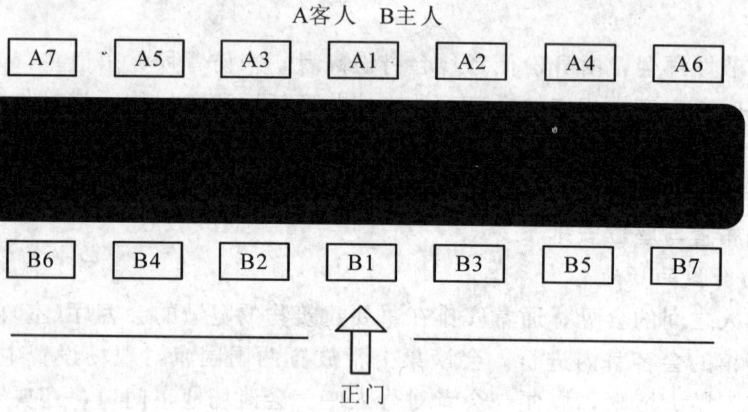

图 6-7

(四)会谈会见时的礼节

谈话时表情自然，语气亲切得体。谈话时可适当做些手势，但动作不要过大，不要用手指指人。与人谈话时，应保持一定距离，不可太近，也不可太远。注意不要唾沫四溅。不要旁听别人的个别谈话，若有事需与某人说话，应待别人说完。有人与自己主动说话，应乐于交谈。第三者参与谈话，应以握手、点头或微笑表示欢迎。发现有人欲与自己谈话，可主动询问。谈话中遇有急事需暂停谈话，应向对方打招呼，表示歉意。

在会谈中，要善于聆听对方谈话，不轻易打断别人的发言；别人说话，可适时发表个人看法，一般不提与谈话内容无关的问题。如对方谈到一些不便谈论的问题，不要轻易表态，可转移话题。在相互交谈时，应目视对方，以示专心。对方发言时，不作左顾右盼、心在不焉以及漫不经心状。

小资料：中国木匠精心打造六方会谈桌 座次安排费苦心

六方会谈桌藏着玄机

经过了五轮六方会谈，中国作为东道主，待客之道越来越娴熟，为来自其他五方的来宾提供周到的服务。这种服务，细到会谈桌型的设计，也细到美朝代表座位的安排。

每一轮六方会谈的举办地点，都设在钓鱼台国宾馆17号楼芳菲苑。占地近2.3万平方米的芳菲苑，是钓鱼台内建筑面积最大的一个楼，其主要功能是举办大型会议或酒会。主会场号称千人大厅，气势恢弘。

会谈用的桌子颇有些讲究。如果翻出前几轮六方会谈的照片看一下，就会发现，会谈的桌型发生了细微变化。在第一轮会谈时，六边长桌的空隙处，需用一张小条桌填上才能合围，呈12边形。后来，为了体现会场整体造型，国宾馆的木工师傅们专门设计制作了桌角，真正实现了"六边六角"。特制的巨型墨绿色桌布覆盖整桌，无一接缝。除了主会场的大会议桌，还有一套相同式样的小会议桌。这是为工作组会议专门定制的。

钓鱼台国宾馆的一大特色就是其浓厚的艺术氛围。芳菲苑里陈列着不少瓷器、玉器等艺术品。很多展品都是特地从故宫借来的，让各国客人能够在很短的时间里欣赏到中国文物的精华。这些展品经常在换，六方团长每次握手合影时，背后的国画从来没有雷同的。

为让朝美代表挨着坐 中方费心巧做安排

每次六方会谈，团长的座位固定不变。以中方为起点，右手逆时针依次为日本、朝鲜、美国、俄罗斯和韩国。据说，为了设计这个顺序，中方当初也颇费了一番心思。

英文字母顺序是排列的第一要则。不过，英文字母是取全称，还是缩写则很有门道。如果用缩写的话，中国是China(C)，朝鲜是DPRK(D)，日本是Japan(J)，韩国是ROK(Ro)，俄罗斯是Russia(Ru)，美国是USA(U)。按照这一顺序，美国团长和朝鲜团长就被隔开了。

为了让美、朝代表坐在一起，中方采用了按国名全称排座位的方式。这样一来，朝鲜是DPRK(D)，日本是Japan (J)，中国是P. R. China(P)，韩国是ROK(Ro)，俄罗斯是Russia(Ru)，美国是USA(U)。美朝正好在首尾两端，双方团长在六方会谈的桌子上，也正好成了邻座。

主会场边上的会见厅，专门用来召开六方团长会。厅里摆了一张直径约4米的圆形红木茶桌，但高度只有50厘米左右。会见厅的座位顺序完全按主会场布置，比起正式会议的"有棱有角"，圆桌会议创造出了一份沟通的便利。

第三节　礼宾次序与国旗悬挂

一、礼宾次序

(一)礼宾次序的内涵及排列依据

所谓礼宾次序，是指国际交往中对出席活动的国家、团体、人士的位次按某些规则和惯例进行排列的先后次序。它体现东道主(东道国)对宾客所给予的礼遇。礼宾次序在国际性集会上还体现各国的平等地位。

礼宾次序的排列主要依据如下：

(1)按宾客的身份与职务高低来排列。在社交、国际交往活动中，礼宾次序主要按宾客的身份与职务的高低来依次排列。

(2)按姓氏顺序排列。在多边活动中，礼宾次序可按宾客的姓氏顺序来排列。

(3)按字母顺序排列。有的多边活动对来宾的礼宾次序的排列，可以参加国的国名字母(一般以英文字母为准)为排列顺序。

(4)按通知代表团组成的日期先后排列。按通知代表团组成的日期先后排列礼宾次序，也是常用的礼宾次序排列方法之一：

第一，东道国对同等身份的外国代表团，按派遣国通知东道国该国代表团组成的日期排列。

第二，按派遣国决定应邀派遣代表团参加该活动的答复时间先后排列。

第三，按各国代表团抵达活动地点的时间先后排列。

当然，采用何种排列方法，东道国在致各国的邀请信中均应加以注明。礼宾次序的排列往往不能用一种方法，可几种方法交叉，考虑包括国家之间的关系、活动性质与内容、对活动所作的贡献及参加活动者的资历、威望等因素。

(二)礼宾次序的排列要求

1. 社交场合的一般要求

在一般社交场合，约定俗成的做法是：凡涉及位次顺序时，国际上都讲究右贵左贱。即一般以右为大、为长、为尊；以左为小、为次、为偏。行走时，应请外宾走在内侧即右侧，而我方人士则走在外侧即左侧；进餐时，主人应请客人坐在自己的右边。

2. 不同场合的特殊要求

同行时，两人同行，以前者、右者为尊；三人行，并行以中者为尊，前后行，以前者为尊。

进门、上车时，应让尊者先行。下车时，低位者应让尊者由右边下车，然后再从车后绕到左边上车。坐轿车时，以后排中间为大位，右边次之，左边又次之，前排最小。

迎宾引路时，迎宾，主人走在前；送客，主人走在后。

上楼时，尊者、妇女在前；下楼时则相反，位低者在前，尊者、妇女在后。

在室内，以朝南或对门的座位为尊位。

重大宴会上的礼宾次序，按礼宾次序规则，主要体现在桌次、席位的安排上。国际上的一般习惯，桌次高低以离主桌位置远近而定，主宾或主宾夫人坐在主人右侧。我国习惯按客人职务、社会地位来排次序；外国习惯男女穿插安排，以女主人为准，主宾在女主人右上方，主宾夫人在男主人右上方。如果是两桌以上的宴会，其他各桌第一主人的位置可以跟主桌主人的位置同向，亦可面对主桌的位置为主位。

(三)影响礼宾次序排列的其他因素

1. 政治因素

在多边活动中，礼宾次序的排列需要尽可能考虑客人之间的政治关系。若双方政见分歧大，两国关系紧张，就要尽量避免安排在一起。

2. 身份、语言、专业的因素

席位安排主要依据礼宾次序来安排，在排席位前，要将经落实能出席的主、宾双方名单分别按礼宾次序并列出来，并考虑语言习惯、专业对口等因素，以便于在宴席上交谈与沟通。

(四)礼宾次序排列中其他应注意的问题

在实际操作时，礼宾次序是一个政策性较强、较敏感的问题，若礼宾次序不符合国际惯例及安排不当，就会引起不必要的误解，甚至损害到两国之间的关系。

1. 席位安排的忌讳

安排宴会的席位时，有些国家忌讳以背向人，特别是安排长桌席位时，主宾席背向群众的一边和正面第一排桌背向主宾的座位，均不宜安排坐人。许多国家，陪同、译员一般不上席，为便于交谈，译员坐在主人和主宾的背后。

2. 外事、礼宾部门的指导

为了做到礼宾次序排列的准确无误，重大的、涉外的礼宾次序一定要在外事、礼宾部门的指导下，慎重地、细致地加以安排。

3. 选择礼宾次序的最佳方案

礼宾次序的安排应慎之又慎，我们在安排时应尽量避免因礼宾次序安排不周而产生矛盾，这就要求多拟出几种方案，从中选择最佳或最满意的方案。

4. 努力做好善后工作

由于安排、考虑不周或其他原因而引起礼宾次序上的风波，组织单位、部门和主管人员对这种已出现的波折要努力做好善后工作，主人应作解释，尽量缓解“一人向隅，举桌不欢”的气氛，并使这种情形的影响减少到最小的范围和最低的程度。

总之，在外事交往工作中，外事接待人员和其他有关成员必须了解礼仪、礼宾方面的基本知识与社交规范、礼节及仪式，遵循外事工作基本原则，掌握和学会礼宾次序的基本要求，才能更好地为对外交往作出努力与贡献。

课堂小案例

1995 年 3 月在丹麦哥本哈根召开联合国社会发展世界首脑会议，出席会议的有近百位国家元首和政府首脑。3 月 11 日，与会的各国元首与政府首脑合影。照常规，应该按礼宾次序名单安排好每位元首、政府首脑所站的位置。首先，这个名单怎么排，究竟根据什么原则排列？哪位元首、政府首脑排在最前？哪位元首、政府首脑排在最后？这项工作实际上很难做。丹麦和联合国的礼宾官员只好把丹麦首脑(东道国主人)、联合国秘书长、法国总统以及中国、德国总理等安排在第一排，而对其他国家领导人，就任其自便了。好事者事后向联合国礼宾官员“请教”，答道：“这是丹麦礼宾官员安排的。”向丹麦礼宾官员核对，回答说：“根据丹麦、联合国双方协议，该项活动由联合国礼宾官员负责。”

(资料来源：马保奉．外交礼仪浅谈(第 1 版)．北京：中国铁道出版社，1996)

【分析】国际交际中的礼宾次序非常重要，在国际礼仪活动中，如安排不当，或不符合国际惯例，就会招致非议，甚至会引起争议和交涉，影响国与国之间的关系。在礼宾次序安排时，既要做到大体上平等，又要考虑到国家关系，同时也要考虑到活动的性质、内容、参加活动成员的威望、资历、年龄，甚至其宗教信仰、所从事的专业以及当地风俗等。礼宾次序不是教条，不能生搬硬套，要灵活运用、见机行事。有时由于时间紧迫，无法从容安排，只能照顾到主要人员。本例就是灵活应用礼宾次序的典型案例。

二、国旗的悬挂

(一)国旗的含义

国旗是指某个国家由宪法规定的代表国家的旗帜，它是国家的一种标志，是国家的象征。如我国是五星红旗，美国是星条旗，日本是太阳旗。人们往往通过悬挂国旗表示对本国的热爱或对他国的尊重。但是，在一个主权国家领土上，一般不得随意悬挂他国国旗。有些国家还对悬挂外国国旗作了专门规定。在国际交往中，已形成了为各国所公认的悬挂国旗的惯例。

(二)国旗悬挂礼仪规范

室外悬挂国旗，应日出而升，日落而降。国旗不能倒挂，升旗要升至杆顶。需降半旗致哀时，应先将国旗升至杆顶再下降至离杆顶相当于杆长 1/3 处。

降旗时，先将旗升至杆顶，再徐徐降下。升旗时，服装要整齐，并立正脱帽，面对国旗行注目礼。不能使用破旧污损的国旗。

悬挂双方国旗，以右为上，左为下。两旗并挂，以旗正面为准，右为客方，左为主方。

汽车挂旗在车头两端旗座，司机右手方向挂客方旗，左手为主方旗。

各国国旗的比例不同，两国国旗放在一起时，常会大小不一。所以，并排悬挂不同比例的国旗时，应将其中一面旗缩放一些，使两旗面积大致相同。

从国际准则和礼遇出发，一国国家元首、政府首脑访问外国时，在去访国住地和交通工具上，可悬挂本国国旗(或元首旗)。去访国在接待外国元首和政府首脑时，在其住地和交通工具上应悬挂来访国国旗(或元首旗)。另外，驻外使节有权在办公地、官邸和交通工具上悬挂本国国旗。在国际会议上，各国政府代表团团长可按规定在一些场所或车辆上悬挂本国国旗。在大型国际性展览会、体育比赛等活动场合，也可以悬挂本国国旗。

(三)几种国旗悬挂法

1. 两面国旗并挂

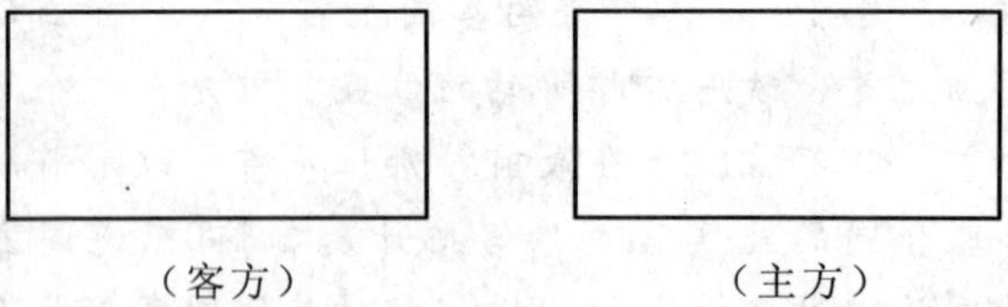

图 6-8

2. 三面以上国旗并挂

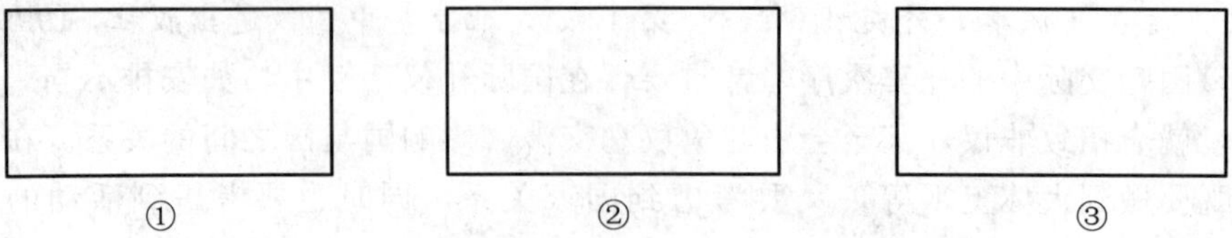

图 6-9

注：多面并列，主方在最后。如系国际会议，无主客之分，则按会议规定之礼宾顺序排列。

3. 并列悬挂

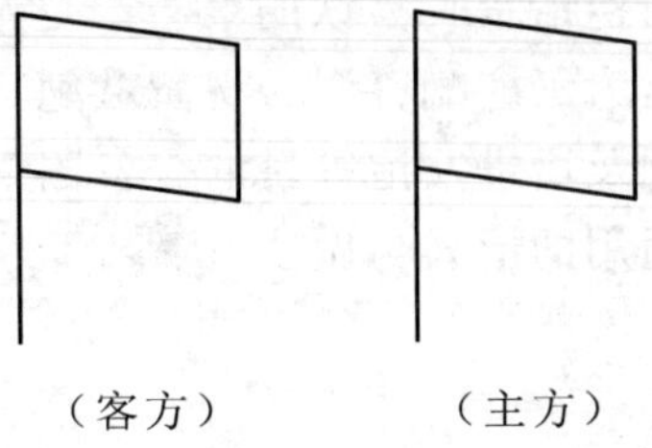

图 6-10

4. 交叉悬挂

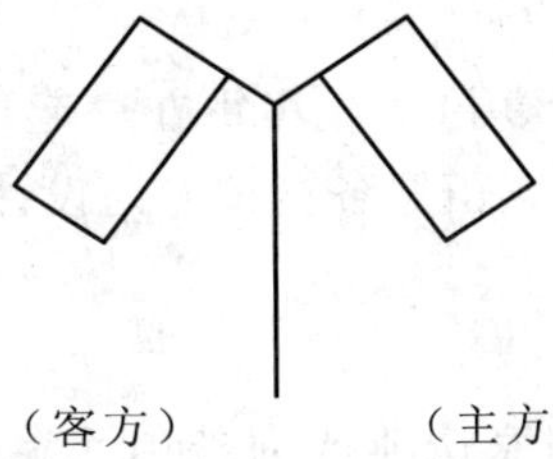

图 6-11

5. 竖挂(客方为反面，主方为正面)

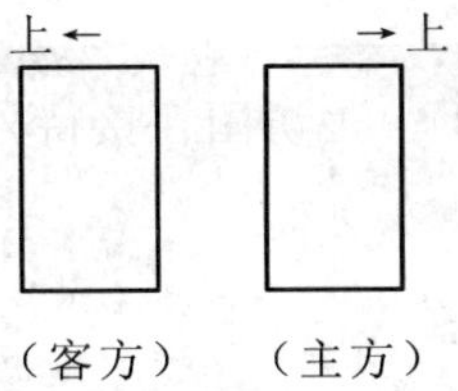

图 6-12

6. 交叉挂

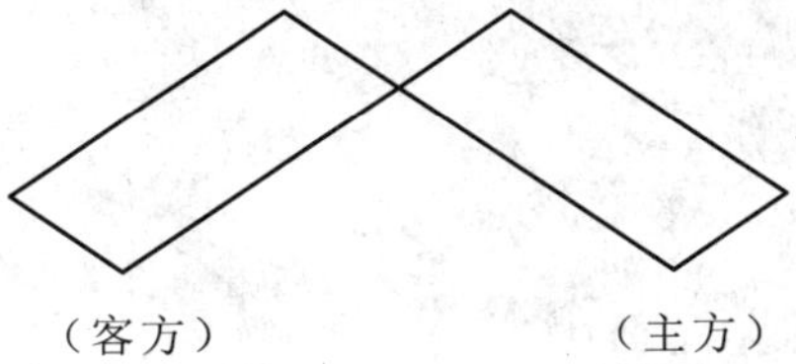

图 6-13

7. 竖挂(双方均为正面)

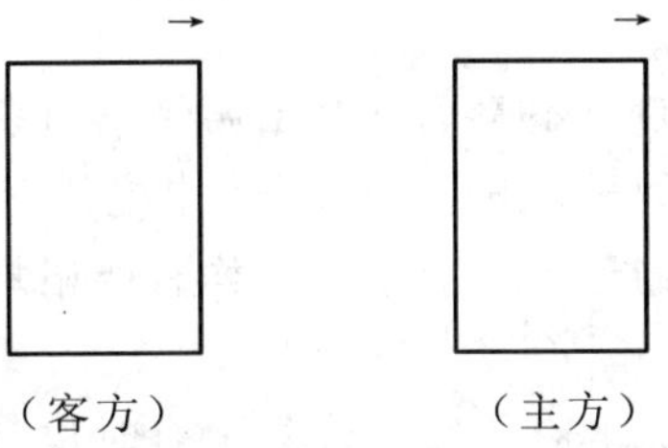

图 6-14

第四节 宴请

宴请，古已有之，现指盛情邀请贵宾宴饮的聚会，是人际、社交乃至国际交往中最常见的礼仪活动之一。宴请通常是为了应酬答谢、祝贺共勉、联络感情、结交朋友、增加接触机会、讨论共同感兴趣的问题及增进友谊等目的。各国宴请都有自己国家或民族的特点与习惯，这里主要介绍国际上通用的形式与做法。

一、宴请的四种常见形式

国际上通用的宴请形式有四种：宴会、招待会、茶会、工作进餐。每种形式均有特定的规格和要求。

(一)宴会

宴会，指比较正式、隆重的设宴招待，宾主在一起饮酒、吃饭的聚会。宴会是正餐，出席者按主人安排的席位入座进餐，由服务员按专门设计的菜单依次上菜。按其规格又有国宴、正式宴会、便宴、家宴之分。

1. 国宴

特指国家元首或政府首脑为国家庆典或为外国元首、政府首脑来访而举行的正式宴会，是宴会中规格最高的。按规定，举行国宴的宴会厅内应悬挂两国国旗，安排乐队演奏两国国歌及奏席间乐，席间主、宾双方有致辞、祝酒。

图 6-15

2. 正式宴会

这种形式的宴会除不挂国旗、不奏国歌及出席规格有差异外，其余的安排大体与国宴相同。有时也要安排乐队奏席间乐，宾主均按身份排位就座。许多国家对正式宴会十分讲究排场，对餐具、酒水、菜肴的道数及上菜程序均有严格规定。

3. 便宴

这是一种非正式宴会，常见的有午宴、晚宴，有时也有早宴。其最大特点是简便、灵活，可不排席位、不作正式讲话，菜肴也可丰可俭。有时还可以自助餐形式，自由取餐，可以自由行动，更显亲切随和。

4. 家宴

即在家中设便宴招待客人。西方人士喜欢采取这种形式待客，以示亲切。且常用自助餐方式。西方家宴的菜肴往往远不及中国餐之丰盛，但由于通常由主妇亲自掌勺，家人共同招待，因而它不失亲切、友好的气氛。

(二)招待会

招待会是指一些不备正餐的宴请形式。一般备有食品和酒水饮料，不排固定席位，宾主活动不拘形式。较常见的有：

1. 冷餐会

此种宴请形式的特点是不排席位，菜肴以冷食为主，也可冷、热兼备，连同餐具一起陈设在餐桌上，供客人自取。客人可多次进食，站立进餐，自由活动，边谈边用。冷餐会的地点可在室内，也可在室外花园里。对年老、体弱者，要准备桌椅，并由服务人员招待。这种形式适宜于招待人数众多的宾客。我国举行大型冷餐招待会，往往用大圆桌，设座椅，主桌安排座位，其余各席并不固定座位。食品和饮料均事先放置于桌上，招待会开始后，自行进餐。

2. 酒会

又称鸡尾酒会，较为活泼，便于广泛交谈接触。招待品以酒水为主，略备小吃，不设座椅，仅置小桌或茶椅，以便客人随意走动。酒会举行的时间亦较灵活，中午、下午、晚上均可。请柬上一般均注明酒会起止时间，客人可在此间任何时候入席、退席，来去自由，不受约束。鸡尾酒是用多种酒配成的混合饮料，酒会上不一定都用鸡尾酒。通常鸡尾酒会备置多种酒品、果料，但不用或少用烈性酒。饮料和食品由服务员托盘端送，亦有部分放置桌上。近年来国际上举办大型活动广泛采用酒会形式招待。自1980年起我国国庆招待会也改用酒会这种形式。

(三)茶会

茶会是一种更为简便的招待形式。它一般在西方人早、午茶时间(上午十时、下午四时左右)举行，地点常设在客厅，厅内设茶几、座椅，不排席位，如为贵宾举行的茶会，入座时应有意识地安排主宾与主人坐在一起，其他出席者随意就座。

茶会顾名思义就是请客人品茶，故对茶叶、茶具及递茶均有规定和讲究，以体现该国的茶文化。茶具一般用陶瓷器皿，不用玻璃杯，也不用热水瓶代替茶壶。外国人一般用红茶，略备点心、小吃，亦有不用茶而用咖啡者，其组织安排与茶会相同。

(四)工作进餐

这是又一种非正式宴请形式。按用餐时间分为工作早餐、工作午餐、工作晚餐，主客双方可利用进餐时间，边吃边谈问题。我国现在也开始广泛使用这种形式于外事工作中。它的用餐多以快餐分食的形式，既简便、快速，又符合卫生。此类活动一般不请配偶，因它多与工作有关。双边工作进餐往往以长桌安排席位，其座位与会谈桌座位排列相仿，便于主宾双方交谈、磋商。

二、宴请的准备

(一)确定宴请对象、规格和范围

首先，确定邀请的名义和对象，其主要依据是主、客双方的身份，也就是说主客身份应该对等。

其次，确定邀请范围。邀请范围是指请哪些人士，请到哪一级别，请多少人，主人一方请什么人出来作陪。

最后，草拟具体邀请名单，被邀请人的姓名、职务、称呼，以及对方是否有配偶都要准确。双边活动尤其要考虑政治关系，在政治上相互对立的国家是否邀请其人员出席同一活动，要慎重考虑。

(二)确定宴请的时间、地点

宴请的时间应对主、客双方都合适。驻外机构举行较大规模的活动，应与驻在国主管部门商定时间。注意不要选择对方的重大节日、有重要活动或有禁忌的日子和时间。宴请的地点可分为两种情况：如是官方正式隆重的活动，一般安排在政府、议会大厦或宾馆内举行；其余单位宴请则按活动性质、规模大小、形式等实际可能而定。

(三)邀请

宴会邀请一般均发请柬，亦有手写短笺、电话邀请。邀请不论以何种形式发出，均应真心实意、热情真挚。

请柬内容包括活动时间及地点、形式、主人姓名。行文不用标点符号，其中人名、单位名、节日和活动名称都应采用全称。中文请柬行文中不提被邀请人姓名(其姓名写在请柬信封上)，主姓名放在落款处。请柬格式与行文方面，中外文本的差异较大，注意不能生硬照译。请柬可以印刷也可手写，手写字迹要美观、清晰。

请柬信封上被邀请人的姓名、职务要书写准确。国际上习惯对夫妇两人发一张请柬，我国如遇需凭请柬入场的场合则每人一张。正式宴会，最好能在发请柬之前排好席次，并在信封下角注上席次号。请柬发出后，应及时落实出席情况，准确记载，以便调整席位。

请柬一般提前一周至二周发出。已经口头约妥的活动，仍应补送请柬，在请柬右上方或下方注上“To remind”(备忘)字样。需安排座位的宴请活动，应要求被邀者答复能否出席。请柬上一般注上 R. S. V. P.(请答复)法文缩写字样，并注明联系电话，也可用电话询问能否出席。

(四)订菜

宴请的菜谱根据宴请规格，在规定的预算标准内安排。选菜不应以主人的喜好为标准，主要考虑主宾的口味喜好与禁忌。菜的荤素、营养、时令与传统菜及菜点与酒品饮料的搭配要力求适当、合理。不少外宾并不喜欢我国的山珍海味。地方上宜以地方食品招待，用本地名酒。菜单经主管负责人同意后，即可印制，菜单一桌备 2～3 份，至少 1 份。

(五)席位安排

总的原则，既要按礼宾次序原则作安排，又要有灵活性，使席位安排有利于增进友谊和席间的交谈方便。

正式宴会一般均排席位，也可只排部分客人的席位，其他人只排桌次或自由入座。国际上的习惯，桌次高低以离主桌位置远近而定，右高左近。桌数较多时，要摆桌次牌。同一桌上，席位高低以离主人的座位远近而定。外国习惯，男女穿插安排，以女主人为准，主宾在女主人右上方，主宾夫人在男主人右上方。我国习惯按各人本身的职务排列，以便于谈话，如夫人出席，通常把女方排在一起，即主宾坐男主人右上方，其夫人坐女主人右上方。礼宾顺序并不是排席位的唯一依据，尤其是多边活动，更要考虑到客人之间的政治关系，政见分歧大，两国关系紧张的要尽量避免安排在一起。此外还要适当照顾到各种实际情况。席位排妥后要着手写座位卡。我方举行的宴会，中文写在上面，外文写在下面。

小常识：关于宴席座次的安排

宴请客人，一般主陪在面对房门的位置，副主陪在主陪的对面，1号客人在主陪的右手，2号客人在主陪的左手，3号客人在副主陪的右手，4号客人在副主陪的左手，其他可以随意。以上主陪的位置是按普通宴席掌握，如果场景有特殊因素，应视情况而定。

中餐桌

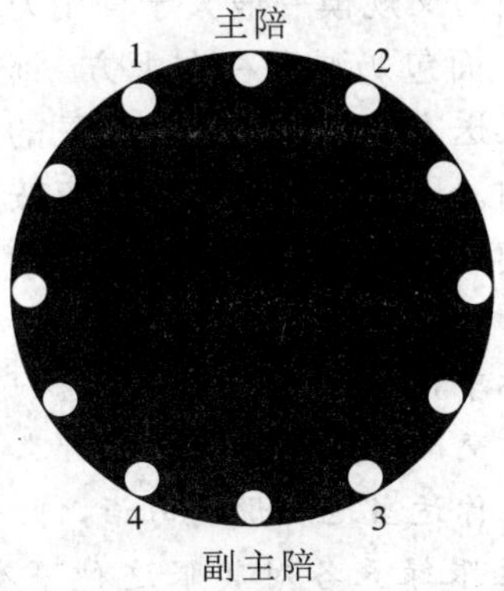

图 6-16

西餐桌

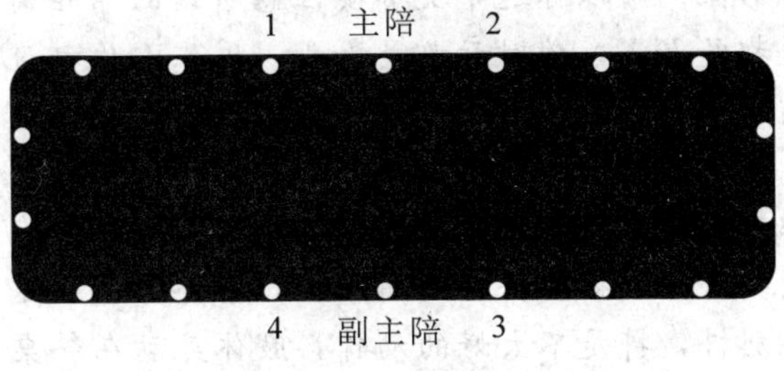

图 6-17

(六)现场布置

宴会厅和休息厅的布置，取决于活动的性质和形式。官方正式活动场所的布置，应该严肃、庄重、大方，不宜用霓虹灯作装饰，可用少量鲜花(以短茎为佳)、盆景、刻花作点缀。如配有乐队演奏席间乐，乐队不要离得太近，乐声宜轻。最好能安排几曲主宾家乡乐曲或他(她)所喜欢的曲子。

一般来说，宴会可用圆桌，也可用长桌或方桌，一桌以上的宴会，桌子之间的距离要适当，各个座位之间也要距离相等。冷菜会的菜台用长方桌；而酒会一般摆设小圆桌或茶几。宴会休息厅通常放小茶几或小圆桌。

(七)餐具的摆放

根据宴请人数和酒、菜的道数准备足够的餐具。餐具上的一切用品均要清洁卫生，桌布、餐巾都应浆洗洁白并熨平。玻璃杯、酒杯、筷子、刀叉、碗碟，在宴用之前应洗净擦亮。

1. 中餐具的摆放

中餐用筷子、盘、碗匙、小碟等。小杯放在菜盘上方。右上方放酒杯，酒杯数与所上酒的品种相同。餐巾叠成花插在水杯中，或平放于菜盘上。我国宴请外国宾客，除筷子外，还摆上刀叉。酱油、醋、辣油等作料，通常一桌数份。公筷、公勺应备有筷、勺座，其中一套放于主人面前。餐桌上应备有烟灰缸、牙签。

2. 西餐具的摆放

西餐具有刀、叉、匙、盘、杯等。刀分食用刀、鱼刀、肉刀、奶油刀、水果刀，叉分食用叉、鱼叉、龙虾叉，匙有汤匙、茶匙等，杯有茶杯、咖啡杯、水杯、酒杯等。会上有几道酒，就配有几种酒杯。公用刀叉规模一般大于食用刀叉。西餐具的摆法是：正面放食盘(汤盘)，左手放叉右手放刀，面包奶油盘在左上方。吃西餐时应右手持刀，左手握叉。先用刀将食物切成小块，再用叉送入嘴里。正餐中刀叉的数目与上菜的道数相等，并按上菜顺序由外至内排列，刀口向内。取用刀、叉时，亦应按照由外而内顺序，吃一道菜，换一套刀叉。撤盘时，一并撤去使用过的刀叉。

小资料：西餐三注意

在西餐餐桌的现场举止交际中，有三点一定要注意：

第一，等距离原则。就是你交际要注意等距离。什么意思呢？除了对主人夫妇要多说两句话表示关注之外，其他的人你适当地都说两句话，帅哥别盯着美女没完，美女也别只给帅哥捧场。所以有的时候黄豆跟绿豆各对其眼这种事有，可是你得明白那是个公众场合，你别让人家说你这个人太势利，甚至说你色迷迷那就太麻烦了，我们有同志一看美女就晕了，饭都不吃了就跟人家说，而且给人家献殷勤，献殷勤是你的自由，你不违法，但是你得注意维护风度和形象。所以你这个交际要注意所谓的等距离。周围的人比如你是个男士，你的右边和左边都是女士，你对面都是女士，这仨人你都说句话，你别就盯着左边这个没完，你把周围两个人冷落了，这也不太合适。所以等距离交际是非常重要的。

第二，安定原则。肢体不能够频频晃动。各位，您身边有些人你发现了吗？他喜欢抖，他喜欢晃，椅子都不给你坐正了，来回晃悠，这让人很烦，有心烦意乱之嫌。有同志坐那儿没事，先把手指头给它收拾收拾，掰掰手腕，准备决斗。这个不太合适，你腿也别抖，身子也别抖，手也别抖，抖是不太好的动作，肢体晃动在餐桌上是让人心烦意乱的感觉，这个不好。

第三，安静原则。餐具不能发出声音，进餐也不能发出声音。比如你吃完了饭吃完一道菜下道菜还没来，餐具放下来，有同志拿着没事弹奏鸣曲，敲碗，这就不太合适了，当然这种人很少，一般是孩子才干的事。但是作为我们一个有文明的、有教养的、有风度的现代人，这个在餐桌举止上你要好自为之。

等距离、安定、安静，应该是我们在西餐就餐时需要注意的地方。

三、宴席中的礼节

(一)迎宾

在宾客到达时，主人应热情迎接，主动招呼问好，服务员帮助来宾脱挂外套、帽子。

(二)引宾入席

按先女宾后男宾，先主宾后一般来宾的顺序，引宾客进入休息厅或直接进入宴会厅。休息厅内应有身份相应人员陪同、照料客人，服务人员及时递送饮料。主人陪同主宾进入宴会厅主桌，接待人员随即引导其他宾客相继入厅就座，宴会即可开始。

(三)致辞、祝酒

正式宴会，一般均有致辞，但安排的时间各国不尽一致，有的一入席双方即致辞。我国一般习惯于正式宴会在热菜之后甜食之前由主人致辞，接着由客人致辞。致辞时，服务人员要停止一切活动，参加宴会的人员均应暂停饮食，专心聆听，以示尊重。冷餐会和酒会讲话时间则更显灵活。致辞毕则祝酒。所以服务人员在致辞行将结束时应迅速把酒斟足，供主人和主宾等祝酒用。

(四)侍应顺序

按国际惯例，侍应顺序应从男主人右侧的女宾或男主宾开始，接着是男主人，由此自右向左按顺时针方向进行。如宴会规格较高，须由两人担任侍应，其中一人按上述顺序开始，至女主人或第二主人右侧的宾客为止；另一人从女主人或第二主人开始，依次向右，至前一侍者开始的邻座为止。上菜、派菜、分汤均按以上顺序进行。

(五)斟酒

与上菜不同，上菜在左，但斟酒在右，酒只需斟至酒杯容量的2/3即可。大多数宴会上只用一种酒。中式宴会从开始上冷盘即开始饮酒。西餐波尔图酒随奶酪或甜食一起上桌，酒瓶置于男主人面前，酒杯可与酒同时上桌，或可在布置餐时预先摆好。男主人坐在自己的椅子上，先为右侧客人斟酒，然后自己斟一杯，再把酒瓶按顺时针方向递给左侧客人各自斟酒。

(六)宴席结束

宴会在主人与主宾吃完水果后起立时，即告结束。此时，服务人员应将主宾等的座椅向后稍移，以便宾客离座，或留下抽烟、叙谈，或进入休息厅休息，此时可上茶或咖啡。

四、赴宴者的礼貌修养

宴请成功与否，除主人招待周到、热情外，客人的密切配合是其中的重要因素。参加宴会者应做到以下各项要求。

(一)应邀

接到邀请后，能否出席应尽早答复对方。接受邀请后不宜随意改动。万一因故不能应邀出席，须深致歉意。

课堂小讨论：

江梅从外语学院分配到W国使馆当翻译，上班第一天，大使就给她来了个下马威。那天，江梅刚到办公桌前坐下，就接到了F国举办国庆招待会的请柬，让W国大使出席。大使让江梅回复：同意出席。江梅按请柬回执上的电话号码，打电话告诉了对方。过了一会儿，大使像不放心似的，把江梅叫过去，问刚才的事是怎样处理的。江梅老老实实地回答：已给对方打过电话。大使不高兴了，说打电话的方式不够礼貌，现在你处理的每一件公务，都关系到我所在国家的声誉，你必须小心谨慎，严格规定。于是江梅郑重其事地写了一份回执，送给大使过目，大使仍不满意，说光注明出席还不行，还要有一句颇为热烈的祝贺词。她照办了，满怀信心地又一次呈给大使，没想到大使仍挑出了毛病：你没有说清什么时间去。江梅马上加上了“按原定时间到会”的字句，大使一看，连声地：“No，No”不止，说，在外交文件上，不能用“原定时间”的说法，必须复述对方规定的时间、地点，以视正规和对该事务的重视。当江梅第五次修改后，长长地出了一口气，心想这回可是天衣无缝、尽善尽美了。谁知，没过十分钟，大使又一次传她：“鉴于前任大使与F国私交甚好，我准备提前五分钟到达，请按这个意思再发一张回执。”江梅心里暗暗叫苦：哇！一张回执，整整折腾了六次！

此案例对你有何启示？

(二)妥善掌握出席时间

宾客一般均宜略早一些到达为好，过早或过迟、提前无故退场等都被视作不恭和失礼之举。

(三)抵达

如主人恭迎，则应趋前向主人握手、问好、致意，随主人或迎宾人员引导，步入休息厅或宴会厅。如果单独到达，则先到衣帽间挂大衣和帽子，然后前往主人的迎宾处，向主人问好。如是节日庆祝活动，就表示祝贺。

(四)赠花

可按宴请性质和当地习惯，赠送花束或花篮。

(五)入座

一般由侍者或女主人(主人)引导客人入席。各人应按座位的姓名卡入座，不可随意乱座。坐姿要端正、自然。

(六)进餐

入座后，不可玩桌上的酒杯、盘碗、刀叉、筷子等餐具。主人招呼即可以进餐。西餐进食，正确的做法是取得食品，即可开始食用，因为人手一份，不需等待。取菜时一次取得不要太多，需增加时，待侍者送上再取。进食时要文雅，吃东西时应闭着嘴细嚼慢咽，尽量不发出声音；喝汤时不要啜，汤菜太热，稍凉后再食用，忌用嘴吹去热气；嘴内有食物时切勿说话；吃剩的菜、用过的餐具、牙签及骨刺等都要放入骨盘内，忌随意乱扔；剔牙时，要用手或餐巾遮口。

(七)交谈

参加任何宴会，无论处于何种地位，都少不了与同桌人交谈，特别是左右座。如互相不认识，可先作自我介绍。

(八)祝酒

祝酒需了解宴会的性质，为何人何事祝酒，特别要了解对方的祝酒习惯，以便做必要的准备，使祝酒词不失高雅而具有针对性。碰杯时，主人和主宾先碰，人多时可同时举杯示意，不一定每杯必碰。宴会上的相互敬酒，可活跃气氛，但要适度。

(九)宽衣

宴请过程中，无论天气如何炎热，均不得当众解开纽扣、拉松领带、脱下衣服。

(十)喝咖啡

通常是清咖啡，有时加牛奶、糖块，饮姿要文雅、有礼。

(十一)吃瓜果

吃梨、苹果等水果，不要整个咬，可先用水果刀切成几瓣，再用刀去皮、核，然后用手拿吃，削皮时刀口朝内，从外往里削。香蕉先剥皮，用刀切成小块块。橙子用刀切成块吃，柑橘、荔枝等则可剥了皮吃。其余如西瓜、菠萝等，一般已去皮切成块，吃时可用水果刀切成小块用叉取食。

(十二)洗手

在上虾、蟹时，有时送上一小水盂，水面洒有玫瑰花瓣，柠檬片或茶水，供洗手用，切勿当做一道汤食用。洗时两手轮流沾湿指头，轻轻涮洗，然后用餐巾或小毛巾擦干。

(十三)接受纪念品

有时主人备有小纪念品，宴会结束时，招呼客人带上。遇此，可稍赞扬，但不必郑重表示感谢。有时，外国访问者，往往把宴会菜单作为纪念品带走，有时还请同席者在菜单上签名留念。除主人特别示意作为纪念品的东西外，各种招待用品，包括糖果、水果、香烟等，都不要拿走。

(十四)函谢

有时在出席私人宴请活动之后，往往致以便函或名片表示感谢。

五、宴请服务员的职业要求

国际上对服务员的礼节、服务水平，以及服饰要求都很高。服务员应受过正规培训，因为这直接影响到宴会活动的质量。宴会中，要求服务员：

(1)服饰、发型、面容整洁，指甲修剪清洁。

(2)彬彬有礼，面带微笑，语音轻柔，言语亲切。多用“请”、“您”、“谢谢”、“对不起”、“请原谅”等礼貌用语。

(3)熟悉宴请礼节。客人入座，协助挪动椅子熟悉菜单，掌握上菜节奏。正餐分菜，应从主人右侧的主宾开始，按顺序进行。上菜时，左手托盘，右手端菜，从客人左边上。倒酒水则应右手持瓶，从客人右侧倒。每道菜上完第一轮后，待部分客人吃完，再上第二轮。余下的菜应稍作整理放置桌上，供客人自取，待上下道菜后再撤下，往桌中上菜与撤盘，宜选在两位主方陪客之间进行，并礼貌提醒。客人吃完，从右侧撤换餐具。但撤前一定要注意客人是否已吃完(西餐可看刀叉是否合拢并列，如八字或交叉摆开，则表示尚未吃完，不能撤)。如无把握，可轻声询问。切勿当客人正吃时就撤换。撤换餐具，动作要轻，还需用的餐具如正好放在盘上，可轻轻挪开，再把盘子取走。

(4)工作时不吃东西，不抽烟，不饮酒，工作前不吃葱蒜。侍立姿势要端正，不要倚靠在墙上或服务台上，更不要互相聊天、谈笑。多人侍立，应排列成行。正式宴请，主人或客人发表讲话，应保持肃静，停止上菜、斟酒，在附近备餐间也应安静，不要发出声音。演奏国歌时应肃立，不要走动。

(5)宴会期间，服务员走动时，脚步要轻快，动作要敏捷，轻拿轻放。

(6)客人不慎打翻酒水，应马上处理，撤去杯子，用干净餐巾暂时垫上。如溅在客人身上，要协助递送毛巾或餐巾，帮助擦干(如客人是妇女，男服务员不要动手帮助擦)，并致歉意。餐具的使用要得法，尤其是用西餐时。

宴会中如发生意外情况，例如用力过猛，使餐具发出声响，或摔落地上，或打翻酒水等，不要着急。餐具碰出声音，可轻轻向邻座(或主人)说一声“对不起”。餐具掉落可由服务员另换一副。酒水打翻溅到邻座身上，应表示歉意，协助擦干；如对方是妇女，只要把干净餐巾或手帕递上即可，由她自己擦干。

课堂小练习

讨论填表

	排座次	挂国旗	奏国歌	席间乐	致祝词	服饰要求
国宴						
正式宴会						
便宴						
家宴						

讨论填表

	排座次	挂国旗	奏国歌	席间乐	致祝词	服饰要求
国宴	✓	✓	✓	✓	✓	✓
正式宴会	✓	不用	不用	✓	✓	✓
便宴	可不排	不用	不用	不用	可不用	较随便
家宴	视情况而定	不用	不用	不用	视情况而定	视情况而定

实训项目

实训一　宴会礼节

【实训目的】熟悉宴会餐具摆放，使用规则，掌握宴会礼节形式。

【实训内容】

1. 正确使用餐具。
2. 正确安排座次。

【实训方式】

1. 联系宾馆，酒店或者学校实习宾馆进行参观。
2. 请专家讲解。
3. 参看VCD。
4. 模拟。

【实训程序】

1. 参观宴会厅及摆设。
2. 讲解餐具摆设规矩。
3. 尝试摆放餐具。
4. 尝试使用中餐餐具。
5. 模拟进食，注意进餐礼仪。

实训二　涉外礼仪情景模拟训练

【活动宗旨】涉外礼仪趣味表演，涉外礼仪知识掌握，技能培养，寓教于乐。

【活动方式】模拟表演。

【活动组织】

1. 参考涉外礼仪知识，创设外交情景，包括基本习俗，禁忌，文化，礼仪个性和风格。
2. 以宿舍为单位，涉外礼仪趣味表演，不能重复。
3. 要求服饰与国家相符。
4. 要求自编，自导，自演。
5. 不同宿舍互相猜。
6. 表演和猜对有奖。
7. 挑错。接待工作中座次安排常识。

同步测试

一、单项选择题

1.（　　）的内容较为正式，政治性、专业性较强。

A. 会见　　B. 会谈　　C. 会议　　D. 座谈

2. 大于0.5米，小于1.5米的距离被称为（　　）。

A. 亲密距离　　B. 常规距离　　C. 礼仪距离　　D. 公共距离

3.（　　）是宴会中规格最高的。

A. 家宴　　B. 酒会　　C. 国宴　　D. 工作餐

4. 在室内，以朝(　　)座位为尊位。

A. 东　B. 南　C. 西　D. 北

5. 宴会上酒需斟至酒杯容量的(　　)。

A. 1/3　B. 2/3　C. 1/2　D. 满杯

二、多项选择题

1. 中国人在涉外交往中要遵守好“热情有度”这一原则，关键是要掌握好具体的“度”，主要包括(　　)。

A. 关心有度　B. 批评有度　C. 距离有度　D. 举止有度

2. (　　)是涉外接待工作的两个重要环节。

A. 迎客　B. 介绍　C. 送客　D. 送花

3. 献花须用鲜花或由鲜花扎成的花束，花束要整洁、鲜艳，忌用(　　)花朵。

A. 菊花　B. 杜鹃花　C. 石竹花　D. 牡丹

4. 以下哪些属于在涉外接待工作中禁忌的话题？(　　)

A. 收入支出　B. 年龄大小　C. 恋爱婚姻　D. 身体健康

5. 凡涉及位次顺序时，国际上都讲究一般以右为(　　)。

A. 大　B. 小　C. 尊　D. 贱

三、简答题

1. 涉外交往的基本原则是什么？

2. 礼宾次序的具体要求是什么？

3. 与外国人交往应做到哪“八不问”？

4. 与一般迎送礼节相比涉外迎送有哪些特殊礼节？

5. 涉外交往中何时需要悬挂国旗？

第七章
我国部分民族及港澳台地区礼仪

学习目标

知识目标：

了解我国部分民族及港澳台地区的饮食习俗和节日庆典；掌握我国部分民族及港澳台地区的礼节礼貌、主要禁忌

能力目标：

能够做好我国部分民族及港澳台地区客人的旅游接待工作

本章知识体系

第一节　部分少数民族礼仪习俗

一、壮族

二、满族

三、回族

四、苗族

五、维吾尔族

六、蒙古族

第二节　港、澳、台地区的礼仪习俗

一、香港

(一)礼节礼貌

(二)饮食习俗

(三)节日庆典

(四)主要禁忌

二、澳门

三、台湾

【引例】

长春市某旅行社接待了一个来自新疆维吾尔族的旅游团队，行程中他们特别安排了东北名菜来招待客人。未料想，在压轴菜“猪肉炖粉条”上来后，客人们的脸色一下子变了，还用本民族语言叽叽咕咕地说了几句，然后便气愤地甩袖而去。两天后，旅行社接到客人投诉，说他们都信奉伊斯兰教，用猪肉来招待是对他们民族的不敬、是对伊斯兰教的轻蔑，对神灵的亵渎。

【引例分析】我国少数民族众多，每个民族都有各自的宗教信仰和不同的习俗、禁忌。交往中，熟悉并灵活运用礼仪知识，不仅是对交往对象的理解和尊重，更能给对方留下深刻的良好印象，使交往效果达到事半功倍。

第一节　部分少数民族礼仪习俗

一、壮族

壮族是中国少数民族中人口最多的一个民族，主要聚居在广西、云南等地。居民信仰多神，崇拜祖先，各家都有敬奉祖先的神龛。喜欢依山傍水建造木楼，上层住人，下层圈牲畜。

图 7-1　壮族木楼

壮族见面行握手礼，熟人之间点头示意即可。如在路上遇到老人要主动打招呼并让路，称男的为“公公”，女的为“奶奶”；路遇客人或负重者，要主动让路。

壮族的主食是大米和玉米，对任何禽畜肉都不禁吃，喜爱烹调野味、昆虫。男子喜爱饮酒，壮族有自家酿制的米酒、红薯酒和木薯酒。著名的菜肴有：烤乳猪，花糯米饭、宁明壮粽、白切狗肉等。

壮族多用自织的土布做衣料，女子服装一般为一身蓝黑，裤角稍宽，头上包提花毛巾，腰间系精致的围裙；小伙子多穿对襟上衣，腰间系一条腰带。

壮族人民几乎每个月都有节日，主要有春节、花王节、歌墟节、清明节、牛王节、结拜节、祭祖魂节、众神诞节、九月九节、赶降节、送灶节等。

小资料：壮族三月三歌墟节

每年农历的三月三，壮族村寨都要搭起布棚，举行唱歌、赶歌墟的活动。关于它的来历，有许多动人的传说。其中以“赛歌择婿”的故事流传最广。传说在很久以前，一位壮族歌师的女儿，品貌端庄、美丽，歌声婉转清脆。歌师一心想为女儿选一个歌才、人品都出众的青年做女婿。消息传开，男青年一批接一批前来赛歌，最后歌才最好的一个小伙子留下来与歌师的女儿成了亲，他们的结合被传为佳话。从此，男女青年借歌传情择偶，就形成了歌墟。

歌墟节期间，除了唱歌、对歌外，还有抛绣球、碰彩蛋等民俗活动。青年男女把绣球抛给自己喜爱的人，然后双双退出歌场，互赠礼品，作为定情信物。将熟鸡蛋染成彩色用做传情之物，小伙子在歌墟中手握彩蛋去碰姑娘手中的彩蛋，姑娘如果不愿意就把蛋握住不让碰，如果有意就让小伙子碰，蛋碰裂后两人共吃彩蛋，这就播下了爱情的种子。

壮族的禁忌主要有：忌食蛙肉；忌讳用脚踩踏锅灶；出远门前煮饭不熟或打破碗碟、跌落筷子等都被认为是“祖宗报应”；忌将筷子插入碗中；饭热忌用嘴吹；忌讳坐在门槛上；忌以手指指神圣物；夜间行走不能吹口哨。

二、满族

满族历史悠久，现在主要分布在中国的东三省。主要信奉萨满教。

满族人孝敬长辈，注重礼节。遇见长辈，要侧身微躬，垂手致敬。抱腰接面是满族最隆重的大礼。

满族宅院多为草顶土墙，坐北朝南，中间为堂屋，西屋住长辈，东屋住晚辈。以火炕取暖，炕上可放长方形炕桌，吃饭、待客时在两侧盘腿而坐。窗户多为南、西向，用高丽纸外糊。满族的主食是“饽饽”，有萨其马、“驴打滚”、油炸糕等种类；菜肴一般为肉食，喜欢吃野味，蔬菜以酸菜为主，烹调以烧烤见长；火锅也是源于满族的主菜。

图 7-2 满族旗袍

旗袍是满族的传统服饰。马褂是男性套在旗袍外的上衣，男性穿靴，布底或皮底；女子旗袍比较讲究装饰，女性穿“寸子鞋”，鞋底中间镶有高约两寸的木质马蹄形鞋跟。

传统节日主要有春节、元宵节、二月二、端午节、中秋节和颁金节等，一般都有“珍珠球”、跳马、跳骆驼和滑冰等传统体育活动。

满族人最大的忌讳是戴狗皮帽、吃狗肉，也不能打乌鸦和喜鹊；禁忌乱摸乱动祖先牌位；室内西炕不得随意坐人和堆放杂物。

小资料：满族人偏爱狗、乌鸦和喜鹊的由来

传说当年努尔哈赤遭难时，曾得到狗的救驾，因此对狗十分偏爱，并禁止戴狗皮帽、吃狗肉等。满族人对乌鸦和喜鹊也情有独钟。相传努尔哈赤在一次战斗中陷入敌人的包围，见已无法突围，就让大家躺在地上装死。这时恰好飞来一群乌鸦和喜鹊，落在他们身上。敌人一看，连乌鸦、喜鹊都在啄食，肯定是死人，就返回了。努尔哈赤得以死里逃生。为了表示对乌鸦和喜鹊的感谢，满族人在祭祀时拿一些食物来喂乌鸦和喜鹊，也不允许轰打乌鸦和喜鹊。

三、回族

回族主要聚居于宁夏回族自治区，在甘肃、新疆、青海、河北以及河南、云南、山东也有不少聚居区。居民大多信仰伊斯兰教，居住较集中的地方建有清真寺。回族人相见时相互祝安说“色俩目”(你好)，同时将右手置于胸前，身体微微向前躬。

回民房屋均为土木结构的瓦房，多以长三间的正房为基本住房，左右两边增设厢房、围墙。回族分布较广，食俗也不完全一致。回族人偏爱面食，但宁夏回族喜食面条、面片和调和饭，甘肃、青海的回族则以小麦、玉米、青稞、马铃薯为主食；肉食以牛、羊肉为主，有的也食用骆驼肉，食用各种有鳞鱼类。擅长煎、炒、烩、炸、爆、烤等方法。喜饮茶和用茶待客，较著名的有西北地区的盖碗茶，宁夏回族的八宝茶罐罐茶。

回族服饰具有民族特色，男子多带礼拜帽，是用白布制成的无檐小圆帽；妇女习惯戴披肩盖头，只把脸露在外面，姑娘用绿色的，中年用青色的，老年用白色的。

回族民间节日主要有：开斋节(也叫肉孜节)、古尔邦节、圣纪节等，这些节日和纪念日都是以伊斯兰教历计算的。

小资料：回族的古尔邦节

古尔邦节又称“宰牲节”，是伊斯兰教的重大节日，每年的回历 12 月 10 日举行。每到这一天，回族同胞早早就将家里院外打扫干净，并宰牛杀羊，制作糕点，送给亲友和邻居。共同品尝羊肉、糕点和瓜果，并尽情载歌载舞，庆祝节日。

古尔邦节起源于古代先知易卜拉欣的故事。易卜拉欣独尊安拉并无比忠诚，他常以大量牛、羊、骆驼作为牺牲献礼，人们对他无私的虔诚行为大惑不解。易卜拉欣当众郑重表示，即使安拉下令以爱子伊斯玛仪做牺牲，也绝不痛惜。安拉为了考验易卜拉欣的忠诚，几次在梦境中默示他履行诺言。于是他先向爱子伊斯玛仪说明原委，并在第二天(回历 12 月 10 日)带他去麦加城米纳山谷，准备杀爱子以示对安拉忠诚。途中，恶魔易卜劣厮几次出现，教唆伊斯玛仪抗命和逃走，伊斯玛仪拒绝魔鬼的诱惑，愤怒地抓起石块击向恶魔，最后顺从地躺在地上，遵从主命和其父的善举。正当易卜拉欣举刀时，天使吉卜利勒奉安拉之命降临，送来一只黑头羝羊以代替牺牲。安拉并默示：“‘易卜拉欣啊！你确已证实那个梦了。’我必定要这样报答行善的人们。”于是，易卜拉欣对空叩拜后，把这只羊宰杀了。此后，回族同胞继承了这一传统，将这一天定为“宰牲节”。

回族人忌食猪肉、狗肉、马肉、驴肉和骡肉，不吃未经信仰伊斯兰教者宰杀的和自死的畜禽肉，不吃动物的血等；忌讳别人在自己家里吸烟、喝酒；禁用食物开玩笑或用禁食的东西作比喻；禁止在人前袒胸露臂；凡供人饮用的水井、泉眼，一律不许牲畜饮水，也不许任何人在附近洗脸或洗衣服。爱清洁，讲究卫生，取水前一定要洗手，盛水容器中的剩水不能倒回井里。

四、苗族

在中国古代典籍中，早在五千多年前就有苗族先民的记载。苗族主要聚居于贵州省东南部、广西大苗山、海南岛及湖南等地，主要信仰自然崇拜、图腾崇拜等原始宗教形式。

苗族人讲究礼仪，非常热情，最忌浮华与虚伪。交谈中习惯用敬语称呼；主人路遇客人不走在前面；客人来访，必杀鸡宰鸭盛情款待，若是远道来的贵客，苗族人习惯先请客人饮牛角酒。

不同地区的苗族住宅有各自的特点，房屋多系木结构，以瓦、杉皮或茅草等盖顶，黔中或黔西地区有用薄石板盖顶，山区多为吊脚楼；海南岛和云南昭通等地则住长形茅草房或以树干交叉搭成的“杈杈房”；湘西一带则为石屋。苗族以大米为主食，肉食多是家养禽畜，以辣椒为主要调味品，喜食酸味菜肴；苗族酿酒历史悠久，日常饮料有油茶、万花茶等。

苗族的服饰富有特色。男子多用布包头，身穿短衣裤，妇女的穿戴比较讲究，尤其是盛装，以银饰多刺绣多而著名。头戴银花冠，前胸戴银锁和银压领，胸前、背后戴的是银披风，还有银耳环、银手镯等；衣服袖口及百褶裙、花腰带、花胸兜等都有精美的刺绣。

图 7-3　苗族服饰

苗族民间的传统节日较多，有苗年、四月八、龙舟节、吃新节、赶秋节等，其中以苗年最为隆重。

禁杀狗、打狗，不吃狗肉；不能坐苗家祖先神位的地方，不许在家或夜间吹口哨；在苗族人家做客，不能去夹鸡头鸡肝、鸡杂和鸡腿等；忌动他人放于路边的衣物；忌跨小孩头顶；禁忌妇女与长辈同坐一条长凳；遇门上悬挂草帽、树枝或婚丧祭日，不要进屋；路遇新婚夫妇，不要从中间穿过等。

五、维吾尔族

维吾尔族是一个能歌善舞的民族，自称“维吾尔”，意为“团结”或“联合”，主要聚居在新疆维吾尔自治区天山以南的喀什、和田一带和阿克苏、库尔勒地区。现在全民信仰伊斯兰教。

维吾尔族人待人讲究礼貌。在遇到尊长或朋友时，习惯于把右手按在前胸中央，然后身体前倾，连声问好。

维吾尔族住宅多成院落，房屋方形，有较深的前廊；室内凿壁龛，并饰以各种花纹图案，喜欢在庭院中种植花卉、果树等。维吾尔族主食的种类有数十种，常吃的有馕、羊肉抓饭、包子、面条等，喜食牛、羊肉，有“无肉不成菜”的习惯；喜欢饮茯茶、奶茶，夏季多伴食瓜果。

维吾尔族男子穿“袷袢”长袍，右衽斜领，无纽扣，用长方丝巾或布巾扎束腰间；农村妇女多在宽袖连衣裙外面套对襟背心；城市妇女多穿西装上衣和裙子。维吾尔族男女都喜欢戴四楞小花帽。

维吾尔族传统节日有：肉孜节、古尔邦节、初雪节等，其中以“古尔邦节”最为隆重，人人载歌载舞，弹起“独它尔”、“巴拉曼”和“达甫”等乐器，跳起顶碗舞、大鼓舞等民间舞蹈。

维吾尔族的饮食禁忌与伊斯兰教相同。忌用单手接送礼物；忌穿短裤、短小衣物外出；睡觉时不能头东脚西、四肢平伸仰卧。不能在长者就座之前入座；吃抓饭不要用手乱抓或抓了再放回去；不要当着主客的面吐痰、擤鼻涕等。忌在清真寺、墓地、河坝等地携带、遗弃不洁物品。

六、蒙古族

蒙古族是个历史悠久而又富于传奇色彩的民族，主要聚居在内蒙古自治区。早期信仰萨满教，元代以后普遍信仰喇嘛教。

蒙古人见面要互致问候，平辈、熟人相见，一般问“赛拜努(你好)”；若是遇见长者或初次见面的人，则要问“他赛拜努(您好)”。献哈达是蒙古族的一项高贵礼节。

蒙古牧民多住易拆易装的圆形穹庐顶的蒙古包，蒙古包也被称为“会走的房子”。蒙古人的主要食品是奶食、牛羊肉类和粮食，粮食一般做成面条、包子、面包和炒米；主要饮料是奶茶、酸奶和马奶酒。

蒙古族男女老幼都穿蒙古袍，红绿绸缎做腰带，靴子尖稍向上翘起。妇女喜爱用玛瑙、珊瑚、碧玉等装饰，男子腰带多挂刀子、火镰、鼻烟壶等饰物。

图 7-4　献哈达

小资料：蒙古族的鼻烟文化

鼻烟是一种烟草制品，用富含油分和香味的干烟叶和名贵药材一起研磨成粉状，并装入密封容器陈华而成。吸闻时以手指送少量到鼻孔。鼻烟壶既是盛鼻烟的容器，又是一种装饰品。鼻烟壶种类繁多，有玛瑙、珊瑚、玉石、水晶等各种材质的，同时鼻烟壶小巧玲珑，多姿多彩，壶身上雕镂着各种花纹和动物图案。蒙古人一般将鼻烟壶装入荷包，揣在怀里或挂在腰间。荷包上绣有福、寿、花多等吉祥图案。

蒙古族有吸闻鼻烟的习惯，并形成了独特的鼻烟文化。蒙古人相信鼻烟壶可以为主人防病或祛除顽疾，敬献鼻烟壶也是一种日常见面礼。家里来了贵宾或好友，敬完奶茶后，主人会掏出鼻烟壶敬递给对方，或者互相交换吸闻鼻烟以示尊重。两人闹矛盾时，可以用交换鼻烟壶的方法解除误会，重新和好。蒙古人还忌讳将鼻烟壶放到地上或踩踏。

传统节日有“白节”、祭敖包、那达慕，此外还有马奶节、鲁班节、燃灯节等。蒙古族人骑马、驾车接近蒙古包时忌骑快行；若门前有火堆或挂有红布条等记号，表示这家有病人或产妇，忌外人进入；客人不能坐西炕，因为西是供佛的方位；忌食自死动物的肉和驴肉、狗肉、白马肉；办丧事时忌红色和白色，办喜事时忌黑色和黄色；忌在火盆上烘烤脚、鞋、袜和裤子等；禁止在参观寺院经堂、供殿时吸烟、吐痰和乱摸法器、经典、佛像以及高声喧哗，也不得在寺院附近打猎。

第二节　港、澳、台地区的礼仪习俗

一、香港

香港位于珠江口东侧，与深圳经济特区相连，面朝南中国海，总面积为 2755 平方公里。人口超过 700 万人，以华人为主，其次是英国人。官方语言是汉语和英语。华人主要信奉佛教和道教，其他宗教还有天主教、伊斯兰教、印度教等。

小资料：香港名称由来

香港名称的由来有很多不同的说法，最有根据的说法与早期的历史发展相关。明朝时期，香港以生产及出口香木为主，常于石排湾(即今日之香港仔)把香木用船运往广州，故有“香港”之称，意思为“香木的港口”，而当时位于港湾一带的村落，则名为香港村。后来，英军第一次抵达香港时，途经香港村，英军询问该处地名，引路者用地方口音说了“香港”二字，英军即便称此处为“HONG KONG”，“HONG KONG”(香港)自此成为全岛的总称。当年最主要的埠口也即是今天的香港仔已被填海，很多地方都成了住宅及商店，不过某些地方如香港仔广场的牌匾仍保留一种难以形容的古味，附近还有很多美味的海鲜品尝，来香港旅游，不妨到那里走走。

(资料来源：http：//travel. gzonline. net/)

(一)礼节礼貌

香港人在社交场合与客人相见时，一般行握手礼。亲朋好友相见时，有时也行拥抱礼和贴面礼。向客人表达谢意时，往往使用叩指礼(把手指弯曲，以几个指尖在桌面上轻轻叩打，以表示感谢)。一般的男士称为“先生”，女士称为“小姐”。如果遇到年纪大的男子就称作“阿叔”或“阿伯”，年长的女子称作“阿婶”。

与人见面前应先电话预约。会见亲朋好友时忌伸“香蕉手”，应该事先准备一些水果、点心等礼物，千万不要空手去拜访别人。

(二)饮食习俗

香港被誉为“美食天堂”，会聚了日本、泰国、印度、法国、美国等各国菜式，饮食文化中西交融。香港家庭大多以中国菜为主，并混合了当地传统特色，如广府菜、客家菜、潮州菜等。街头小食亦是香港饮食文化的一部分，鱼蛋、肠粉、碗仔翅、牛杂、龙须糖、脆麻花都是很受欢迎的街头小食。茶餐厅，起源于香港，提供中餐、西餐、港市甜点和冷热饮品等，是香港平民化的饮食场所。

图 7-5　香港美食

由于香港天气炎热潮湿，人民喜爱喝解暑消毒的凉茶，如廿四味与五花茶等。凉果方面，则有嘉应子、山楂饼、话梅、陈皮梅等。

(三)节日庆典

香港的节日融合了东西方文化的特色。春节、清明节、端午节、重阳节和中秋节是法定公众假日，节日习俗与内地完全一致。香港回归以后，增加了"五一"劳动节、"十一"国庆节和"七一"回归纪念日。其他的节日还有母亲节、情人节、愚人节、万圣节等。在香港的"洋"节中，以复活节、圣诞节最热闹。

(四)主要禁忌

香港人对数字很迷信，认为"3"和"8"是最好的数字，不喜欢"4"。喜欢红、黄等鲜艳的颜色，不喜欢黑、白、灰等颜色。

忌讳别人打听自己的家庭地址，忌讳询问个人的工资收入、年龄状况等情况。逢年过节时，习惯说"恭喜发财"，而不喜欢"节日快乐"，因为"快乐"与"快落"谐音。不要在公共场所乱丢垃圾、随地吐痰，否则会被重罚。

二、澳门

澳门位于中国东南沿海的珠江口西岸，总面积为 32.8 平方公里。人口约 55.7 万人，以华人为主，其他还有葡萄牙人和菲律宾人等。官方语言是汉语和葡萄牙语。澳门的宗教种类繁多，但以佛教、天主教和基督教新教为最盛。

澳门同胞直率、开朗、好客。澳门人相见时通常都伸手相握，但亲朋好友见面有时则拥抱或拍肩膀。就餐或喝茶时，如果对方为其斟酒倒茶，澳门人习惯使用叩指礼表示感谢。

澳门的饮食具有中西交融的地域特色。中餐以粤菜为主，但也有北京、四川、上海、湖南等地的风味菜肴。西餐以葡国菜为主，还有在此基础上改良形成的澳门式葡国菜。澳门还有当地葡萄牙人喜爱的食品，如咸虾酱、喳咋和牛油糕等。

小资料：澳门豆捞

"澳门豆捞"起源于澳门，"豆捞"的意思并非字面上的豆制品，而是蕴涵着大家一起都来捞，捞财捞宝捞运道，象征着吉祥如意招财进宝。澳门豆捞秉承澳门火锅之精华，将全世界各地的深海海鲜融入一脉相承的古老秘方特色汤底中，加上现代技术的科学配制，澳门豆捞造就了具有都市风情特色的至尊火锅文化。澳门豆捞 80％以上的原材料都是从原产地直接空运，无论是食物还是汤水都丝毫没有油腻的感觉，清淡素雅，无油无烟、营养不上火，令人回味无穷，是四季皆宜的绿色健康食品。

(资料来源：http：//baike. baidu. com/)

澳门的节假日具有中西合璧、文化交汇的特点。政治节日有：5 月 1 日国际劳动节、6 月10 日葡国日、10 月 1 日中华人民共和国国庆节等；传统的民间节日有：农历春节、清明、端午、中秋节等。

澳门人忌讳"13"和"星期五"，喜欢"8"和"6"。偏爱"恭喜发财"、"年年有余"等吉祥话。忌讳询问年龄、婚姻状况、经济收入等情况。新船下海时要放鞭炮以求平安。

三、台湾

台湾位于祖国东南沿海的大陆架上，总面积为3.6万平方公里。人口约2 300万人，汉族占98%。官方语言是汉语。居民主要信奉佛教、道教、基督教等。

台湾人讲究社交礼仪，特别注意尊重他人。社交场合一般以握手为礼，亲朋好友间惯以拥抱或吻面颊的亲吻为礼。高山族雅美人迎客时，习惯行吻鼻礼。信奉佛教的人见面时常行双手合十礼。拜访台湾人时，应带些水果、糖果等小礼品，递送时应双手奉上。

台湾老年人喜欢穿青黑色衣服，妇女大都佩戴金银首饰。高山族人喜欢穿手织的麻布无袖胴衣，常赤脚，爱佩戴头饰、耳饰、手镯、脚环等。

民间节庆有春节、元宵节、清明节、端午节、七夕节、中秋节、重阳节、送灶、除夕等，节日活动形式也和大陆相仿。台湾人民在岁时节庆都要举行各种祭典活动，主要有孔子、妈祖诞辰祭典，上白礁谒祖祭典，城隍爷出巡祭典，中元节普渡祭典以及郑成功祭典等。

小资料：妈祖诞辰祭典

农历3月23日为妈祖诞辰日，妈祖是中国东南沿海一带居民信奉的水神。相传妈祖常往来于海上，解危救难，因此航海的人都信奉她，称之为保母。清康熙三十三年，一位名叫树壁的和尚从福建莆田县的湄州奉妈祖神像渡海来台，并在北港建立了一座小寺奉祀妈祖，从此妈祖在台"安家"。由于台湾四面环海，大陆居民渡海移民台湾时，多觉受到妈祖的庇护，而且台湾有许多人以捕鱼为业，因此信仰妈祖的人很多。现在全台的妈祖庙总计达383座，其中以北港的朝天宫香火最为旺盛。每年农历3月23日是妈祖的生日，从正月起，信奉妈祖的善男信女，便纷纷从全台各地涌入北港的朝天宫，掀起盛大的为妈祖过生日的进香活动。

（资料来源：http：//www.pthua.com/）

忌讳用扇子送人，因有"送扇不相见"之说；忌讳用伞送人，"伞"与"散"同音；忌以手巾送人，因有"送巾断根"之俗语；忌送刀、剪，因为含有"一刀两断"之意；忌讳用甜果赠人，因为甜果是祭祖拜神之物，会使对方有不祥之感；忌讳送茉莉花和梅花给商人，因为"茉莉花"与"没利"谐音，"梅"与"霉"同音。台湾人忌讳别人打听他们的私事，最讨厌有人冲他们眨眼。

●●●● 实训项目

通过问卷、访谈等形式，就本校同学对少数民族礼仪的了解程度进行调查，并对尊重少数民族的民俗和礼仪进行宣传，写出实训报告。

●●●● 同步测试

一、填空题

1. 中国少数民族中人口最多的一个民族是________。
2. 满族人最大的忌讳是________________。
3. 维吾尔族全民信仰________教。

4. 苗族的服饰以________________而著名。

5. 澳门人在就餐或饮茶时，无论是谁给对方斟酒倒茶，往往使用________表达谢意。

二、简答题

1. 满族人饮食有哪些特点？

2. 回族人打招呼的主要方式是什么？

3. 壮族的民间节日有哪些？

4. 简述蒙古族的主要禁忌。

5. 简要说明如何为香港客人提供优质的旅游服务？

三、案例分析

正值我国传统佳节中秋节之际，某酒店接待了一个香港的旅游团。餐饮部服务员小刘见到客人时，热情招待并祝客人“节日快乐”。香港客人听后满脸愤怒，提出要更换酒店用餐。

问题：请根据所学知识分析，服务员小刘犯了什么错误？以后的服务接待工作应该如何改进？

第八章

国外主要客源国礼仪

学习目标

知识目标：

了解我国主要客源国的饮食习俗和节日庆典；掌握主要客源国的礼节礼貌、主要禁忌

能力目标：

能够做好我国主要客源国客人的旅游接待工作

本章知识体系

第一节　亚洲地区

一、日本

(一)礼节礼貌

(二)饮食习俗

(三)节日庆典

(四)主要禁忌

二、韩国

(一)礼节礼貌

(二)饮食习俗

(三)节日庆典

(四)主要禁忌

三、泰国
(一)礼节礼貌
(二)饮食习俗
(三)节日庆典
(四)主要禁忌
四、新加坡
(一)礼节礼貌
(二)饮食习俗
(三)节日庆典
(四)主要禁忌
五、印度
(一)礼节礼貌
(二)饮食习俗
(三)节日庆典
(四)主要禁忌
第二节　美洲和大洋洲地区
一、美国
(一)礼节礼貌
(二)饮食习俗
(三)节日庆典
(四)主要禁忌
二、加拿大
(一)礼节礼貌
(二)饮食习俗
(三)节日庆典
(四)主要禁忌
三、澳大利亚
(一)礼节礼貌
(二)饮食习俗
(三)节日庆典
(四)主要禁忌
四、新西兰
(一)礼节礼貌
(二)饮食习俗
(三)节日庆典
(四)主要禁忌
第三节　欧洲地区
一、英国
(一)礼节礼貌

(二)饮食习俗
(三)节日庆典
(四)主要禁忌
二、法国
(一)礼节礼貌
(二)饮食习俗
(三)节日庆典
(四)主要禁忌
三、意大利
(一)礼节礼貌
(二)饮食习俗
(三)节日庆典
(四)主要禁忌
四、德国
(一)礼节礼貌
(二)饮食习俗
(三)节日庆典
(四)主要禁忌
五、丹麦
(一)礼节礼貌
(二)饮食习俗
(三)节日庆典
(四)主要禁忌
六、俄罗斯
(一)礼节礼貌
(二)饮食习俗
(三)节日庆典
(四)主要禁忌
第四节 非洲地区
一、埃及
(一)礼节礼貌
(二)饮食习俗
(三)节日庆典
(四)主要禁忌
二、南非
(一)礼节礼貌
(二)饮食习俗
(三)节日庆典
(四)主要禁忌

【引例】“尊老”的尴尬

一个美国旅游团在中国某一山地旅游景区旅游时，地陪导游注意到团队中有几个年龄较大的游客。因而尽可能地照顾他们，经常提醒老人家爬山不同于走平路，年纪大了，不能和年轻人比，要注意保持体力，增加休息次数，并且还搀扶他们上下坡、跨越沟坎。但慢慢地导游发现他这种“尊老”行为并没有得到客人的认可，反而让客人开始回避并疏远他。

【引例分析】美国人忌讳被认为是“老”者。各个国家的客人都有着不同的宗教信仰、风俗习惯和禁忌，应该加以了解、尊重对方，做好旅游接待工作。

第一节 亚洲地区

一、日本

日本位于亚洲大陆东部，是一个由东北向西南延伸的弧形岛国，总面积为37.8万平方公里。日本人口约1.28亿人，主要为大和族，占99.4%。通用的语言是日语。神道教和佛教是日本的主要宗教，明治维新后定神道教为国教。

(一)礼节礼貌

日本也以“礼仪之邦”著称于世。在人际交往中，日本人相见时都互致问候，通常行鞠躬礼、握手礼、跪礼、摇屐礼。在行鞠躬礼时鞠躬的度数的大小、鞠躬的时间的长短以及鞠躬的次数的多少，往往与向对方所表示的尊敬的程度成正比。日本女子则只鞠躬而不握手的。跪礼或摇屐礼在日本民间，尤其在乡村送别亲友时较多使用。行见面礼时，必须态度谦恭地问候对方。

日本人与他人初次见面时，通常都要互换名片，否则即被理解为是不愿与对方交往。通常应先由主人或身份较低者、年轻人向客人或身份较高者、年长者递送上自己的名片；递送时要用双手托着名片，把名字朝向对方以便方便阅读。在日本，“鞠躬成自然，见面递名片”。

称呼日本人时，可称之为“先生”、“小姐”或“夫人”。也可以在其姓氏之后加上一个“君”字，将其尊称为“某某君”。日本人等级观念很重，对长者、上司、客人都要使用敬语，如“拜托您了”、“请多多关照”、“打扰您了”等。交谈中不以评论日本国内政治问题和男女平等问题。

日本在正式场合，通常穿西式服装。在隆重的社交场合或节庆日，他们会穿和服出席。和服是日本传统的民族服装。日本人重视仪表，认为衣着不整齐为不礼貌的行为。

小资料：日本和服

和服是日本传统民族服装，也称为“着物”，它是仿照中国隋唐服饰改制而成的，但随着不断改变形成了独特的风格。和服最大的特点是不用纽扣，只用一条打结的腰带，比较广泛使用的打结方法叫“太鼓结”，即在后腰打结处的腰带内垫一个纸或布做的方盒。和服的款式和花色是区别年龄和结婚与否的标志，未婚姑娘穿紧袖外服，已婚妇女穿宽袖外服；姑娘梳“岛田”式发型(钵状)、穿红领衬衣，妇女梳圆发髻、穿素色衬衣。每一套优美的和服，都经精心裁制，讲究穿着时的每一个细节及步骤。

现代日本人的日常服装主要是西服，但在以下场合通常要穿和服。传统的民间节日，如新年、樱花节、成人节等；重要的社交场合，如婚礼、大型活动的开幕式等；在柔道、剑道、空手道等体育比赛中，要穿专门的体育和服。

(二)饮食习俗

日本四面环岛的地理环境决定了日本民众独特的饮食习惯。传统饮食为和食，以稻米为主食、海产品为副食，如“沙西米”(生鱼片)、“司盖阿盖”(与火锅类似)、“寿司”(日本式饭团)等。除此之外，还有从中国传去的“中华料理”和从欧洲传去的“西洋料理”。

日本人讲究食品的营养和菜肴的色泽及形状，口味上喜欢清淡与味鲜，忌讳油腻。酷爱吃鱼，并喜配辣根生食。同时也喜欢紫菜、酱汤和酸梅。日本人不吃肥肉和猪内脏。喜爱中国京、沪、粤、闽、淮扬菜以及不太辣的川菜。

日本人非常爱喝酒，西洋酒、中国酒和日本清酒，统统都是他们的所爱。在日本，斟酒讲究满杯。人们普遍爱好饮茶，特别喜欢喝绿茶。讲究“和、敬、清、寂”四规的茶道，有一整套的点茶、泡茶、献茶、饮茶的具体方法。

(三)节日庆典

新年(1月1日)，庆祝方式似我国春节。前一天晚上吃过年合家团圆面，“守岁”听午夜钟声，新年第一天早上吃年糕汤，下午举家走亲访友。

成人节(1月15日)，庆祝男女青年满20周岁，从此有了参政权并被允许饮酒。女子过成人节时都要穿和服，参加成人庆祝活动。

女孩节(3月3日)，又称“雏祭”或“桃花节”。女孩子出生后的第一个3月3日，父母、祖父母或者亲戚朋友就都会送她一套精致漂亮的小偶人。每年过节这天都要把小偶人搬出来和自己共度节日，直到出嫁时带走。

樱花节(3月15日至4月15日)，此期间人们多倾城出动赏花游园，饮酒跳舞，喜迎春天。

图 8-1 日本樱花节

男孩节(5月5日)，又称“子供日”。有男孩子的家庭在自家屋顶上用竹竿挂起尼龙布、纸或塑料制作的各色空心鲤鱼旗，数目与家中男孩之数相等。日本人认为，鲤鱼喜欢逆水而上，鲤鱼旗正好体现男孩的勇敢与上进精神。

敬老节(9月15日)，社会各界和晚辈会向年长者赠送纪念品。

(四)主要禁忌

日本人最忌讳绿色，认为是不祥的颜色；不喜欢紫色，认为是悲伤的色调；喜欢红色(象征吉祥)和黄色(阳光色)。忌讳数字“4”、“9”、“13”等，因为“4”在日文里发音与“死”相似，“9”的发音则与“苦”相近，而“13”因等于“4”加“9”也被认为是不吉祥的。

日本人讲究送礼，注重实惠，但切忌送玻璃、陶瓷之类的易碎易破品；也不要送菊花、荷花和装饰有狐狸和獾的图案的物品，因为日本人认为，菊花是皇室家庭的标志，一般人不敢也不能接受，荷花是用于祭奠的花卉，狐狸象征狡猾，獾象征奸诈；而且忌送梳子，日语中“梳子”和“哭死”谐音；探望病人时忌讳送带根的盆栽，因为它的发音与“卧床不起”发音相同。

在包装礼品时，不要扎蝴蝶结。送礼一般用单数，尤其是3、5、7这三个单数。按日本习俗，向个人赠礼需在私下进行，不宜当众送出，接受人也不宜在客人面前打开礼品，这主要是为了避免因礼品的不适而使客人感到窘迫。

二、韩国

韩国位于朝鲜半岛南部，面积为9.96万平方公里。人口约4.87亿人，为单一的朝鲜族。通用的语言是韩语。居民多信奉佛教、基督教。

(一)礼节礼貌

一般都采用握手作为见面礼节。当晚辈、下属与长辈、上级握手时，后者伸出手来之后，前者须先以右手握手，随后再将自己的左手轻置于后者的右手之上，以示特殊尊重。韩国妇女在一般情况下不与男子握手，代之以鞠躬或者点头致意。韩国受儒教影响较深，重男轻女，出门、上车时女子让男子先行。韩国人特别尊重长者，与长者交谈时要摘去墨镜甚至一般眼镜。

称呼他人时爱用尊称和敬语，很少直接叫出对方的名字。喜欢称呼对方能够反映其社会地位的头衔。与韩国人交谈，应避免本国政治、与朝鲜、日本的关系、妻室等话题，但韩国人喜欢询问个人情况。

在交际应酬之中通常都穿着西式服装。在某些特定的场合，如逢年过节、举行婚礼的时候，喜欢穿民族传统服装韩服。男子穿短衣肥裤，外罩坎肩，过去男子外出之际还喜欢头戴一顶斗笠。女子穿的长裙呈喇叭状，上至胸部，下覆脚面，宽舒自由，别具风韵。

(二)饮食习俗

韩国人饮食的主要特点是高蛋白、多蔬菜、喜清淡、忌油腻，口味以辣和酸为主。主食主要是米饭、冷面，菜肴以炖煮和烧烤为主，偏爱牛肉、瘦猪肉、鸡肉、水产品和狗肉等，不吃鸭子、羊肉和肥猪肉。韩国传统名菜泡菜、冷面、烤排骨等已经成为世界名菜。韩国人最喜欢中国的川菜。

韩国人用汤匙用餐，夹菜时用筷子，饭后有喝凉白开水的习惯。与长辈同桌就餐时不许先动筷子，不可用筷子对别人指指点点，在用餐完毕后要将筷子整齐地放在餐桌的桌面上。吃饭的时候不宜边吃边谈、高谈阔论。吃东西时，嘴里忌讳响声大作。

韩国男子通常酒量较大，喜爱烧酒、清酒、啤酒等。妇女则多不饮酒。拒喝别人的酒是不礼貌的表现，如不胜酒力，可在杯中剩点酒。

(三)节日庆典

春节(阴历正月初一)，是韩国最隆重的节日。过年时有“吃打糕”的习俗，家家户户都要准备很多糯米打糕，分赠邻居和亲友，象征新的一年团圆美好。

上元节(阴历正月十五)，也有人称“元宵节”。“药膳”是上元节的上好饭食，先将糯米稍微蒸一下，再加入蜜、栗子、枣、松子、酱油、香油等再蒸。除了自家食用外，还用来祭祖和待客。

端午节(阴历五月初五)，俗称端阳节、天中节。韩国端午节没有吃粽子的习俗，而是男人摔跤，女人用菖蒲叶洗头和荡秋千。最有名的是“江陵端午祭”，2005 年被联合国世界教科文组织列为“人类口头和无形遗产”。

小资料：江陵端午祭

江陵端午祭久负盛名，是韩国保存较为完整的传统节日习俗。每年的端午祭期间，来自韩国和世界各地的观光者达百万人之多。

江陵端午祭包含了祭祀、演戏、游戏等内容，其中祭祀仪式所祭祀的神灵是“大关岭山神”或大关岭城隍，保存了完整的形式和内容，是江陵端午祭的核心。

江陵端午祭是从酿制神酒开始的。农历四月五日，人们用江陵旧官府“七事堂”发放的大米和米曲子酿制神酒，准备端午祭时敬神和饮用；四月十五日举行“大关岭山神祭”和“国师城隍祭”，祭祀结束后，人们锯一段神木，将青红礼缎挂在上面，然后在神木的引导下，组成迎神行列，农历五月初三傍晚时分，回到江陵国师女城隍祠(郑家女)接受“奉安祭”，也就是端午祭的“前夜祭”。祭祀结束后，将大关岭山神和国师城隍牌位送往南大川露天祭场。从初四到初七，每天的早晨举行“朝奠祭”。江陵端午祭的祭祀仪式分“儒教式祭仪”和“巫俗祭仪”两种。儒教式祭仪以奉读汉文祝祷词的形式进行，祝祭的内容涉及除祸招福、健康安宁、治愈疾病、农渔丰收、禽畜繁盛等。儒祭之后，开始伴随歌舞戏剧表演进行的“巫俗祭仪”，直至深夜。2005 年 11 月 25 日被联合国世界教科文组织指定为“人类口头和无形遗产”。

(资料来源：http：//baike. baidu. com/)

中秋节(阴历八月十五)，也是韩国人的感恩节。全家团聚，有吃“松饼”的习俗。

除上述传统节日外，韩国人还很重视圣诞节、儿童节(5 月 5 日)、恩山别神节(3 月 28 日至 4 月 1 日)等。

(四)主要禁忌

韩国政府规定，公民对国旗、国歌、国花必须敬重，不能妄加非议，更不能当着韩国人的面不恭不敬。需要对其国家或民族进行称呼时，不要将其称为“南朝鲜”、“南韩”或“朝鲜人”，而宜分别称为“韩国”或“韩国人”。

由于发音与“死”相同的缘故，韩国人对“4”这一数目十分厌恶。受西方礼仪习俗的影响，也有不少韩国人不喜欢“13”这个数。韩国人喜欢单数，不喜欢双数。与韩国人交谈时，发音与“死”相似的“私”、“师”、“事”等几个词最好不要使用。

韩国人的民族自尊心很强，在韩国，一身外国名牌的人，往往会被韩国人看不起。需要向韩国人馈赠礼品时，宜选择鲜花、酒类或工艺品。但是，最好不要送日本货。接受礼品时应用双手，且不能当面打开。

三、泰国

泰国位于亚洲南部、中南半岛中南部，面积为51.4万平方公里。人口约6 310万人，由30多个民族组成，其中以泰族和老挝族人口最多。国语和官方语言为泰语。国教为佛教，90%以上的居民信奉佛教；伊斯兰教是第二大宗教，还有少数人信奉基督教和印度教。

小资料：黄袍佛国

泰国是一个佛教之国，素有“黄袍佛国”的美名。全国共有佛寺32 000多座。其中首都曼谷就有大小总共400多个佛教寺院，也成为世界上佛寺最多的地方。到泰国旅游，处处可见身披黄色袈裟的僧侣，以及富丽堂皇的寺院。另外泰国的风俗习惯、文学、艺术和建筑等各方面，几乎都和佛教有着密切关系。泰国人对佛非常虔诚和敬重，每家每户都供奉有小佛龛，每人胸前都挂有佛像。在泰国，凡是信佛教的男孩子，到了一定年龄都要一度削发为僧，连王室和贵族的子弟也不例外。佛教为泰国人塑造了道德标准，使之形成了崇尚忍让、安宁和爱好和平的精神风范。

(一)礼节礼貌

泰国人以礼仪、互助、宽容和谦让为荣，对人总是面带微笑，人称“微笑的国度”。最多的见面礼节，是带有浓厚佛门色彩的合十礼。行合十礼时，须站好立正，低眉欠身，双手十指相互合拢，并且同时问候对方“您好”。通常，合十的双手举得越高，越表示对对方的尊重。大致可以分为四种规格：双手举于胸前，多用于长辈向晚辈还礼；双手举到鼻下，一般在平辈相见时使用；双手举到前额之下，它仅用于晚辈向长辈行礼；双手举过头顶，它只用于平民拜见泰王之时。身份、地位低的人要先向身份、地位高的人行礼，对方随后亦应还之以合十礼，否则即为失礼，只有佛门弟子可以不受此例限制。商人和知识分子也流行握手礼，但男女间不握手。

图8-2　泰国合十礼

在交际场合，习惯以“小姐”、“先生”等国际上流行的称呼彼此相称。在称呼交往对象的姓名时，为了表示友善和亲近，习惯于称呼其名字。与泰国人进行交谈时，要回避政治、王室等话题，绝不能讲对佛祖不敬的话，不要赞美别人的婴儿(据说赞美婴儿会引起恶魔注意)。

在正式一些的场合，泰国人都讲究穿着自己本民族的传统服饰。服饰喜用鲜艳之色。由于气候炎热，泰国人平时多穿衬衫、长裤与裙子，常用项链将金银铜或陶制等做工极其精细的小佛像挂于胸前。去泰国人家里做客，或是进入佛寺之前，要先在门口脱下鞋子。在泰国人面前，忌讳把鞋底露出来，尤其不能以其朝向对方。

(二)饮食习俗

泰国人主食为稻米饭，副食主要是鱼和蔬菜。喜食辛辣、鲜嫩之物。最爱吃的食物，当数具有其民族特色的"咖喱饭"。不爱吃过咸或过甜的食物，也不吃红烧的菜肴。在用餐时，爱往菜肴之中加入辣酱、鱼露或味精。在用餐之后，喜欢吃上一些水果，偏爱槟榔和榴莲，但不太爱吃香蕉。一般不喝热茶，通常喜欢在茶里加上冰块，令其成为冻茶。在一般情况下，绝不喝开水，而惯于直接饮用冷水。在喝果汁的时候，还有在其中加入少许盐末的偏好。

(三)节日庆典

元旦(泰历1月1日)，这一天举国欢庆。

宋干节(4月13日至15日)，也叫泼水节。此时正当干热时节，急需降雨，可以毫无顾忌地互相泼水。

春耕节(5月9日)，这一天由国王主持典礼，农业大臣开犁试耕，祈求风调雨顺、五谷丰登。

水灯节(11月15日)，也叫佛光节，人们用香蕉叶或香蕉树皮和蜡烛做成船形灯，放进河里，让其随波逐流，以感谢水神，祈求保佑。

除此之外，还有宗教性节日万佛节(泰历3月15日)、佛诞节(5月23日)等。

小资料：春耕节

每年五月是泰国一年一度的春耕节。泰民族自古以来为农之国，至今农业人口仍占到泰国人口的大约八成。这是泰国盛大的节日，国王和王室人员、政府领导人都会出席，并宣布这一天是国家假日，以示隆重。

春耕节大典是由占卜师选择在每年5月的一个良辰吉日在曼谷王家田广场举行。一般由泰皇亲自主持春耕节仪式。首先由泰皇任命春耕大臣，春耕大臣在佛陀和婆罗门诸天神像前焚香朝拜；婆罗门祭司把洁水洒在春耕大臣的掌心上，大臣就把水抹在额头上。婆罗门祭司端上一个铜盆，里面放着三块长短不一的布幔，让春耕大臣挑选一块。长幔预示旱灾；短幔预示大雨和水灾；另一块预示作物丰收。大臣挑出预示丰收的布幔，观礼的群众顿时掌声雷动，欢腾起来，感谢天神的恩泽。接着春耕大臣手扶犁柄象征耕田，古乐队和婆罗门祭司紧跟在后，列队绕场三圈。四位农妇手拿盛满神圣谷种的竹箩，插进队列中，队伍再绕场三圈表示犁田。春耕大臣从农妇手中接过小箩，将谷子遍播田中，祭司将洁水洒在土地上。观礼群众立即蜂拥而上，争着抢拾田中谷种，拿回家去同自家的谷种混合，播入自己田中，以求丰收。

(资料来源：http：//shenghuo.foods1.com/)

(四)主要禁忌

泰国人有许多宗教禁忌，如购买佛饰时，忌讳说"购买"，而必须用"求租"或"尊请"等。在佛寺之内，切勿高声喧哗，随意摄影、摄像；参观王宫、佛寺时，穿背心、短裤和超短裙是被禁止的；抚摸佛像，或是妇女接触僧侣，也在禁止之列。在举止动作有"重头轻脚"的讲究，泰国人认为头是人类智慧所在，是高贵的，因而忌讳随便触摸；认为脚是最低下的部位，因此忌讳将脚伸到别人面前，用脚指点东西或将东西踢给别人，忌讳以脚踢门或将脚底对着别人。

在泰国，人们认为“左手不洁”，因而绝对不能以其取用食物，也忌讳用左手给别人传递东西。忌讳用红色的笔签字，因为人死之后才用红笔将其姓氏写在棺木上。睡觉忌头朝西，因日落西方象征死亡。

四、新加坡

新加坡位于马来半岛最南端，国土面积较小，仅为704平方公里。人口约468万人，多为外来移民的华裔，此外还有马来人、欧洲人、印度人等。国语是马来语，官方语言有汉语、马来语、泰米尔语和英语。新加坡的多民族决定了其宗教多元化，马来人多信奉伊斯兰教，华人多信奉佛教，欧洲人多信奉基督教，印度人信奉印度教等。

(一)礼节礼貌

新加坡注重“礼治”，政府专门编制《礼貌手册》，对不同场合的所作所为都做出明确的规定和指导。新加坡人待人接物总是笑脸迎客，彬彬有礼。新加坡人见面多行握手礼，但各民族的传统会有所不同。华人往往习惯于拱手作揖，或者行鞠躬礼；马来人则大多采用其本民族传统的“摸手礼”；印度人见面通常行合十礼。

在社交正式场合，男子一般要穿白色长袖衬衫和深色西裤，并且打上领带；女子则须穿套装或深色长裙。在国家庆典和其他一些隆重的场合，经常穿着自己的国服，一种以胡姬花作为图案的服装。在日常生活里，不同民族的新加坡人的穿着打扮往往各具其民族特色。华人的日常着装多为长衫、长裤、连衣裙或旗袍；马来人最爱穿“巴汝”、纱笼；锡克人则是男子缠头，女子身披纱丽。在许多公共场所，穿着过分随便者，比如穿牛仔装、运动装、沙滩装、低胸装、露背装、露脐装的人，往往被禁止入内。

(二)饮食习俗

新加坡大多数华人祖籍为广东、福建、海南和上海等地，口味上喜欢清淡，偏爱甜味，讲究营养。通常以茶待客，逢春节的时候会在清茶里加入橄榄饮用，称之为“元宝茶”。嗜好用中药泡制成的酒，如鹿茸酒、人参酒等。喜爱中国的粤菜、闽菜和上海菜。

马来人忌食猪肉、狗肉、自死之物和动物的血，不吃贝壳类动物，不饮酒；印度人则绝对不吃牛肉。在用餐时，不论马来人还是印度人都不用刀叉、筷子，而惯于用右手直接抓取食物，绝对忌用左手取用食物。

小资料：新加坡的茶文化

由于新加坡是一个多元文化的国家，喝茶也呈现出多元文化的特点。新加坡的饮茶文化有其独特的一面。除了中国茶和英国茶之外，新加坡特有的“长茶”(Streched Tea)，已成为观光客十分欣赏的一种民族表演艺术。

所谓“长茶”是把泡好的红茶加牛奶，然后由某师傅把奶茶倒进罐子里。操作者一只手拿着盛满奶茶的罐子，然后倒进另一只手拿的空杯子里，两只手的距离约在一米之间，如此来回须7次。在来回倒茶的过程中，奶茶是不能外溢的。由于“长茶”的杯子相当大，喝起来相当过瘾，喝茶者边品茶，边欣赏精彩的倒茶，心情也会变得轻松。

（资料来源：http：//culture. chaoren. com/）

(三)节日庆典

新加坡日历都印有公历、中国农历、印历和马来历，依各种历法有许多传统节日。华人的节日有春节、元宵节、端午节、中秋节等。信奉印度教的人过“屠妖节”；信奉伊斯兰教的人过“开斋节”；信奉基督教的人过“圣诞节”等。新加坡重要的国家节日有独立日(8月9日)、食品节(4月17日)等。

(四)主要禁忌

新加坡人视黑色为倒霉、厄运之色，紫色代表着不吉利。偏爱红色、蓝色和绿色。喜欢红双喜、大象、蝙蝠图案，忌讳乌龟。忌讳“4”、“7”这两个数字，因为在华语中，“4”的发音与“死”相仿，而“7”则被视为一个消极的数字。

与新加坡人攀谈之时，不能口吐脏字，且要多使用谦词、敬语。交谈时忌讳谈论当地政治、种族摩擦、配偶和宗教信仰等话题；也忌讳说“恭喜发财”，因为他们认为这句话带有教唆别人去发不义之财、损人利己的意思。在商业活动中，宗教词句和如来佛的图像也被禁用。

在新加坡，人们不准嚼口香糖，过马路时不能闯红灯，“方便”之后必须拉水冲洗，在公共场合不准吸烟、吐痰和随地乱扔废弃物品。不然的话，就必受处罚，须要缴纳高额的罚金，搞不好还会吃官司，甚至被鞭打。

五、印度

印度位于南亚次大陆的印度半岛上，面积约298万平方公里。人口约11.6亿人，是仅次于中国的世界第二人口大国。印度是多民族的国家，语言也异常繁杂，印地语和英语是官方语言。印度是多宗教的国家，被称为“宗教博物馆”，大多居民信奉印度教、伊斯兰教，少数人信奉基督教、锡克教、佛教等。

(一)礼节礼貌

见面礼节所用较多的是传统的合十礼，其具体做法同其他国家大同小异。另外较有特色的见面礼节还有贴面礼、摸足礼、举手礼等。摸足礼在印度是一种礼遇极高的见面礼，晚辈在拜见长辈时，先弯腰用右手触摸长辈的脚尖，再用它去回摸一下自己的前额，以示用自己的头部接触对方的足部。

图 8-3　印度服饰

印度男子的传统服装为“托蒂”，是一块三四米长的白色布料，缠在腰间，下长至膝甚至脚部。上身加一件肥肥大大的衬衣，名为“古尔达”。印度妇女的最具民族特色的服装是纱丽，是一大块丝制长巾，从腰部一直围到脚跟，使之形成筒裙状；然后将其末端下摆披搭在肩头，自成活褶。除了纱丽之外，还有一种衣服也比较普遍，上衣比较宽松，长至膝部，叫“古尔蒂”；下身是紧身的裤子，名叫“瑟尔瓦”。印度妇女喜欢佩戴饰品，如发饰、耳饰、额饰、鼻饰等，喜欢在额头正中点红色“吉祥痣”，称为“特丽佳”。

(二)饮食习俗

印度人主食是烙饼和咖喱米饭，喜欢用调料、香料，尤其是爱加入辛辣类香料。印度人实行分餐制，用餐的时候，一般不用任何餐具，而习惯于用右手抓食。大多数印度人都不吸烟，也不喜欢饮酒，但有喝午茶的习俗。

小资料：印度咖喱

咖喱起源于印度。“咖喱”是“许多香料加在一起煮的意思”。地道的印度咖喱会以丁香、小茴香子、胡荽子、芥末子、黄姜粉和辣椒等香料调配而成，由于用料重，加上不以椰浆来减轻辣味，所以正宗的印度咖喱辣度强烈兼浓郁。

印度咖喱成功的秘诀在于香料的组合与烹煮次序，而不在于绚丽复杂的烹调技巧。直到近代，并没有任何专门的咖喱食谱，因为咖喱的本质强调的是个人风格与创造性。没有固定食谱，反而令许多印度料理得以跻身世界级美食之列。正因为没有食谱，令咖喱即使在同一区域内，味道、外观都有着显著的不同。

(资料来源：http：//baike. baidu. com/)

(三)节庆习俗

印度的节庆较多。国庆节1月26日。独立节8月15日，为庆祝印度实现独立。屠妖节，又称灯节，印度7月(公历10月末到11月初)举行。洒红节，也称泼水节，在印历12月(公历2～3月)举行。十胜节于每年公历9月、10月举行，持续10天，人们欢聚一堂喜庆罗摩战胜“十首魔王”罗波那。恒河圣水沐浴节，成千上万的印度教徒涌入恒河，以洗去身体的污秽，精华精神和灵魂。最有民族特色的是驯牛节。

(四)主要禁忌

忌讳数字“3”、“13”；不喜欢黑色、白色和灰色，偏爱红色、蓝色、紫色等；忌讳弯月图案，忌讳送人百合花，不喜龟、鹤及其图案。在印度，当众吹口哨乃是失礼之举。人们惯于以摇头或歪头表示同意，点头表示不同意。忌讳以左手递、取东西和接触别人，禁止用鼻子嗅或用手摸陈列的花环。

印度教徒不吃牛肉，不许带牛皮制品进入印度教寺庙；伊斯兰教徒禁食猪肉，也忌讳使用猪制品；锡克教人禁止喝酒和吸烟。

小资料：屠妖节

屠妖节，又称为万灯节、印度灯节，印度历的7月的第一天举行，是印度教“以光明驱走黑暗，以善良战胜邪恶”的节日。相传世界被妖魔所侵扰，天神下凡降魔。降魔后，大地女神为天神诞下儿子 Naraka Suran。身为大地女神之子的他却与邪恶为伍，并强迫百姓不准点灯。天神应百姓所求，与 Naraka Suran 展开正邪大战。Naraka Suran 死后，人民点灯庆祝。

为了迎接节日的到来，印度人将家里清理得干干净净，并购买一些设计独特的灯饰或以灯饰图案为主的装饰品布置房子。在节日前3天或5天进行祭祖，一般在家祭祀或上坟墓前祭拜。节日当天，他们在天亮前进行膏油浴仪式，以示洗净身心，并在家里点油灯，进行祷告。为了庆祝屠妖节，印度人都穿上民族服装，但避忌在节日当天穿黑色的衣服，因为这是不吉利的颜色。

第二节 美洲和大洋洲地区

一、美国

美国是位于北美洲中部，与加拿大、墨西哥接壤，面积为 962 万平方公里。美国是个移民国家，有“民族熔炉”之称。人口 3.07 亿人，主要是白人，其他还有黑人、亚裔、印第安人等。通用的语言为英语，居民多信奉基督新教，另有天主教、犹太教等。

(一)礼节礼貌

美国人在交往中落落大方，没有多多客套。见面时一般行点头礼、举手注目礼、握手礼或吻手礼。在称呼别人时，喜欢直呼其名，以示双方关系密切。忌讳称呼长者加“老”字，忌讳说“白”、“胖”。谈话时喜欢保持一定距离，50 厘米左右为宜，交谈时不要涉及个人隐私。美国人崇尚“女士优先”。美国人送礼物时讲究包装，收到礼品要当场打开，并夸奖感谢。

美国人平时穿着随意，但在正式社交场合必须按请柬上的要求着装。拜访美国人时，进门后一定要脱下帽子和外套。穿深色西装套装时穿白色袜子，或是让袜口露出自己的裙摆之外，都是缺乏基本的着装常识的表现。

(二)饮食习俗

美国饮食的特点是营养快捷。热狗、炸鸡、土豆片、三明治、汉堡包、面包圈、比萨饼、冰激凌等是美国人平日餐桌上的主角。喜食“生”、“冷”、“淡”的食物，不刻意讲究形式与排场，而强调营养搭配。喜欢清淡、咸中带甜的口味，常用水果做配菜。不爱吃蒜和过辣食物。忌食动物内脏以及蛇、狗等。

(三)节日庆典

美国的节日比较多。重要的国家节日有：美国独立日、国旗日、华盛顿诞辰纪念日、林肯诞辰纪念日、阵亡将士纪念日等。其他主要节日有：2 月 14 日为情人节、5 月第二个星期日为母亲节，6 月第三个星期日为父亲节，是美国的法定节日。11 月第四个星期四是感恩节，也叫火鸡节，是美洲特有的节日。12 月 25 日为圣诞节，是美国最盛大的节日。全城通宵欢庆，教徒们跟随教堂唱诗班挨户唱圣诞颂歌，装饰圣诞树，吃圣诞蛋糕。

(四)主要禁忌

蝙蝠被视为吸血鬼与凶神，黑猫被认为是不祥的。忌讳黑色，喜欢白色、黄色和蓝色。最讨厌的数字是“13”和“3”，不喜欢星期五。不宜送给美国人的礼品有香烟、香水、内衣、药品等。忌讳冲着别人伸舌头(侮辱人的动作)、用食指指点交往对象、用食指横在喉头之前等。

二、加拿大

加拿大位于北美洲北部，面积为 998 万平方公里，居世界第二。人口 3 361 万人，主要是英裔居民和法裔居民。官方语言为英语和法语，居民多信奉天主教和基督新教。

(一)礼节礼貌

一般握手致意作为见面礼节，亲友、熟人、恋人或夫妻之间行拥抱或亲吻礼。在正式场合，会称呼对方姓名，并且冠以“先生”、“小姐”、“夫人”之类的尊称。一般场合里，往往喜欢直呼其名。只有在官方活动中才会使用交往对象的头衔、学位、职务等。

加拿大人的着装以欧式为主。工作时一般穿西服、套裙，参加社交活动时穿礼服或时装，非正式场合穿着随便，讲究自由。

(二)饮食习俗

加拿大人的饮食与美国相似。口味清淡，爱吃酸、甜之物，不喜欢过咸、过辣菜肴，不喜欢蒜、辣味调料。忌食动物内脏、肥肉、脚爪及带有腥味、怪味的食物。爱吃烤制食物。面包、牛肉、鸡肉、鸡蛋、土豆、西红柿等为日常之食。喜欢喝白兰地、冰酒、红茶、咖啡等。

小资料：加拿大冰酒

冰酒(Icewine)是一种甜葡萄酒。是在气温较低时，利用在葡萄树上自然冰冻的葡萄酿造的葡萄酒。冰酒是加拿大独特且稀有的特产，加拿大拥有优质的冰酒品种和非常严格的酿造工艺，而且尼亚加拉半岛的凉爽气候特别适合冰酒的生产。冰酒的出汁率极低，因而就更显弥足珍贵。加拿大冰酒被誉为国酒，在国际上也享有很高的声誉。

随着葡萄酒的发展，加拿大也开启了自己的葡萄酒区文化，各式风格的酒庄，精致的酒乡餐厅与优美的葡萄园景致，已经形成了迷人的葡萄酒乡生活风格，让人忍不住想前往探访冰酒的故乡，寻访冰酒的美味源头。

(三)节日庆典

加拿大的主要节日有：国庆日 7 月 1 日。“枫糖节”在每年三四月间，生产枫糖的农场披上节日的盛装，吸引旅游者前往欣赏枫叶，品尝枫糖糕和枫糖薄饼。魁北克省的冬季狂欢节，每年从 2 月的第一个周末起，为期 10 天。渥太华的郁金香节，5 月的最后两周，有赏花和“郁金香皇后”花车游行等活动。

(四)主要禁忌

忌讳“13”和“星期五”。打破了玻璃，请人吃饭时将盐撒了，从梯子底下经过，都是不吉利的事。忌讳百合图案(悼念死者)，喜爱枫叶图案。与加拿大人交谈时，不要插嘴打断对方的话。

三、澳大利亚

澳大利亚位于南半球大洋洲东部，是世界上最大的岛国，面积 769.2 万平方公里。人口 2 170 万人，主要是英国及爱尔兰后裔。官方语言为英语，居民多信奉基督教，也有人信奉犹太教、伊斯兰教和佛教。

澳大利亚是典型的移民国家。自 1788 年首批英国移民在悉尼附近登陆后，先后有 120 个国家的 140 个民族的人移民到这片“南方大陆”。澳大利亚也被称为“民族的拼盘”。

民族的多元也促成了澳大利亚丰富多彩的文化艺术。既有土著人的绘画、文学和音乐，又有西方传统的艺术、文学、现代舞蹈、电影、喜剧和歌剧等。另外，亚太地区的地理位置也使得澳大利亚文化受到亚洲的影响。因此，澳大利亚的文化艺术融合了众多国家或地区的特色。

(一)礼节礼貌

澳大利亚流行西方礼仪。一般行握手礼，拥抱礼、亲吻礼比较少见。土著居民的勾指礼极具特色。讲究礼貌，在公众场合不大声喧哗，注意个人仪表和行为，平等意识较强，乘出租车时必须有一人与司机并排坐，约会必须事先联系并准时赴约。

在极为正式的场合要穿西装、套裙，平时的一般穿着，大都是T恤、短裤，或者牛仔装、夹克衫。澳大利亚的土著居民平时习惯裸露上身，在腰上扎上一块围布遮羞。

(二)饮食习俗

澳大利亚人一般喜欢英式西餐。其特点是口味清淡，不喜油腻，忌食辣味。主食是面包，爱吃鱼、羊、牛等肉类菜肴。不吃狗肉、猫肉、蛇肉，不吃动物的内脏与头爪。爱喝牛奶、咖啡、啤酒与矿泉水等。澳大利亚土著居民大多靠渔猎为生，同时也采食野果。经常生食，并且惯于以手抓食。

(三)节日庆典

国庆日是1月26日。圣诞节时，澳大利亚正处盛夏，商店橱窗里特意装扮的冰雪及圣诞老人和满街的夏装形成鲜明的对照，成为澳大利亚圣诞节的一大特色。南太平洋艺术节(每隔四年举行一次)，是南太平洋地区的国家为“庆祝太平洋的觉醒”而举行的具有浓厚地方色彩的节日。

(四)主要禁忌

忌讳“13”与“星期五”。认为兔子是一种不吉利的动物。忌讳送菊花、杜鹃花、石竹花等。忌讳对人眨眼，不可竖起大拇指表示赞扬(被视为下流动作)。不要说自谦的客套话，认为这是虚伪和无能的表现。

四、新西兰

新西兰位于南半球太平洋南部，是世界上最大的岛国，面积27万平方公里。人口432万人，其中欧洲移民后裔占78.8%，毛利人占14.5%。官方语言为英语和毛利语，居民多信奉基督新教和天主教。

图8-4 新西兰毛利人

(一)礼节礼貌

新西兰人的见面礼节有握手礼、鞠躬礼。和妇女相见时，要等对方先伸出手来再握。毛利人会见客人的最高礼节是“碰鼻礼”，碰鼻次数越多，时间越长，说明礼遇规格越高。约会需预先约定，客人应早点到达，以示礼貌。如应邀到家里吃饭，应带一盒巧克力或一瓶威士忌作为礼物。

小资料：毛利文化

毛利人约于1千年前由太平洋中部，从传说中的哈瓦基乘木筏迁徙至此，并在新西兰定居。毛利人的文化绚丽多彩，传统艺术有雕刻、编织、组舞、讲演和文身术等。

在新西兰，你会时刻感觉到毛利文化的存在，一个民族的文化深深地影响了整个国家的生活。毛利人的迎宾舞是新西兰官方迎接贵宾的最高礼仪，毛利人的碰鼻礼和文面也广为人们所熟悉。

毛利人是天生的艺术家，尤其对音乐和舞蹈有独到之处。从传教士那里学习赞美歌的旋律和和声，再经过巧妙的运用，发展成毛利人明朗愉快的音乐。和夏威夷草裙舞类似的毛利歌舞，在新西兰的节日庆典上，也是主要的节目。在美术方面，木雕也表现了毛利的文化特征，无论是独木舟上的雕刻，城塞村入口处的雕刻，集会场所前面及周围的雕刻等，皆充分显示了毛利人将雕刻艺术融入日常生活中。目前这种木雕品已成为赠送他人的最佳礼物。毛利人木雕工艺出众，石雕手艺也不错。最著名的是在新西兰绿石上雕刻提基神像，该绿石被毛利文化视为护身符，是非常珍贵的。

新西兰毛利人的欢迎仪式非常有特色，是以挑战为序幕。由主人一方的勇士向客人提出挑战。这名勇士通常手持长矛，会将一个象征性的东西(通常是一段小树枝)放到地上，客人应将树枝捡起，以示自己为和平而来，不抱任何敌意。然后，主人一方的女士们会为远道而来的客人表演节目，通常是高声呼唤或吟唱。来客中的女宾们在经男宾前方步入会场时应做出回应。

(资料来源：http：//www.51766.com/)

(二)饮食习俗

新西兰的饮食与澳大利亚相似，肉类占有很大比重，尤其爱吃羊肉。口味比较清淡，对动物蛋白和乳制品的需求量很大。爱喝红茶、咖啡，爱吃水果，尤其是“几维果”。

(三)节日庆典

主要节日有：国庆日(怀坦吉日)是2月6日，为纪念1840年签订《怀坦吉条约》。新年是1月1日。复活节是4月14～17日。澳新军团日是4月25日，为纪念澳新军团在加利波利登陆日。女王诞辰日是6月5日。劳动节是10月25日。圣诞节是12月25日。

(四)主要禁忌

新西兰人讨厌“13”与“星期五”。当众闲聊、剔牙、吃东西、喝饮料、嚼口香糖、抓头皮、紧腰带，均是不文明的行为。奉行所谓“不干涉主义”，即反对于涉他人的个人自由。忌讳谈论政治立场、宗教信仰、国内种族问题等。毛利人相信灵魂不灭，忌讳拍照摄像，不喜欢用“V”字形手势表示胜利。

第三节　欧洲地区

一、英国

英国是西欧岛国，主要由英格兰、苏格兰、威尔士及北爱尔兰组成，面积24.41万平方公里。人口6 000多万人，官方和通用的语言为英语，居民多信奉基督新教，另有天主教、印度教、佛教、伊斯兰教等。

（一）礼节礼貌

英国是“绅士淑女之国”，重视个人教养，强调女士优先。初次见面通常只握手问好，一般不行拥抱礼。英国人保守传统，含蓄内敛，遵守公共秩序，视夸夸其谈、指手画脚、脾气暴躁为缺乏教养。约会时应准时赴约，可迟到几分钟，但不能提前。

交谈时，对英国人要避免说“English”（英格兰人），而要说“British”（不列颠人），因为他可能是苏格兰人或爱尔兰人。称呼英国人时，要在姓氏前加上“先生”、“小姐”、“夫人”等，若有世袭的爵位或荣誉的头衔应以此相称。

在正式场合一般穿西服，参加宴会时男子穿燕尾服，女子穿晚礼服。苏格兰男子的民族服装是苏格兰裙，裙子是用花格呢制成，长至膝盖，用皮质宽腰带系牢，裙子前面的正中央悬挂一个大腰包，有时肩上还斜披一条花格呢毯，用卡子在左肩处卡住。

图 8-5　苏格兰裙

（二）饮食习俗

英国人的饮食简单实惠，口味具有清淡鲜嫩的特点，喜吃酸甜、微辣味。“烤牛肉加约克郡布丁”被称为国菜，喜欢在餐桌上备有调味品。英国人非常“重饮”，喜爱红茶与威士忌。有早晨喝“被窝茶”，午后喝“下午茶”的习惯。苏格兰生产的威士忌与法国的干邑白兰地、中国的茅台酒并列为世界三大名酒。

（三）节日庆典

英国重要的全国性节日有：新年元旦（1 月 1 日）；国庆日，按历史惯例定在英王生日那一天等。其他的传统节日有：情人节、愚人节、母亲节、耶稣受难日、复活节、万圣节、圣诞节等。

小资料：复活节

复活节是最古老最有意义的基督教节日之一，是春分月圆后的第一个星期日。复活节是基督教纪念耶稣复活的节日。传说耶稣被钉死在十字架上，死后第三天复活升天。

典型的复活节礼物跟春天和再生有关系：鸡蛋、小鸡、小兔子、鲜花，特别是百合花。复活节前夕，孩子们为朋友和家人给鸡蛋着色打扮一番。节日的早上，孩子们会发现床前的复活节篮子里装满了巧克力彩蛋、复活节小兔子、有绒毛的小鸡及娃娃玩具等。据说复活节兔子会将彩蛋藏在室内或是草地里让孩子们去寻找。

在多数西方国家里，复活节一般要举行盛大的宗教游行。游行者身穿长袍，手持十字架，赤足前进。他们打扮成基督教历史人物，唱着颂歌欢庆耶稣复活。现在节日游行洋溢着喜庆的气氛，具有浓烈的民间特色和地方特色。在英国，游行多以介绍当地的历史和风土人情为主，游行者化装成为苏格兰风笛乐队以及皇宫卫士，吸引了众多的游客。复活节的到来还使人们纷纷换上新衣，人们认为节日里不穿新衣是要倒运的。复活节期间，人们还喜欢彻底打扫自己的住处，表示新生活从此开始。

（资料来源：http：//news. xinhuanet. com/）

(四)主要禁忌

忌讳"13"与"星期五"，当二者恰巧碰在一起时，不少英国人都会产生大难临头之感。讨厌墨绿色(纳粹军服色)、忌讳黑色(丧服颜色)。不喜欢大象(象征愚蠢)、孔雀(视为淫鸟祸鸟)与黑猫(不祥之兆)。送礼时，忌讳百合花(象征死亡)、菊花(丧花)和红玫瑰(象征爱情)，支数和花朵数不能是"13"或双数，不能用纸包扎鲜花。在握手、干杯或摆放餐具时忌讳出现类似十字架的图案。在英国，动手拍打别人，跷起"二郎腿"，右手拇指与食指构成"V"形时手背向外，都是失礼的动作。

二、法国

法国位于欧洲西部，面积为55.16万平方公里，与意大利、德国、西班牙等国接壤，西北与英国相望。人口6462万人，大部分是法兰西人。通用语言为法语。居民多信奉天主教，其余信奉基督新教、伊斯兰教、犹太教等。

(一)礼节礼貌

法国人热情开朗，初次见面就能亲热交谈，而且滔滔不绝。法国人的见面礼节主要有握手礼、拥抱礼和吻面礼。其中使用最多、最广泛的是吻面礼，行礼时要同交往对象彼此在对方的双颊上交替互吻三四次。尊重妇女，以"女士优先"为原则。事先约会是法国人的习惯，准时赴约也是对主人的尊重。

对陌生人称"先生"、"小姐"或"夫人"，但对已婚女子不能称"小姐"，对年纪较大者不能称"老人家"、"先生"、"老太太"等；对官员、贵族、有身份者称"阁下"、"殿下"或"陛下"。

法国人衣着讲究，法国服装也享誉全球。在正式场合，法国人通常要穿西装、套裙或连衣裙。妇女在参加社交活动时，一定要化妆，佩戴首饰。男士在正式场合亮相时，剃须修面，头发"一丝不苟"，身上略洒一些香水。

(二)饮食习俗

法国是世界三大烹饪王国之一，法国菜也堪称"西菜之首"。其特点是选料广、精、鲜，烹调上讲究制作精细，追求鲜嫩、原汁原味，喜欢酒、香料及沙司调味。法国人爱吃面食、奶酪，爱吃牛肉、猪肉、鸡肉、鱼子酱、蜗牛、鹅肝，不吃肥肉、宠物、肝脏之外的动物内脏、无鳞鱼。法国人特别喜欢葡萄酒，对菜肴和酒水的搭配很有讲究。

图 8-6 法国美食

小资料：法国葡萄酒文化

法国的葡萄酒文化是伴随着法国的历史与文明成长和发展起来的，并渗透法国人的宗教、政治、文化、艺术及生活的各个层面，与人民的生活息息相关。作为世界政治、经济与文化大国，法国葡萄酒文化也影响着全世界人的生活方式与文化情趣。

法国人的餐桌上，葡萄酒是永恒不变的主题。法国平均每人每年消费一百多公升葡萄酒。基本上，在法国吃一餐要喝三次酒，即餐前喝开胃酒，餐中喝佐餐酒，餐后喝消化酒，这些酒都是以葡萄酒为主。正确的品酒方法也是法国葡萄酒文化中另一个不可忽视的细节。在拿起酒杯前，必须停止说话。品尝前，向上举起酒杯，用眼观赏美酒饱满、清澈、亮丽的色泽，轻轻晃动酒杯，让酒香散溢开；再用鼻子嗅一嗅，然后开始品尝。这些优雅而近乎烦琐的葡萄酒品酒礼仪至今仍被尊为高级社交礼仪中的圭臬。

每年新酒上市时，全国大大小小的餐馆开始出售各种牌子的新酒，而亲朋好友、同事、恋人们则会去餐馆相聚，品尝新酒。空气中到处飘扬着丰收的节日气氛。

(三)节日庆典

法国节日以宗教节日为主，复活节是春分所在月份月圆后第一个星期天。复活节后 40 天为耶稣升天节，复活节后 50 天为圣灵降临节。11 月 1 日为万灵节，祭奠先人及为国捐躯者。12 月 25 日为圣诞节，是法国最重大的节日。其他的重要节日有：7 月 14 日为国庆节，5 月 30 日是民族英雄贞德就义纪念日，11 月 1 日是第一次世界大战停战日，5 月 8 日是反法西斯战争胜利日，3 月中旬第一个星期天是体育节。

(四)主要禁忌

忌讳“13”与“星期五”。忌讳黄色与墨绿色。仙鹤被视为淫妇的化身，孔雀被看做是祸鸟，大象象征着笨汉，它们都是法国人反感的动物。厌恶黑桃图案。认为核桃代表着不吉利。菊花、牡丹、玫瑰、杜鹃、水仙、金盏花和纸花，一般不宜随意送给法国人。送花时宜送单数，但要避开“1”与“13”这两个数目。初次见面就向人送礼，往往会令对方产生疑虑。在接受礼品时若不当着送礼者的面打开包装，则是一种无礼的、粗鲁的行为。

三、意大利

意大利位于欧洲南部，面积为30万平方公里。人口6 000万人，94%的居民为意大利人。官方语言为意大利语。大多数居民信奉天主教，有少量的新教徒和犹太教徒。

(一)礼节礼貌

与他人初次见面时，常以握手礼作为见面礼节。在熟人之间，举手礼、拥抱礼、亲吻礼也比较常用。在社交场合，常常使用“您”以及在姓氏前冠以“先生”、“小姐”、“夫人”作为尊称，关系密切者才能直呼其名。遵照“女士优先”的原则，女士在许多场合下都受到优先照顾。

意大利人性格开朗，性格鲜明。在谈话时面部表情丰富，习惯使用手势表达个人意愿。赴家宴要送礼物给主人，讲究包装，主人应当面打开礼物表示赞赏之情。

意大利人在正式社交场合穿西服，但平常喜欢穿夹克衫、T恤和牛仔裤等。在歌剧院、音乐厅等高雅场所非常讲究穿着和举止。

(二)饮食习俗

意大利和烹调艺术被称为“西菜烹调之母”。菜肴特点是味浓，原汁原味；偏爱酸、甜、辣；多采用焖、烩、煎、炸，不喜欢烧、烤。意大利人以面食为主食，有通心粉、比萨等。喜欢喝酒和咖啡。

(三)节日庆典

3月21日至4月25日春分月圆后第一个星期天为复活节。狂欢节一般在2月中旬，有化装游行及盛大游艺活动。12月25日为圣诞节，罗马教皇发表演说是这天最重要的节目。6～9月，水城威尼斯会举行划船比赛，其中以9月第一个星期日的比赛最隆重。

图8-7 意大利威尼斯

（四）主要禁忌

最忌讳“13”与“星期五”。忌送菊花和玫瑰花，鲜花支数和朵数以单数为宜。切勿将手帕（令人悲伤之物）送给意大利人。不喜欢被人用目光盯视，忌讳用食指指着对方。不喜欢谈论政治方面的话题。

四、德国

德国位于欧洲中部，与荷兰、比利时、法国、瑞士、波兰和丹麦等国接壤，面积为35.7万平方公里。人口8 231万人，主要是德意志人，有少数丹麦人和吉普赛人。通用语言为德语。居民主要信奉基督新教和天主教，此外，还有人信奉伊斯兰教和犹太教。

（一）礼节礼貌

在社交场合，德国人通常都采用握手礼作为见面礼节，与亲朋好友见面时通常行拥抱礼，亲吻礼多用于夫妻、情侣之间。德国人不喜欢别人直呼其名，而要使用其职衔、学衔、军衔等。德国人纪律严明，注重守时，讲求工作效率。

德国人对发型较为重视。在德国，男士不宜剃光头免得被人当作“新纳粹”分子。德国少女的发式多为短发或披肩发，烫发的妇女大半都是已婚者。

德国人服饰的总体风格，是庄重、朴素、整洁。在商务交往中，他们讲究男士穿三件套西装，女士穿裙式服装。

（二）饮食习俗

德国人饮食特色是“大块吃肉，大口喝酒”。主食主要是肉类，最爱吃猪肉，尤其是猪肉制成的各种香肠，其次是牛肉，大都不太爱吃羊肉。口味清淡、爱吃冷菜和偏甜、偏酸的菜肴，不爱吃辣、咸的菜肴。有喝啤酒的习俗，也很喜欢咖啡、红茶等。

（三）节日庆典

除传统的宗教节日外，德国还有民间节日“慕尼黑啤酒节”（每年9月最后一周到10月第一周），又叫“十月节”，人们在慕尼黑啤酒节广场的帐篷里畅饮啤酒，欣赏歌舞表演，参加赛马、射击、杂耍等娱乐项目。基尔周节（每年6月第二周的星期六开始为期8天），又称帆船节，有特色的文艺节目和帆船比赛。

小资料：德国啤酒节

啤酒节源于德国，1810年的10月，为了庆祝巴伐利亚的路德维格王子和萨克森国的希尔斯公主的婚礼而举行德国啤酒节的盛大庆典。自那以后，十月啤酒节就作为巴伐利亚的一个传统的民间节日保留下来。

每年从9月下旬到10月上旬，在巴伐利亚的首府慕尼黑举行，持续两周。人们倾巢而出，亲朋好友相伴，恋人相依，欢聚在一起，喝着自制的鲜酿啤酒，吃着德国独有的各式各样的香肠和面包，广场上乐队身着民族服装穿梭于人群之中，娴熟地演奏轻松欢快的乐曲。“慕尼黑啤酒节”最大的特点是一种有着浓郁巴伐利亚风情的狂欢，热情奔放，无拘无束。

（四）主要禁忌

法律禁用纳粹及军团的图案。德国人忌用玫瑰（表示求爱）、蔷薇和菊花（悼念亡者）送人。忌讳核桃，认为是不祥之物。忌讳的颜色有黑色、红色、褐色和墨绿色。极度厌恶“13”与“星期五”。四个人交叉握手，或在交际场合进行交叉谈话，被他们看做是不礼貌的。在公共场合窃窃私语是十分失礼的。

五、丹麦

丹麦位于欧洲北部的日德兰半岛，南与德国接壤，北与挪威、瑞典隔海相望，面积为4.3万平方公里。人口551万人，主要是丹麦人。通用语言为英语，官方语言为丹麦语。居民主要信奉基督教。

图 8-8　丹麦美人鱼

(一)礼节礼貌

在社交场合一般行握手礼。丹麦未婚女子在高雅的场合与有身份的男子见面时，常施屈膝礼。丹麦人举止大方，性格豪放，他们在一块交谈时喜欢离得稍远些，这只是一种民族习惯，并不是有意疏远对方。

丹麦人在正式社交场合很注意着装整齐，通常西装革履，衣冠楚楚。参加盛大晚宴时要穿晚礼服。在日常生活中衣着较随便，穿各式流行服装的都有，不少人喜爱穿运动服。

在丹麦，应邀到私人家中做客时，应于约定时间的1刻钟内到达。按惯例应给女主人送一束鲜花，或巧克力、酒等作为礼物。

(二)饮食习俗

丹麦人的主食以面食为主，尤爱吃面包，副食爱吃牛肉、羊肉，蔬菜则常吃西红柿、洋白菜等。冷桌和开放式三明治是丹麦的特色饮食。丹麦人喜欢喝酒，常饮咖啡、酸牛奶和花茶。

(三)节日庆典

丹麦重要的节日有国庆日(女王玛格丽特二世的生日，4月16日)，宪法日(6月5日)。主要的宗教节日有忏悔节(2月底)，复活节(春分过后第一次月圆后的第一个星期日)，大祈祷日(复活节后的第四个星期五)，耶稣升天日(复活节40天之后的第一个星期四)，降灵节(复活节后的第七个星期日)等。

(四)主要禁忌

丹麦人不喜欢谈论政治问题和个人私事。忌讳四人交叉握手，认为这样做不吉利和有伤和气。除葬礼、婚礼和接受洗礼外，禁止使用白色的花。认为用一根火柴或用打火机打一次火给三个以上的人点烟是不吉利的。丹麦人不喜欢别人在七八月份找他们谈公事，因为他们的国家冬季漫长，人们都十分珍惜这两个月左右的夏季时间。

六、俄罗斯

俄罗斯位于欧洲东部和亚洲北部，面积为1707万平方公里，是世界上领土面积最大的国家。人口1.41亿人，全国共有130多个民族，其中主要为俄罗斯族人。官方语言为俄语。90%居民信奉东正教，另有伊斯兰教、喇嘛教、萨满教等。

(一)礼节礼貌

俄罗斯人习惯于和初次会面的人行握手礼。对于熟悉的人，尤其是在久别重逢时，大多行拥抱礼，并亲面颊。迎接贵宾时，会向对方献上“面包和盐”，这是一种极高的礼遇。相见时通常会主动问候“早安”、“午安”、“晚安”或者“日安”。在称呼方面，过去习惯以“同志”称呼他人，现在在正式场合，较多采用“先生”、“小姐”、“夫人”之类的称呼。对有职务、学衔、军衔的人，最好以其职务、学衔、军衔相称。

俄罗斯人的传统服装为：男人上穿粗麻布长袖斜襟衬衣，腰系软腰带，下穿瘦腿裤。外面穿呢子外套，头戴毡帽，脚穿皮靴。女人则爱穿粗麻质地的带有刺绣和垫肩的长袖衬衫，并配以方格裙子。俄罗斯已婚妇女必须戴头巾，并以白色的为主；未婚姑娘则常戴帽子。拜访俄罗斯人时，要自觉地脱下外套、手套和帽子，并且摘下墨镜。前往公共场所时，则还需在进门后将外套、帽子、围巾等衣物存放在专用的衣帽间里。

(二)饮食习俗

俄罗斯人喜食油大味厚的食物，偏爱酸、甜、微辣等口味，多用煎、煮、炸和红烩等方法。一般以面食为主，爱吃冷菜。大名远扬的特色食品还有鱼子酱、酸黄瓜、酸牛奶等。俄罗斯男人善饮，尤其喜欢烈酒伏特加。

(三)节庆习俗

俄罗斯人重要的国家节日有：国家保卫者日(2月23日)，卫国战争胜利日(5月9日)，国庆节(6月12日)，十月革命日(11月7日)，宪法日(12月12日)等。其他的民间节日有，如俄罗斯人的圣诞节、洗礼节、谢肉节(送冬节)、诗人节、知识节等。

(四)主要禁忌

忌讳“13”与“星期五”，但最偏爱“7”。认为黑色是代表丧葬的颜色，喜爱红色。讨厌兔子(怯弱的动物)，厌恶黑猫(认为不祥)，喜欢马的图案。打碎镜子和打翻盐罐，都被认为是极为不吉利的预兆。俄罗斯人有“左主凶，右主吉”的观念，忌讳以左手接触别人，或以之递送物品。送花时忌菊花、石竹花等，忌送手帕、蜡烛和刀叉等有利刃或齿状物品。忌谈论国内政治、宗教、苏联解体等，忌议论妇女的长相、年龄和过分恭维身体健康。

第四节　非洲地区

一、埃及

埃及位于非洲东北部和亚洲西南部，面积为100.2万平方公里，是典型的沙漠之国。人口7950万人，主要为阿拉伯人和科普特人。官方语言为阿拉伯语，通用英语和法语。国教为伊斯兰教。

(一)礼节礼貌

埃及人通常以握手礼作为见面礼，但忌用左手。另外埃及人在某些场合还会使用拥抱礼或亲吻礼。亲吻礼包含多种形式：男女间亲昵的“亲吻礼”，对恩人的“亲手礼”，情人间的“飞吻礼”，妇女相见时的“亲脸礼”等。行过见面礼节后互致问候，如“祝你平安”、“真主保佑你”、“早上好”、“晚上好”等。在埃及，老年人将年轻人叫作“儿子”、“女儿”，学生管老师叫“爸爸”、“妈妈”。穆斯林之间互称“兄弟”，表示尊敬或亲切。

埃及人的穿着主要是长衣、长裤和长裙，短、薄、透、露的服装是禁止的。乡村中的农民，喜欢穿着阿拉伯民族的传统服装——阿拉伯大袍，同时还要头缠长巾，或是罩上面纱。埃及的乡村妇女很喜爱佩戴首饰，尤其是讲究佩戴脚镯。

图8-9　埃及服饰

(二)饮食习俗

埃及人讲究菜肴的香、脆，注重菜品的质量和花色。口味偏浓重，喜麻辣味。偏爱煎、烤、炸等方法制作的菜肴。主食以面为主，有时也吃米饭。副食爱吃牛肉、羊肉、鸡、鸭、鸽、蛋品；喜欢生菜、豌豆、洋葱、黄瓜、胡萝卜、茄子、西红柿等各种蔬菜。忌食的食物：猪肉、狗肉、驴肉、骡肉、龟、鳖、虾、蟹、鳝，动物的内脏，动物的血液，自死之物，未诵安拉之名宰杀之物。

(三)节日庆典

国庆节为7月23日。埃及传统节日惠风节，每逢4月春光明媚之际，全国放假一天，全家人到郊外欣赏春光，呼吸新鲜空气。尼罗河泛滥节，是埃及最古老的节日，夏季尼罗河河水漫过河堤时，众人聚集在尼罗河边唱歌跳舞，进行祈祷，并往河里放五颜六色的玩具娃娃。穆斯林在斋月(伊斯兰教历9月)中实行斋戒，从日出到日落均不得进食，斋月结束后举行开斋节，连续三天，举行盛大庆祝活动，到清真寺做礼拜，亲友互相走访。伊斯兰教历12月10日为宰牲节，各家各户根据自己的经济实力，宰牛杀羊，馈赠亲友，招待宾客，送给穷人。

(四)主要禁忌

厌恶猪和大熊猫。忌讳黑色和蓝色，喜爱绿色、白色。忌讳数字“13”。非常忌讳针，最恶毒的诅咒是把人形容为“针”，严禁下午3～5点买卖针。男士不要主动找妇女攀谈，切勿夸奖埃及妇女身材窈窕，不要称道埃及人家中的物品，不要与埃及人讨论宗教纠纷、中东政局以及男女关系。忌讳左手递送东西或食物。

小资料：埃及忌讳“针”的由来

如果你到埃及旅游，在每天下午3～5点这个时间里，向旅店的服务员借针，或到商店里买针，必定会碰一鼻子灰。原来，埃及是个憎恨针的国家。这里有一个自古相传的习俗：每天下午3～5点，不卖针，不买针，也不谈针。当地人认为，天上的神每天都在这个时候下凡，向人们恩赐生活必需品。神的施舍很特别，越富的人赐予越多，越穷的人赐予越少。而穿针引线是穷困者的生计，所以得不到更多的赏赐。于是，在“诸神下凡”的时间里，人们都忌讳与针有关的事情。在非借针不可的时候，出借的人会把针插在面包里交给借针人。

(资料来源：http：//ks.cn.yahoo.com/)

二、南非

南非位于非洲大陆最南端，面积为122万平方公里。人口4 910万人，主要由黑人、白人、有色人和亚裔组成。通用语言为英语和阿非利卡语。居民主要信奉基督新教、天主教、伊斯兰教和原始宗教。

(一)礼节礼貌

社交场合的见面礼节主要是握手礼，称呼时会使用“先生”、“小姐”或“夫人”。非正式场合，称呼时通常在姓氏之后加上相应的辈分，以表明双方关系异常亲密。南非人热情、好客，通行西方的基本礼仪，如绅士风度、女士优先、守时践约等。

正式的场合，南非人着装端庄、严谨，穿样式保守、色彩偏深的套装或裙装。日常生活中，大多爱穿休闲装，偏爱色彩鲜艳的衣服，尤其爱穿花衬衣。

(二)饮食习俗

南非的餐饮丰富多彩，风格多样。当地的白人平日以吃西餐为主，经常吃牛肉、鸡肉、鸡蛋和面包，并且爱喝咖啡与红茶。南非黑人的主食是玉米、薯类、豆类，喜欢吃牛肉和羊肉，但是一般不吃猪肉和鱼。爱吃熟食。南非著名的饮料是“如宝茶”，深受南非各界人士的推崇，与钻石、黄金一道，被称为“南非三宝”。

(三)节日庆典

南非节庆活动较多，新年是1月1日，人权日是3月21日，耶稣受难日为复活节前的星期五，家庭节为复活节后的第二天。4月27日是自由日，全国进行盛大的纪念活动。劳动节是5月1日，举行传统仪式及活动，是典型的宗教节日，有宗教活动，和西方相似。青年节是6月16日，是青年迈向成年的仪式。妇女节是8月9日。传统节(遗产日)

是9月24日，举行传统的活动，如歌舞表演、特色饮食等。和解节是12月16日，举行大型纪念仪式及活动，忘怀种族之间的隔离政策。圣诞节是12月25日，友好节是12月26日。

图 8-10 南非节日舞蹈

(四)主要禁忌

信仰基督教的南非人，最忌讳“13”和“星期五”。非常敬仰自己的祖先，特别忌讳外人对其祖先在言行举止上表现出失敬。被视为神圣宝地的一些地方，诸如火堆、牲口棚等处，绝对是禁止妇女接近的。交谈时应注意：不要为白人评功摆好，不要评论不同黑人部族或派别之间的关系及矛盾，不要非议黑人的古老习惯，不要为对方生了男孩表示祝贺。

实训项目

通过角色扮演、小组项目的形式，模拟接待一个印度旅游团的过程，并写出实训报告。

同步测试

一、填空题

1. 日本传统的民族服饰是________。
2. 韩国人饮食的主要特点是____________。
3. 美国人忌讳的动作有____。
4. 被称为“西菜之首”的是________菜。
5. ________与钻石、黄金一起，被称为“南非三宝”。

二、简答题

1. 简述印度人的见面礼仪。
2. 请简要阐述新西兰毛利文化。
3. 简述德国的饮食习俗。

4. 丹麦人的主要禁忌有哪些？

5. 埃及的主要节日有哪些？请简要说明。

三、案例分析

杭州某一旅行社接待了一批来自意大利的客人，旅程即将结束时，旅行社特意为每位客人准备了一份小礼物。客人接到礼物后，发现是一块印有菊花的丝绸手帕，纷纷露出愤怒的表情。

问题：请根据所学知识分析，该旅行社在接待过程中出现了哪些问题？作为未来的旅游从业人员，你应该如何做？

参考文献

[1][美]罗杰·E·阿克斯特尔．世界礼仪大观——礼仪与禁忌．吕佩英，译．上海：上海译文出版社，1998

[2]鲍日新．社交礼仪，让你的形象更美好：献给大学生朋友．上海：上海教育出版社，2005

[3]北京康世经济发展研究所．白领礼仪．北京：中华工商联合出版社，2001

[4]常建坤．现代礼仪教程．天津：天津科学技术出版社，1998

[5]陈刚平，周晓梅．旅游社交礼仪．北京：旅游教育出版社，2000

[6]陈妲．旅游交际礼仪．大连：大连理工大学出版社，2009

[7]郭文臣．交际与公关礼仪．大连：大连理工大学出版社，1998

[8]国英．公共关系与现代交际礼仪案例．北京：机械工业出版社，2004

[9]何浩然．中外礼仪．大连：东北财经大学出版社，2002

[10]黄斌．企业商务应酬礼仪指南．北京：企业管理出版社，1994

[11]金正昆．涉外礼仪教程．北京：中国人民大学出版社，1999

[12]莱蒂茨亚·鲍尔德里奇．企业人礼仪手册．陈芬兰，等译．海口：海南出版社，1997

[13]李莉．实用礼仪教程．北京：中国人民大学出版社，2002

[14]李兴国．现代商务礼仪．哈尔滨：黑龙江科学技术出版社，1998

[15]刘裔远，王国章．社交服务必读——实用礼宾学．上海：立信会计出版社，1993

[16]龙志鹤，张岩松．现代公共关系学．北京：经济管理出版社，2006

[17]卢慧．礼节礼仪常识．大连：大连理工大学出版社，1995

[18]吕维霞，刘彦波．现代商务礼仪．北京：对外经济贸易大学出版社，2003

[19]齐冰．现代实用公关交际礼仪．北京：中国物资出版社，1998

[20]秦启文．现代公关礼仪．重庆：西南师范大学出版社，1994

[21]邱伟光．公共关系礼仪文化．北京：高等教育出版社，2000

[22]王颖，王慧．商务礼仪．大连：大连理工大学出版社，2008

[23]晓燕．公关礼仪．南昌：百花洲文艺出版社，1995

[24]谢柯凌．交际礼仪 365．济南：山东人民出版社，2001

[25]熊经浴．工作者现代商务礼仪．北京：金盾出版社，1997

[26]杨眉．现代商务礼仪．大连：东北财经大学出版社，2000

[27]张敬慈．公关礼仪．成都：四川大学出版社，1995

[28]张岩松．现代实用公共关系——原理、实务、技巧．北京：中国物资出版社，1999

[29]张岩松．公关交际艺术．北京：经济管理出版社，2004

[30]张怡．涉外礼仪与技巧．北京：中国纺织大学出版社，1999
[31]赵朕，赵叶．少数民族风情．北京：中国旅游出版社，2006
[32]钟敬文．中国礼仪全书．合肥：安徽科技大学出版社，2001
[33]周裕新，张弘．公关礼仪学．上海：上海社会科学院出版社，1995

教学支持说明

建设立体化精品教材，向高校师生提供系列化教学解决方案和教学资源，是北京师范大学出版集团“服务教育”的重要方式。为支持相应课程的教学，我们向采用本书作为教材的教师免费提供教学资源。

为保证该资源仅为教师获得，烦请授课教师填写如下开课情况证明，扫描后寄至下面地址或发送电子邮件到邮箱 shenwei@bnup. com. cn。

我们的联系方式：

地址：北京市海淀区新街口外大街 19 号北京师范大学出版社职教分社

邮编：100875　　　　电话：010－58804236

E－mail：shenwei@bnup. com. cn

证　明

兹证明____________________大学(学院/学校)________________系/院第_____学年开设的______________________________课程，采用北京师范大学出版社出版的____________________(书名和作者)作为本课程教材，授课教师为________________，学生_________________个班共_______人。

授课教师需要与本书配套的教学课件为：

地址：______________________________________

邮编：______________________________________

电话：______________________________________

E-mail：_____________________________________

系/院主任__________(签字)

(系/院办公室盖章)

201____年____月____日